本书其他作者名单： (作者名单按姓名拼音顺序排列)

苏　莉　北京市环球律师事务所　合伙人

申永生　杭州城市大脑有限公司　总经理

王晨翼　北京市环球律师事务所　顾问律师

韦　婉　北京市环球律师事务所　律师

杨　楠　北京立言金融与发展研究院金融合规研究中心　特约研究员

赵　璐　北京市环球律师事务所　律师

One Hundred Questions About Public Data Knowledge

公共数据知识百问

王铼 等 著

人民出版社

目　录

CONTENTS

前　言

大数据时代背景下，数据作为关键生产要素的价值日益凸显，对传统生产方式进行了根本性变革与升级，成为新质生产力的重要源泉，释放出促进数字经济社会发展的全新动能。公共数据作为国家重要的基础性战略资源，具有广泛的社会应用价值，被视为数据资产价值实现的国家战略布局中的重要一环。我国正在积极推动公共数据资源管理和运营机制改革，支持公共数据授权运营的先行先试，以公共数据开发利用引领撬动各方数据的融合应用，推动公共数据潜在价值的全面释放，促进数据要素市场的持续繁荣，激发新质生产力的发展活力。

2024年10月，《中共中央办公厅　国务院办公厅关于加快公共数据资源开发利用的意见》（以下简称《关于加快公共数据资源开发利用的意见》）重磅出台，强调以促进公共数据合规高效流通使用为主线，以提高资源开发利用水平为目标，破除公共数据流通使用的体制性障碍、机制性梗阻，激发共享开放动力，优化公共数据资源配置，释放市场创新活力，充分发挥数据要素放大、叠加、倍增效应。此后，多项公共数据开发利用相关顶层设计文件相继发布，为公共数据资源价值实现提供了政策依据。

在多项公共数据资源开发利用顶层设计政策出台之际，本书立足于数字经济发展与数字中国建设的时代背景，依据最新的政策文件、官方解读与实践通常做法，聚焦公共数据的基本概念、数据供给、流通利用、授权运营、安全治理、监督管理等公共数据资源开发利用全方面内容，分基础、制度、组织、登记、运营、安全、技术、流通、监管九篇展开，对公共数据相关知识以百问百答形式进行全面、准确、专业的解读，将公共数据知识普及与重点讲解相结合，旨在为党政机关、企事业单位等各类主体更好地把握公共数据要素政策方针的内涵、趋势以及公共数据开发利用实践做法等公共数据前沿知识提供支持，帮助其充分参与到公共数据的开发利用过程之中；也可作为基础性读物，供研究公共数据开发利用的专业人士阅读，为促进公共数据合规高效流通使用、不断做强做优做大数字经济贡献知识力量。

如何推动公共数据有效开发利用，促进数字经济高质量发展已经成为数字中国建设的重要研究课题。本书的亮点在于，结合公共数据相关最新政策要求与发展动态，分析了当前公共数据开发利用的发展基础、实践现状，在数字经济持续更新迭代的历史十字路口，提供公共数据开发利用的实操策略与未来展望。期望本书的观点和内容能为公共数据开发利用的具体实践提供有价值的参考，为各界进一步参与数字中国建设提供助力。

第一篇

基础篇

在全球数字化浪潮的推动下，数据被誉为"21世纪的石油"，已成为驱动经济社会转型的核心动力。

基础篇聚焦于公共数据相关基础概念，旨在帮助读者厘清数据从资源到资产、再到产品的演变逻辑，并全面解析数据治理与安全的基本框架。通过梳理数据要素及其市场化配置、原始数据与数据流通的定义，深入揭示数据在现代经济社会中的核心价值与多层次意义。同时，以简明精炼的语言和典型实例，打造系统的基础知识体系，涵盖数据的定义、流通、治理和安全等关键内容，阐明这些要素如何共同构成数字经济高质量发展的基石。围绕公共数据的开发利用形式，探讨共享、开放与授权运营三种模式的内涵与区别，并揭示其在推动数字经济高效协作中的重要作用。此外，深入解读"数据资源入表"这一新兴实践的定义，剖析其在数据要素化与市场化进程中的重要意义。

通过本篇，读者将全面理解数据相关基础知识，为后续深入探讨公共数据价值的释放路径和实际应用奠定坚实基础。

1. 怎么界定数据、数据资源、数据资产、数据产品和服务？

数据已经成为社会各界关注与研究的"热词"，正确认识数据是理解大数据时代和发展数字经济的起点。根据《中华人民共和国数据安全法》（以下简称《数据安全法》），数据是指任何以电子或者其他方式对信息的记录。根据国家数据局《数据领域常用名词解释（第一批）》，数据在不同视角下表现为原始数据、衍生数据、数据资源、数据产品、数据资产、数据要素等形式。

根据国家数据局《数据领域常用名词解释（第一批）》，数据资源是指具有价值创造潜力的数据的总称，通常指以电子化形式记录和保存、可机器读取、可供社会化再利用的数据集合。随着信息技术的创新突破以及硬件的迭代更新，我国生产生活的数字化应用逐渐增加，数据资源的规模不断扩大，呈现出海量的特点。2023 年全国数据生产总量达到 32.85 泽字节（ZB），同比增长 22.44%，2023 年全国数据存储总量为 1.73 泽字节（ZB），生产总量中 2.9% 的数据被保存。[①] 数据资源化即为挖掘数据价值的起点，数据资源

[①] 国家数据局：《全国数据资源调查报告（2023 年）》，2024 年 5 月 30 日，见 https://www.nda.gov.cn/sjj/ywpd/sjzy/0830/20240830191408027390482_pc.html。

化指将无序、混乱的原始数据开发为有序、有使用价值的数据资源的过程，包括数据采集、整理、分析等行为，最终形成可用、可信、标准的高质量数据资源。

根据国家数据局《数据领域常用名词解释（第一批）》，数据资产是指特定主体合法拥有或者控制的，能进行货币计量的，且能带来经济利益或社会效益的数据资源。由此可见，"数据资产"概念也是基于"数据资源"所形成的，数据资源满足以下三个要件可确定为数据资产：一是特定主体合法拥有或具有控制权，二是可以进行货币计量，三是能带来直接或者间接利益。在数字经济快速发展的背景下，数据资源的资产化是大势所趋。数据资产化指基于既定的应用场景及商业目的，将数据资源进行一系列加工，形成可供相关主体应用或交易的数据产品的过程，数据资产在该阶段拥有了场景赋能，预期可产生经济利益，形成数据交换价值。

根据国家数据局《数据领域常用名词解释（第一批）》，数据产品和服务是指基于数据加工形成的，可满足特定需求的数据加工品和数据服务。数据产品和服务面向市场，专为解决特定的问题或满足特定用户群体的需求而设计，强调用户体验和交互设计。数据产品一般包括但不限于脱敏数据集、数据 API、模型算法、加密数据、数据指数、数据分析报告、数据应用程序、系统性解决方案等。在国家政策制度层面，2020年 3 月发布的《中共中央　国务院关于构建更加完善的要素市场化配置体制机制的意见》就明确提出了"丰富数据产品"的要求。[①] 数据产品化是将经过处理的数据资源封装成具体的产品或服务，以满足市场需求的过程。通过数据产品化，相关主体可以将数据资源的价值直接传递给用户，实现数据的商业化应用。在这一过程中，相关主体需要具备出色的数据处理能力以及对市场的敏锐洞察力，从而开发出契合市场需求的数据产品。

---

① 《中共中央　国务院关于构建更加完善的要素市场化配置体制机制的意见》："（二十二）加强数据资源整合和安全保护。探索建立统一规范的数据管理制度，提高数据质量和规范性，丰富数据产品。"

从数据资源到数据资产，再转化为数据产品，是数据价值不断显化的过程。数据资源是数据潜在价值的载体，类似于一座未被开发的宝藏，它潜藏着巨大的价值，要将数据资源的价值完全释放，就需要深入挖掘和精心提炼。数据资产处于价值初步显现的阶段。相关主体通过对数据资源进行一定的筛选、整理和分析，使其具有了可控制、可计量以及能带来经济利益等特点，从而成为数据资产。数据产品处于数据价值凸显的阶段，数据产品在数据资源和数据资产的基础上将数据价值进行封装并实现特定功能、用途，可用于市场交易，实现价值交换。

2. 数据要素与数据要素市场化配置分别指什么？

随着数字经济的迅速发展，数据要素和数据要素市场化配置逐渐成为推动经济社会转型的重要概念。两者在理论研究和政策实践中受到广泛关注，是理解数据在生产和市场中的核心作用的关键。

（1）数据要素的概念

数据是新的生产要素，是基础性资源和战略性资源，也是重要生产力。根据《中共中央　国务院关于构建数据基础制度更好发挥数据要素作用的意见》（以下简称《数据二十条》），数据要素是能够直接投入生产和服务过程的新型生产要素，用于创造经济和社会价值。《数据二十条》进一步将数据要素与土地、资本、技术等传统要素并列，强调其在推动经济增长中的重要作用。中国信息通信研究院在《数据要素白皮书（2023年）》中指出，"数据要素是指根据特定生产需求汇聚、整理、加工而成的计算机数据及其衍生形态，投入于生产的原始数据集、标准化数据集、各类数据产品及以数据为基础产生的系统、信息和知识均可纳入数据要素讨论的范畴"。

表 1-1　我国要素市场改革的主要里程碑事件 [①]

年份	会议	相关表述	改革里程碑
1992	党的十四大	以按劳分配为主体。其他分配方式为补充。兼顾效率与公平	提出允许多种分配方式并存
1993	党的十四届三中全会	允许属于个人的资本等生产要素参与收益分配	明确资本作为生产要素参与分配
1997	党的十五大	把按劳分配和按生产要素分配结合起来。着重发展资本。劳动力、技术等生产要素市场	增列技术为生产要素
2002	党的十六大	按劳分配为主体、多种分配方式并存。确立劳动、资本、技术和管理等生产要素按贡献参与分配的原则	增列管理为生产要素
2013	党的十八届三中全会	健全资本、知识、技术、管理等由要素市场决定的报酬机制	增列知识为生产要素
2019	党的十九届四中全会	健全劳动、资本、土地、知识、技术、管理、数据等生产要素由市场评价贡献、按贡献决定报酬的机制	增列数据为生产要素

（2）数据要素的特点

数据要素区别于传统要素，具有以下核心特点。

①非排他性

非排他性是指数据要素可以被多个主体同时使用，不会因一方的使用而妨碍或排斥其他主体的使用。由于数据能够被无限复制和分发，且在使用过程中不会损耗其本质属性，不同主体可以同时对同一份数据进行开发、分析和利用。例如，交通监控数据既可被城市规划部门用于优化道路设计，也可被导航服务企业用于实时交通指导。

---

① 来源于中华人民共和国国家发展和改革委员会：《数据要素基础理论与制度体系总体设计探究》，2022 年 2 月 23 日，见 https://www.ndrc.gov.cn/wsdwhfz/202202/t20220223_1316663.html?utm_source=chatgpt.com。

②可再生性

可再生性是指数据在使用过程中不会消耗，可以通过新的采集、挖掘和加工实现持续生成。数据与传统生产要素（如土地、劳动力、资本等）不同，具有可循环再利用的特点。尤其是随着技术进步，智能设备、物联网终端等每时每刻都在生成新的数据。例如，智能电表每天采集的用电数据可用于分析家庭用电规律，同时数据仍可保留作为历史记录供未来研究使用。

③多样性

数据要素的多样性体现在其来源、形式、生命周期、权属、应用场景、价值体现、治理方式、技术支持和使用目的等多个维度。从来源看，数据可以来自自然环境、社会行为、科研活动和公共服务；从形式看，数据包括结构化、非结构化和半结构化的文本、图像、音频等；从价值体现看，数据既能通过交易实现直接经济收益，也能通过优化决策和技术创新释放间接和社会价值；从应用场景看，数据广泛用于商业、公共治理、学术研究和应急管理等各个场景；从治理方式看，数据既可通过集中管理实现全国统筹，也可采用分布式技术支持去中心化流通。这种多样性使得数据要素能够适应不同领域的需求，具有广泛的适用性和开发潜力，是数字经济发展和社会治理现代化的重要支撑。

④增值性

数据要素的增值性是指数据在采集、整理、分析、加工和应用的过程中，其潜在价值能够被持续挖掘和放大。数据作为"数字经济的石油"，通过技术赋能和场景融合，不仅可以直接提高生产效率、优化决策过程，同时能够推动新兴产业发展在经济、社会和创新领域展现出巨大的累积效应。例如，消费数据不仅可以分析用户行为，还能通过深度挖掘优化产品供应链；交通数据在智慧城市中可延伸至能源调度与公共服务优化。数据的增值性还体现在时间延展效应和跨领域创新催生能力上，推动人工智能、个性化医疗、精准广告等新兴业态的发展。这一特性使数据成为数字经济的重要驱动力和社会治理现代化的核心资源。

（3）数据要素市场化配置的定义

数据要素市场化配置是指通过市场机制来配置数据这一新型生产要素，旨在建立一个更加开放、安全和高效的数据流通环境，不断释放数据要素价值。[1]《数据安全法》第七条明确指出，国家保护个人、组织与数据有关的权益，鼓励数据依法合理有效利用，保障数据依法有序自由流动，促进以数据为关键要素的数字经济发展。这表明，合法合规是数据市场化配置的基础，包括通过产权制度、隐私保护和安全审查等机制确保数据流通的规范性和安全性。同时，数据市场化配置以推动发展为核心目标，强调通过开放共享、价值开发和场景化应用，将数据资源转化为社会治理和经济运行的关键动力。[2]

此外，数据要素市场化配置还需要依托一系列具体路径：通过构建统一的数据交易平台和规范化的流通规则，推动公共和社会数据的高效流通；通过培育数字经济新模式，促进农业、工业等领域的场景化开发；通过优化数据治理体系，提升数据的质量与标准化水平。

总体而言，数据要素市场化配置旨在通过合法合规的制度保障和高效的市场机制，使数据资源流向需求最迫切的领域，实现资源的最优分配和社会效益的最大化，为数字经济和社会高质量发展奠定基础。

（4）数据要素与市场化配置的关系

数据要素与市场化配置密不可分，前者是价值创造的基础，后者是实现价值的手段。两者的关系可以概括如下。

数据要素是基础，市场化配置是实现路径。数据要素具有潜在价值，但其真正的经济和社会效益需要通过市场化配置释放。例如，数据交易市场或

---

[1] 《数据领域常用名词解释（第一批）》规定：“数据要素市场化配置，是指通过市场机制来配置数据这一新型生产要素，旨在建立一个更加开放、安全和高效的数据流通环境，不断释放数据要素价值。”

[2] 参见《中共中央　国务院关于构建数据基础制度更好发挥数据要素作用的意见》《中共中央　国务院关于构建更加完善的要素市场化配置体制机制的意见》。

平台为数据的流通和合规使用提供规范化渠道，而原始数据通过数据清洗、分析和建模等加工过程，被开发为具有商业价值的数据产品。

市场化配置优化数据利用效率。数据市场化配置通过市场机制促进数据资源在各领域的高效分配和深度应用，最大化数据价值。

政策与法律保障两者协同发展。《数据安全法》以及《数据二十条》等法律法规及政策文件为数据要素和市场化配置提供了法律依据和实践指导。市场化配置的规范发展不仅需要技术支持，还需要法律保障和政策引导。

（5）实现路径与发展方向

数据要素与数据要素市场化配置是数字经济发展的重要动力，其实现路径与发展方向包括以下几方面。

①完善法律法规体系

完善法律法规体系，推动数据市场在合法合规框架下高效运行。

②建设全国性与区域性数据交易平台

建设全国性与区域性数据交易平台，通过平台规范交易行为、促进流通。

③推动数据确权与价值评估

推动数据确权与价值评估，明确数据所有权和使用权，建立科学的价值评估机制。

④强化数据安全与隐私保护

强化数据安全与隐私保护，以《中华人民共和国个人信息保护法》（以下简称《个人信息保护法》）第三十八条① 为例，在法律框架内应当做到跨

---

① 《中华人民共和国个人信息保护法》第三十八条规定："个人信息处理者因业务等需要，确需向中华人民共和国境外提供个人信息的，应当具备下列条件之一：（一）依照本法第四十条的规定通过国家网信部门组织的安全评估；（二）按照国家网信部门的规定经专业机构进行个人信息保护认证；（三）按照国家网信部门制定的标准合同与境外接收方订立合同，约定双方的权利和义务；（四）法律、行政法规或者国家网信部门规定的其他条件。中华人民共和国缔结或者参加的国际条约、协定对向中华人民共和国境外提供个人信息的条件等有规定的，可以按其规定执行。个人信息处理者应当采取必要措施，保障境外接收方处理个人信息的活动达到本法规定的个人信息保护标准。"

境流通与隐私保护的平衡。

⑤加快与国际数据治理规则的对接

加快与国际数据治理规则的对接，提升我国在全球数据治理中的话语权。

⑥提升数据交易平台的技术水平

提升数据交易平台的技术水平，利用区块链和隐私计算技术保障交易透明与安全。

⑦优化市场化机制

优化市场化机制，明确权属、完善规则、提高流通效率等。这些路径与方向为数据要素市场化配置提供了制度保障和实践支撑，将有力推动数字经济的高质量发展。

3. 什么是原始数据？

原始数据是数据领域中最基础的概念，它是所有数据资源开发、数据价值挖掘的起点和基础，也是数据生态系统构建的核心要素。

（1）原始数据的概念

根据《数据安全法》第三条，数据是指"任何以电子或者其他方式对信息的记录"。国家数据局《数据领域常用名词解释（第一批）》所作的定义为：原始数据是指初次产生或源头收集的、未经加工处理的数据。

（2）原始数据的属性

原始数据作为数据处理的基础，具有多重属性，这些属性共同决定了其复杂性与重要性。

①完整性

原始数据保留了生成时的所有信息，是分析和挖掘的全面基础。

②多样性

原始数据涵盖数值、文本、音频、视频等多种形式，反映了生成场景的丰富性。

③时效性

原始数据价值往往与生成时间密切相关，尤其在动态监测和实时决策中尤为重要。

④冗余性

由于原始数据直接来源于采集设备或用户行为，因此存在重复或相似信息需要通过去重优化提升效率。

⑤原生性

原始数据天然保证真实性但质量可能不均，某些字段或维度数据缺失或分布不均。

⑥潜在价值性

通过清洗、分析和挖掘，原始数据可以转化为高价值的信息和知识。

上述属性既展示了原始数据的资源潜力，也对数据治理和应用提出了多维挑战与机遇。

（3）原始数据的来源

原始数据的来源广泛而多样，包括物联网设备、企业业务系统、公共数据、社交网络与数字平台、学术与科研机构、用户终端设备以及跨境数据流通。这些来源涵盖了自然、社会和经济活动的方方面面，不仅反映了数据生成的多样性，也为数据的分析与应用提供了丰富的资源基础。

①物联网设备

物联网设备通过传感器和智能硬件采集的实时数据是原始数据的重要来源，覆盖多种场景，如：一是在环境监测数据方面，采集温度、湿度、空气质量等指标，应用于气候研究、农业管理和环境保护。二是采集工业设备数据，包括生产线运行参数、能源消耗和故障预警数据，支持工业自动化和精准生产。三是采集智能交通数据，来自车辆 GPS、信号灯和道路监控的动态信息，用于优化交通流量、提升出行效率。

②企业业务系统

企业在日常运营中生成的大量数据构成了商业领域的重要数据来源，如：电子商务平台会产生订单记录、支付数据以及用户行为轨迹，用于优化供应链和用户体验。客户关系管理系统（CRM）会记录客户互动、反馈及购买行为，为精准营销和客户管理提供支持。此外，企业资源计划系统（ERP）涵盖生产计划、库存管理和财务数据，是企业内部管理和决策的重要依据。

③公共数据

公共数据是指各级党政机关、企事业单位依法履职或提供公共服务过程中产生的数据，是社会治理和科学研究的重要资源，如：统计调查数据，包括经济普查、人口普查、住户调查等，用于国民经济核算与政策制定。地理信息数据，如地形图、遥感影像等，支持城市规划、灾害监测和基础设施建设。政府数据，如公共交通时刻表、气象数据等，推动智慧城市和社会创新应用。

④社交网络与数字平台

用户在社交网络和数字平台上的行为及内容构成了大量的原始数据：一是社交媒体数据，包括用户发布的文字、图片、视频，以及互动行为，如点赞、评论、分享等。二是内容平台数据，如短视频平台的观看记录、音乐应用的播放历史，反映用户的偏好与习惯。三是在线社区数据，包括讨论主题、回复内容等，是用户兴趣和观点的直接体现。

⑤学术与科研机构

科研活动和学术调查中产生的大量原始数据具有高度的专业性。一是实验室数据：记录实验过程中的原始观测值和实验结果，常用于自然科学研究。二是社会调查数据：通过问卷、访谈等方式收集，用于社会学、经济学等领域的分析。三是科研合作数据：跨学科或跨机构的联合研究项目中共享的原始数据，是学术创新的重要基础。

⑥用户终端设备

个人和家庭设备生成的数据日益成为重要的数据来源，直接反映用户的行为以及健康状况。一是移动设备数据：如定位信息、APP使用时间和浏览记录，广泛用于个性化服务。二是健康数据：可穿戴设备记录的步数、心率、睡眠质量等，是医疗健康领域的重要数据来源。三是智能家居数据：来自智能家电（如空调、冰箱）的运行数据，用于家庭自动化和能效优化。

⑦跨境数据流通

跨境数据交换也是一种拓展原始数据的来源维度，增加了数据的多样性。一是跨境电商数据：交易记录、物流数据和用户偏好，为全球供应链优化提供支持。二是国际科研合作数据：多国联合研究项目中共享的科学数据，特别是在气候变化、公共卫生等全球性问题研究中发挥关键作用。三是全球市场数据：国际金融市场、商品交易的动态数据，是跨境商业活动的决策基础。

（4）原始数据的作用与意义

①数据资源化的起点

原始数据通过采集、清洗、去噪、标准化和整合等多步骤处理，去除无用信息，统一格式和结构，最终转化为高质量、可信赖的数据资源。这些数据资源为数据生态体系的构建提供了基础支撑[1]，不仅是数据分析和挖掘的原料，也是推动数据产品开发、智能决策支持和场景化应用的重要保障。

②支持数据分析与建模

原始数据是机器学习、统计分析和建模的重要数据来源[2]，为构建分析模型和算法提供了关键的基础支撑。高质量的原始数据能够显著提升数据科学研究的准确性和可靠性，支持模型的训练、验证与优化，同时为预测分析、模式识别和决策支持等广泛应用场景提供核心驱动力。

③提供数据追溯与责任划分依据

原始数据的完整性和真实性是数据追溯和责任划分的重要依据[3]，特别

---

[1]　北京通信信息协会：《国家数据局：探索数据资源化、产品化、价值化、资产化的可行路径》，2024 年 10 月 8 日，见 https://www.bita.org.cn/newsinfo/7631202.html。

[2]　国家数据局：《全国数据资源调查报告（2023 年）》，2024 年 5 月 30 日，见 https://www.nda.gov.cn/sjj/ywpd/sjzy/0830/20240830191408027390482_pc.html。

[3]　《中共中央　国务院关于构建数据基础制度更好发挥数据要素作用的意见》："建立数据可信流通体系，增强数据的可用、可信、可流通、可追溯水平"。

是在数据跨境流通和争议处理中，它能够提供准确的来源和流向信息，为界定数据责任、解决数据纠纷和制定合规方案提供关键支持。

原始数据作为数据生态体系的核心基础，涵盖了从物联网设备到社交网络、公共数据和用户终端设备等多样化来源。在法律法规的保障下，原始数据的合法采集和规范管理为数字经济和数据要素市场化配置提供了重要支持。

4. 何为数据流通？

随着数字经济的迅速发展，数据流通逐渐成为推动经济社会转型的重要概念。它是实现数据要素价值释放的关键环节，在理论研究和政策实践中受到广泛关注，是理解数据如何在市场和生产中发挥作用的核心。

（1）数据流通的概念

《数据领域常用名词解释（第一批）》对于数据流通作出如下定义：数据流通，是指数据在不同主体之间流动的过程，包括数据开放、共享、交易、交换等。中国信息通信研究院在《数据要素白皮书（2023年）》中指出，数据流通包括数据在企业内部、企业与政府、企业与个人之间的共享与交换行为，其目标是通过流动优化数据资源的配置，提升社会生产效率和创新能力[1]。可见，数据流通的本质是打破"数据孤岛"，推动数据从静态资产向动态资源转变，使其在经济运行中发挥更大作用。

习近平总书记高度重视数据流通在数字经济发展中的作用，强调要在确保安全的前提下，促进数据的高效流通和利用。在2022年6月22日召开的中央全面深化改革委员会第二十六次会议上，习近平总书记指出："数据基础制度建设事关国家发展和安全大局，要维护国家数据安全，保护个人信息

---

[1] 中国信通院：《数据要素白皮书（2023年）》，2023年9月26日，见 https://www.caict.ac.cn/english/research/whitepapers/202311/P020231103487266783845.pdf。

和商业秘密，促进数据高效流通使用、赋能实体经济，统筹推进数据产权、流通交易、收益分配、安全治理，加快构建数据基础制度体系。"①这一重要指示明确了数据流通不仅要安全可控，还要为实体经济发展提供助力，充分发挥数据要素的核心作用。

　　与此同时，《数据安全法》对数据流通行为作出了明确规定②，进一步表明数据流通在体现其经济与社会价值的同时，必须严格遵循法律法规的框架，以确保其合法合规性与安全性。这种制度化保障为数据流通提供了坚实的法律基础，也为数据要素高效利用和数字经济的高质量发展创造了良好环境。

（2）数据流通的特点

①跨界性

　　数据流通跨越了行业、区域和组织的边界，实现跨部门、跨行业、跨区域的数据互联互通。例如，智慧交通中的交通流量数据需要城市管理部门和导航服务企业共同参与流通和共享。

②敏感性

　　数据流通常涉及商业机密、国家安全和个人隐私等敏感内容，必须通过隐私计算、安全审查等技术和制度予以保障，确保流通的安全性和合规性。

③价值驱动性

　　数据流通通过整合分散的数据资源，实现信息共享与资源高效配置。例如，企业通过流通供应链数据提高生产效率，政府通过流通政务数据对公共服务进行优化。

④技术依赖性

　　数据流通依赖于大数据技术、区块链、隐私计算等前沿技术，这些技术

---

① 《习近平主持召开中央全面深化改革委员会第二十六次会议强调　加快构建数据基础制度　加强和改进行政区划工作》，《人民日报》2022 年 6 月 23 日。

② 《中华人民共和国数据安全法》第七条规定："国家保护个人、组织与数据有关的权益，鼓励数据依法合理有效利用，保障数据依法有序自由流动，促进以数据为关键要素的数字经济发展。"

确保了数据流通过程的透明性、安全性和可追溯性。

⑤多样性

数据流通涵盖多种形式，包括数据共享、授权运营和市场交易，流通路径多样，适应不同领域的需求。

（3）数据流通的意义

①促进数据资源价值化

数据流通能够打破"数据孤岛"，将原始数据转化为标准化的数据资源或产品，推动数据从静态资产向动态资源的转变，释放其潜在价值。

②助力数字经济高质量发展

数据流通加速了数据要素的市场化配置，为人工智能、物联网、智慧城市等新兴产业提供数据支持，成为数字经济发展的重要驱动力。

③优化社会治理能力

在公共服务领域，数据流通支持政务数据的高效共享，提升政府决策的科学性和执行力。例如，在应急管理中，通过跨部门数据共享可以快速整合资源，提高危机响应效率。

④推动国际数据合作

随着数据跨境流通需求的增长，数据流通不仅是国内经济发展的核心机制，也是国际合作的重要抓手。通过数据流通的标准化和规范化，能够提升我国在全球数据治理中的话语权。

（4）数据流通的实现路径

数据流通作为数据价值链的重要一环，是实现数据资源价值最大化的关键机制。在数字经济高速发展的背景下，数据流通不仅推动了资源的高效配置，还促进了社会治理现代化和经济增长。未来，随着法律法规的完善、技术能力的提升以及国际合作的加强，数据流通将在更多领域发挥重要作用，为全球经济发展注入新的活力。

①完善法律法规保障

通过健全《数据安全法》《个人信息保护法》及配套法律法规，为数据流通提供合规框架，确保数据合法、安全、高效流通。

②构建数据交易平台

通过建立统一的国家级和区域性数据交易平台，规范数据流通路径，提供可信任的流通环境，推动公共和社会数据的高效利用。

③推动数据技术发展

采用隐私计算、区块链、数据脱敏等技术，确保数据在流通过程中的安全性和可追溯性，为数据流通提供技术支撑。

④加强国际规则对接

加快与国际数据治理规则的融合，促进跨境数据的合规流通，提升数据在全球范围内的流动效率和应用深度。

5. 数据交易的定义是什么？

随着数据要素市场化配置的推进，数据交易作为数据流通和价值释放的核心环节，在数字经济发展中扮演着至关重要的角色。它是数据资源商品化和经济价值实现的重要手段，为优化资源配置和提升社会治理能力提供了有力支持。

（1）数据交易的概念

根据国家数据局《数据领域常用名词解释（第一批）》，数据交易是指数据供方和需方之间进行的，以特定形态数据为标的，以货币或者其他等价物作为对价的交易行为。具体而言，数据交易的范围涵盖原始数据、加工后的标准化数据集、数据产品，以及基于数据服务的市场化流通活动。

数据交易的核心在于通过市场机制实现数据资源的高效流通和优化配置。《中共中央　国务院关于构建更加完善的要素市场化配置体制机制的意见》明确提出，要加快培育数据要素市场，研究促进数据开放、共享和交易的制度规范。通过建立规范的交易规则和高效的流通体系，数据交易能够释放数据的经济潜能和社会价值。这一过程涉及对数据价值的确认、评估和安全保障，同时通过合法合规的交易行为，促进数据资源从分散状态向集中、高效的利用方向转化，突破"数据孤岛"困境，优化资源分配，推动数据资源流向更高价值领域。

因此，数据交易是推动数据要素市场化配置的重要工具，也是实现数字经济价值链延伸和社会治理现代化的关键环节。

（2）数据交易的关键属性

①标的多样性

数据交易的标的涵盖了原始数据、标准化数据集、数据模型或分析结果、数据应用解决方案[①]等各项内容，能够满足不同产业和领域的需求。这种多样性来源于数据形态的复杂性，例如结构化数据可以直接用于统计分析，而非结构化数据（如音频、视频）则需要经过处理后才具备交易价值。在实践中，数据交易标的可以表现为脱敏后的用户行为数据、地理信息数据或交通实时监控数据等。以北京国际大数据交易所为例，该平台拟通过提供数据报告、数据应用、数据集等多个角度的数据产品，满足多样化的交易需求。这种标的的多样性不仅拓宽了数据的应用场景，还为数据经济提供了更广泛的支持。

②合法性与合规性

合法性与合规性是数据交易的重要保障。数据交易涉及用户隐私、商业秘密和国家安全，必须严格遵守法律法规的要求。根据《数据安全法》第七条，数据交易需在保障数据依法利用的基础上进行，同时确保个人、企业和国家的合法权益不受侵害，以实现数据交易的安全与合规[②]。而在跨境数据交易中，合法性的重要性更为凸显，《个人信息保护法》第三十八条规定了数据跨境流通的合规条件，如安全评估和隐私保护认证等。这些法律规定为数据交易提供了规范和底线，也使得交易行为可以更加透明和可信。通过建

---

① 参见《数据交易第 1 部分：数据流通交易合规指南》（上海市地方标准）。

② 《中华人民共和国数据安全法》第七条规定："国家保护个人、组织与数据有关的权益，鼓励数据依法合理有效利用，保障数据依法有序自由流动，促进以数据为关键要素的数字经济发展。"

立合规审查机制，如数据分类分级和交易行为备案，可以有效减少违规交易的风险，保障交易各方的合法权益。

③技术支持性

数据交易的安全性和可信性离不开先进技术的支撑。隐私计算技术通过实现数据"可用不可见"，使交易双方在不暴露原始数据的情况下完成安全分析和高效应用；区块链技术通过对数据交易过程的记录和责任追溯，提供了全程透明性保障；数据脱敏和加密技术则有效保护了敏感数据和用户隐私。这些技术手段相互配合，不仅提升了数据交易的效率和安全性，还为构建一个可信、可靠的数据交易生态奠定了坚实基础，充分体现了技术对数据交易的重要推动作用。

（3）数据交易的意义

①释放数据经济价值

数据是新的生产要素，也是重要的生产力。数据交易作为数据流通和价值实现的核心环节，是将数据这一生产要素转化为现实经济效益的重要方式。通过数据交易，分散的数据资源被整合、加工并转化为具有经济价值的数据商品，从而释放数据的潜在价值。这种价值释放不仅体现在直接的交易收益上，更体现在推动企业创新、优化资源配置和促进产业升级。例如，贵阳大数据交易所通过交易交通数据，为智慧城市提供了精准的优化方案，大幅提升了城市管理效率，充分展示了数据交易在实际应用中的价值。[①]

②优化资源配置

数据交易通过市场机制打破了行业和区域的壁垒，使数据资源流向需求最迫切的领域，从而实现资源的最优配置。例如，在农业领域，数据交易可以帮助农民获取精准的气象数据和市场需求信息；在工业领域，交易的数据则可用于提升生产线的效率和节能水平。这种资源配置的优化不仅提高了社

---

① 贵州省大数据发展管理局：《贵州大数据"上新""交通数据专区"上线运营》，2024 年 1 月 6 日，见 https://dsj.guizhou.gov.cn/xwzx/snyw/202401/t20240106_83474920.html?utm_source=chatgpt.com。

会生产力，也促进了经济结构的转型升级。

③推动国际数据合作

数据交易在全球化背景下为国际数据合作提供了平台。跨境数据交易支持了全球供应链的高效运转，同时为技术和商业模式的国际交流创造了条件。《数据安全法》强调，跨境数据交易需要履行安全评估义务，确保数据流动的合法性和安全性。在"一带一路"倡议中，数据交易为共建国家的基础设施建设和贸易协作提供了数据支撑。例如，电商企业可以整合国内多家电商平台，通过数据交易、数据共享等方式获取跨境电商数据，优化物流和销售模式，提升国际市场竞争力。

（4）数据交易的实现路径

数据交易是数据资源商品化的重要形式，其标的多样性、技术支持性和合规要求为其规范运行提供了坚实基础。通过释放数据经济价值、优化资源配置和推动国际合作，数据交易不仅成为推动数字经济发展的重要动力，还为社会治理和全球协作提供了新路径。未来，随着交易平台的完善、确权机制的健全和法律法规的细化，数据交易将继续助力数字经济高质量发展。

①构建数据交易平台

构建数据交易平台是推动数据交易的基础性手段，通过全国性和区域性交易平台集中管理交易规则、提升效率，并保障数据交易的透明性和安全性。例如，北京国际大数据交易所采用区块链技术记录交易，确保流程的可追溯性。同时，交易平台通过提供标准化服务和丰富的接口，降低了交易门槛，为企业和机构参与数据交易创造了便利条件。

②鼓励场外交易

鼓励场外交易作为对交易平台的补充方式，可满足特殊场景的数据交易需求。例如，针对定制化、高隐私或小规模的数据交易，通过合同条款约束和第三方中介监督，可降低交易风险并确保规范性。特别是在不适合公开市场的交易中，场外交易为数据要素市场化提供了灵活性和多样性。

③推动数据确权和价值评估

推动数据确权和价值评估是确保交易合法性和规范化的关键。通过科学的确权机制，数据所有者可明确其所有权并合法授权使用，而价值评估体系则通过对数据质量、覆盖范围和市场需求的综合评估，为交易双方提供可信依据。例如，金融行业通过数据价值评估，为投资决策提供可靠数据支持，能够显著提高交易效率。

④完善法律法规体系

完善法律法规体系是数据交易可持续发展的保障。当前，《数据安全法》《个人信息保护法》等为数据交易提供了基本法律框架，但针对新兴的复杂交易形式和跨境交易场景，需要进一步细化规则，例如明确数据跨境交易的审查流程、分类分级标准，以及强化违规行为的追溯和惩戒机制。

⑤推动技术创新

推动技术创新支持为数据交易提供了强大动力。技术手段如隐私计算、区块链和联邦学习①不仅提高了数据交易的安全性，还能降低交易双方的信任成本。此外，可信计算技术的引入，支持敏感数据在可控环境中的计算与流通，为新型数据交易模式提供了基础。

⑥加强国际合作与生态建设

加强国际合作与生态建设是数据交易国际化发展的必然趋势。通过与全球主要经济体的数据治理合作，制定跨境数据交易规则，推动数据交易标准化与互联互通，我国可以提升在国际数据交易中的竞争力和话语权。

6. 什么是数据交互？

数据交互是数字化时代实现不同主体或系统间数据实时共享与协作的重要环节，为数据流通提供技术支撑，并通过快速、高效的交互机制释放数据价值。随着数据生态的不断发展，数据交互逐渐成为提升数据利用效率和实

---

① 《数据领域常用名词解释（第一批）》："联邦学习，是指一种多个参与方在保证各自原始私有数据不出数据方定义的可信域的前提下，以保护隐私数据的方式交换中间计算结果，从而协作完成某项机器学习任务的模式。"

现数据协同创新的核心手段。它在不同主体之间搭建起桥梁，使得数据能够通过技术手段在合法合规的框架下进行共享、调用和整合。

（1）数据交互的概念

数据交互是指不同数据主体之间通过技术手段和协议标准实现的数据传递、交换和整合的过程，其核心在于数据在多个系统、平台或组织之间的流动和共享。与数据流通和数据交易相比，数据交互更强调技术层面的实时对接与信息交互。

数据交互与数据流通相比，数据流通是一个更为广义的概念，涵盖数据的共享、传递、使用和交易全过程，而数据交互则专注于具体的技术实现，是数据流通中的一个关键环节。数据交互与数据交易相比，数据交易是一种市场化形式，侧重于数据的经济价值实现和交易规则，包括定价、授权和合同约定等，而数据交互则聚焦于技术层面的传递和共享，不涉及经济对价或权益转移。

数据交互可以是双向或多向的，通常依托统一的数据接口、通信协议或数据交换平台实现。数据交互的形式包括数据文件的传输、API调用、实时数据流动等。例如，在智慧城市建设中，交通、气象和公共安全等部门通过数据交互实现信息共享，从而优化资源调度。这种高效的交互方式不仅提升了管理效率，还有效缓解了"数据孤岛"问题。

（2）数据交互的特点

①多元性

数据交互的多元性体现在数据来源、交互形式和应用场景的广泛性。不同主体间的数据交互涵盖了企业内部系统、跨部门政务协作、行业平台数据共享等场景。例如，在智慧城市建设中，交通、环保、应急管理部门之间通过数据交互共享实时信息，为市民提供更便捷的服务。同时，数据交互形式丰富，包括定时同步的数据传递、实时动态数据流，以及基于API的快速调用。

②依赖技术支持

数据交互依赖于一系列技术支持，包括标准化接口（API）、数据传输协议（如 HTTPS 和 MQTT）以及数据安全技术（如隐私计算和区块链技术）。这些技术保障了数据交互过程的安全性、完整性和高效性。隐私计算技术能够在确保数据"可用不可见"的前提下实现数据分析，而区块链技术提供了数据交互的追溯能力和可信度。

③合法性与合规性

合法性和合规性是数据交互的核心要求。数据交互过程中涉及隐私保护、商业秘密和国家安全，必须符合相关法律法规。数据共享和交换应依法合规，特别是跨境数据交互需通过安全评估，保障数据流动的合法性和安全性。此外，《个人信息保护法》第三十八条明确了个人信息跨境交互的合规条件，要求处理数据的组织采取必要的技术和管理措施。

④协同性与实时性

数据交互强调多主体之间的协同合作和信息的实时传递。例如，在供应链管理中，生产商、供应商和物流公司之间通过数据交互共享库存和订单数据，优化资源分配和运营效率。这种协同性与实时性降低了信息不对称，提高了决策的精准性。

（3）数据交互的意义

①提升数据利用效率

通过数据交互，不同主体间的数据资源能够被充分整合和共享，从而大幅提升数据利用效率。例如，在医疗领域，医院间通过患者数据的交互实现了电子病历共享，减少了重复检查，优化了医疗资源的使用。

②推动协同创新

协同创新是释放数据要素价值的重要途径，而数据交互则是实现协作的核心机制。通过数据交互，行业间、部门间的协同创新得以顺利开展。例如，在智慧农业中，气象部门、农业企业和科研机构可以通过数据交互推动精准种植技术的应用与推广。

③加强社会治理能力

政府部门之间通过数据交互实现资源和信息的共享，提高社会治理的科学性和精准性。例如，税务部门与市场监管部门通过数据交互建立企业信用评价体系，优化对企业经营行为的监管。

④有力支持国际合作

数据交互促进了数据跨境流通，是国际合作的重要组成部分。例如，在全球供应链中，跨国企业通过数据交互共享物流、库存和订单信息，提升了供应链的协同效率。

（4）数据交互的优化路径

数据交互是数据资源流通的桥梁，依托技术支持和法律保障，不同主体间的数据共享、调用和整合变得高效而安全。通过提升数据利用效率、推动协同创新和加强国际合作，数据交互在数字经济和社会治理现代化中扮演了重要角色。未来，随着数据交互平台的建设、技术标准化的推进和法律法规的完善，数据交互将进一步激发数据要素的潜力，为数字经济高质量发展提供动力。

①建立统一的数据交互平台

构建国家级和区域性的数据交互平台是推动数据流通的重要路径。这些平台通过标准化接口和传输协议，实现了数据的规范化传递。例如，北京市政务数据共享交换平台通过统一接口实现了跨部门数据交互，提高了政务服务效率。

②推动技术标准化

数据交互需要制定统一的技术标准，包括数据格式、接口规范和传输协议。例如，国际标准化组织（ISO）和万维网联盟（W3C）提供的数据交换协议成为全球通用标准。这些标准降低了跨系统、跨行业数据交互的技术障碍。

③推动法律法规建立健全

完善的法律法规是保障数据交互依法依规进行的重要前提。《数据安全法》和《个人信息保护法》为数据交互提供了基本的法律框架，但基于如多主体协作和实时性等数据交互的复杂性，要求更细化的实施规则。具体而言，需要明确数据交互过程中的责任分配、数据传输安全和信息审查机制。此外，对于跨境数据交互，还需完善相关政策，并积极参与国际数据治理规则的制定与协调，以确保数据交互的全球化发展安全有序。

④应用新兴技术

采用隐私计算、区块链和人工智能等技术手段，确保数据交互过程中的安全性和效率。例如，隐私计算技术在医疗数据交互中广泛应用，实现了患者信息的分析与共享，同时避免了隐私泄露。

7. 数据治理的定义是什么？如何优化数据治理？

《数据领域常用名词解释（第一批）》中对数据治理的定义是：数据治理，是指提升数据的质量安全、合规性，推动数据有效利用的过程，包括组织数据治理、行业数据治理、社会数据治理等。《数据安全法》也明确，要通过建立数据全生命周期安全管理制度、相应培训以及必要措施①，切实提升数据治理能力和水平。

数据治理的本质是通过标准化、规范化和智能化的手段，构建清晰的权责体系和高效的协作机制，促进数据要素在经济和社会中的科学利用与价值释放，为社会治理现代化和数字经济发展提供核心支撑。

（1）数据治理的特点

①全生命周期管理

数据治理贯穿数据从生成到销毁的整个生命周期，包括数据采集、存储、加工、共享、应用和销毁等环节。全生命周期的管理可以确保数据的质量和安全。例如，《数据安全法》第二十七条提出要建立数据全流程安全管理制度。数据治理应覆盖所有数据处理阶段，以保障数据合法合规。

---

① 《中华人民共和国数据安全法》第二十七条规定："开展数据处理活动应当依照法律、法规的规定，建立健全全流程数据安全管理制度，组织开展数据安全教育培训，采取相应的技术措施和其他必要措施，保障数据安全。利用互联网等信息网络开展数据处理活动，应当在网络安全等级保护制度的基础上，履行上述数据安全保护义务。重要数据的处理者应当明确数据安全负责人和管理机构，落实数据安全保护责任。"

②多维度综合性

数据治理涉及多维度内容，包括数据质量管理、数据安全保护、数据隐私合规、数据共享与开放等。它不仅仅是技术问题，还涉及法律、政策、业务流程和人员组织。例如，在智慧医疗领域，数据治理需要同时综合考量患者隐私保护、数据共享协议和技术应用等问题。

③跨主体协同性

数据治理往往需要多个主体的协同，包括企业内部的多个部门、跨部门的政府机构，甚至是跨国合作。例如，在跨境电商领域，数据治理需要协调商家、物流、支付平台和监管机构之间的数据使用与管理。

④强调安全与合规

数据治理的核心是安全与合规，特别是针对敏感数据和跨境数据流动。《个人信息保护法》第三十八条对个人信息跨境流通提出了合规要求；《数据安全法》第二十一条强调对数据实施分类分级保护，这些法律法规为数据治理提供了明确的制度保障和合规框架。

（2）数据治理的意义

①提升数据质量

数据治理通过标准化和流程化的管理方式，有效提升了数据的准确性、一致性和完整性。例如，企业通过实施数据清洗和标准化流程，可以减少数据冗余和错误，提升数据分析的精准度。

②保障数据安全与隐私

数据治理在安全和隐私保护方面发挥了重要作用。通过建立数据分类分级制度，明确不同数据的安全要求，并采取加密、脱敏等技术手段保护敏感数据。例如，银行在进行用户数据治理时，会对用户信息进行脱敏处理，避免隐私泄露。

③支撑数字经济发展

数据治理是提升数字经济竞争力的重要手段。通过完善数据治理体系，可以为数据要素的市场化配置提供制度保障，从而促进数据资源的高效流通和深度开发利用。例如，政府通过加强政务数据治理，不仅实现了公共数据的共享与开放，还为企业提供了更多高质量的数据资源，助力产业创新和发展。

④优化社会治理能力

通过数据治理可以推动社会治理的数字化转型。数据治理通过提升数据质量和管理水平，为社会治理提供了数据支撑。例如，在疫情防控中，通过跨部门数据共享和治理，政府能够实时掌握疫情动态，制定精准的防控策略。

（3）数据治理的优化路径

数据治理是数据资源高效管理与安全保障的重要手段，其特点包括全生命周期管理、多维度综合性、跨主体协同性和强安全性。数据治理通过提升数据质量、优化资源配置和保障隐私安全，在推动数字经济发展和社会治理现代化中发挥了核心作用。未来，通过完善法律法规、推动技术创新和加强协作，数据治理将为数据资源价值释放和高质量发展注入强大动力。

①建立数据分类分级制度

分类分级是数据治理的基础，能够为不同数据类型设定差异化的管理策略。《数据安全法》第二十一条要求对重要数据实行重点保护，同时明确重要数据的不同安全等级和管理要求。例如，政务数据需要最高等级的安全保护，而公开数据则可按一般标准进行管理。

②完善法律法规与政策框架

法律法规是数据治理的重要保障。通过完善《数据安全法》《个人信息保护法》等法律，以及出台具体的实施细则，可以为数据治理提供清晰的法律依据。例如，《关于加快公共数据资源开发利用的意见》明确了公共数据的开放、共享和安全管理要求，为政府部门的数据治理提供了政策指导。

③推动现代化数据治理

数据治理现代化离不开技术创新和跨部门、跨区域协作。技术创新是实现数据治理体系现代化的关键，为数据治理提供了核心驱动力。例如，隐私计算技术能够在确保数据安全的同时实现数据的分析与共享，区块链技术则通过数据记录的不可篡改性，提高了数据管理的可信度和透明性。同时，跨部门和跨区域协作在数据治理中同样至关重要。《中共中央　国务院关于构建更加完善的要素市场化配置体制机制的意见》明确提出，要打破"数据孤岛"，提升数据流通效率。实践中，税务、市场监管和公安部门通过数据共享和协作，有效打击逃税行为；在区域治理中，不同省市通过数据互通优化资源配置。这些实践充分表明，技术创新与协作机制相辅相成，共同推动数据治理能力的提升，为数据要素价值的全面释放提供了坚实保障。

8. 如何理解数据安全？

数据安全是数字化时代下保障数据合法合规使用的重要基础，是个人隐私保护、企业竞争力维护和国家安全保障的核心组成部分。数据安全贯穿于数据从生成到销毁的全生命周期，包括采集、存储、传输、处理和销毁等环节，旨在防止数据泄露、篡改、丢失和非法使用。

党的十八大以来，以习近平同志为核心的党中央高度重视数据安全工作，作出一系列重大决策部署。习近平总书记深刻指出："要切实保障国家数据安全。要加强关键信息基础设施安全保护，强化国家关键数据资源保护能力，增强数据安全预警和溯源能力。"[1]"要维护国家数据安全，保护个人信息和商业秘密，促进数据高效流通使用、赋能实体经济，统筹推进数据产权、流通交易、收益分配、安全治理，加快构建数据基础制度体系。"[2]这凸显了数据安全在数字经济和国家发展中的战略地位。数据安全的重要性不仅体现在个人隐私的保护，还关系到国家战略数据的保密性，以及数据作为生产要素在数字经济中的价值释放。

---

[1] 《习近平关于网络强国论述摘编》，中央文献出版社 2021 年版，第 97 页。

[2] 《习近平主持召开中央全面深化改革委员会第二十六次会议强调　加快构建数据基础制度　加强和改进行政区划工作》，《人民日报》2022 年 6 月 23 日。

（1）数据安全的概念

《数据安全法》明确数据安全的定义为：数据安全是指通过采取必要措施，确保数据处于有效保护和合法利用的状态，以及具备保障持续安全状态的能力。国家数据局《数据领域常用名词解释（第一批）》与《数据安全法》对于数据安全的定义基本一致，《数据领域常用名词解释（第一批）》明确"数据安全，是指通过采取必要措施，确保数据处于有效保护和合法利用的状态，以及具备保障持续安全状态的能力"。数据安全在法律、技术和管理层面具有多维特性，其核心目标是防范数据风险、维护隐私和安全，推动数据在经济社会中的合规使用和高效流通，为数字经济和社会治理现代化提供可靠保障。

（2）数据安全的特点

①全方位性

数据安全覆盖数据全生命周期，从数据生成、存储、使用到销毁的每个环节均需安全保障。《数据安全法》明确要求建立数据全流程安全管理制度，为数据安全提供全面法律依据。例如，数据在采集阶段需要防范非法获取，存储阶段需加密保护，传输阶段则需防止拦截和篡改。这种覆盖每个环节的全方位管理，是确保数据安全的核心要求。

②多层次性

数据安全的保护对象涵盖多层次，包括个人信息、企业数据和国家重要数据，不同类型数据的安全需求和保护等级各不相同。《数据安全法》明确提出，应根据数据的重要性进行分级分类管理，对重要数据实施重点保护。

③技术依赖性

技术支持与创新是保障数据安全的重要基石。通过隐私计算技术实现数据"可用不可见"，为数据共享和协作提供了安全保障；通过区块链技术存储的数据不可篡改，显著提升了数据的可信度；网络防火墙和加密技术则有效保障数据在传输过程中的安全。这些技术的协同应用，不仅满足了数据全生命周期的安全需求，还为构建全面、可信的数据安全体系奠定了坚实基础。

④合法性与合规性

数据安全必须在法律法规的框架内进行管理。《个人信息保护法》要求，数据处理活动需符合法律规定，确保个人信息安全，防止数据滥用。管理措施包括数据分类、加密保护、权限控制和安全事件应急处理等。此外，对于跨境数据流动、个人信息保护和商业秘密保护等领域，法律法规也提出了更高的合规性要求，确保数据安全管理有章可循。

（3）数据安全的意义

①保障个人隐私与权益

数据安全是保护个人隐私和权益的核心手段。在数字化时代，个人数据的大量采集和使用使隐私泄露风险显著增加。通过数据安全机制，如数据脱敏、加密和访问权限控制，可以有效防止个人信息的非法获取和滥用。例如，银行对用户账户信息采取多重加密保护，防止黑客攻击和数据泄露。

②维护企业竞争力

数据安全对企业的商业秘密保护和市场竞争力至关重要。企业通过数据安全措施保护关键数据资产，如研发成果、客户信息和市场分析报告，避免竞争对手的不正当获取。例如，某科技企业通过强化数据访问权限和定期安全审计，避免了核心技术泄露的风险。

③确保国家安全

在国家层面，数据安全直接关系到社会稳定和国家主权。《数据安全法》强调，要加强对重要数据和关键信息基础设施的保护，以应对日益复杂的网络威胁。国家重要数据（如能源、国防、金融等领域的数据）一旦遭受攻击或泄露，可能对国家安全造成严重威胁。

④推动数字经济健康发展

数据安全是数字经济可持续发展的前提条件。完善的数据安全体系是释放数据要素潜能的关键。通过建立安全机制，企业和个人可以放心参与数字经济活动，推动数据流通和要素市场化配置。

（4）数据安全的实现路径

数据安全是保障国家主权、个人隐私和企业利益的重要手段，其全方位性、多层次性、技术依赖性和合规性特点决定了其在数字经济中的核心地位。通过提升数据安全水平，完善法律法规、创新安全技术、加强跨主体协作和对接国际规则，可以有效促进数据资源的流通和利用，全面深化数据安全保障，推动数字经济高质量发展。

①完善法律法规与管理标准

法律法规和管理标准是数据安全的基础保障。《数据安全法》《个人信息保护法》等法律已为数据安全构建了基本框架，但应当进一步予以细化。例如，跨境数据流通的合规性审查需要明确具体操作细则，数据分类分级标准和责任划分机制也应进一步完善。同时，应强化政策制定与实施，建立健全数据全生命周期的安全管理机制，为数据安全提供更加具体的法律依据和实践指南。

②强化技术支撑与协作机制

技术创新和主体协作是实现数据安全的重要支撑。隐私计算技术通过加密计算实现数据"可用不可见"，在金融、医疗等领域得到了广泛应用；区块链技术以其不可篡改性，为数据存储和共享提供了强有力的保障。在实践中，智慧城市建设依赖于交通、公安、卫生等部门的数据共享，而通过跨部门协作，能够有效保障数据安全。此外，在跨区域合作中，必须建立覆盖数据传输、存储和应用的安全保障机制，以防止数据泄露或滥用。

③推进国际规则对接与全球治理

随着跨境数据流动的日益频繁，国际规则对接成为数据安全管理的重要任务。通过积极参与国际规则的制定，不仅能规范数据安全的国际化管理，还能提升在全球数据安全领域的话语权。同时，通过加强与其他国家和国际组织的合作，达到共同应对跨境数据流动中的安全风险，推动形成公平、开放、包容的全球数据治理格局。

9. 数据处理、数据处理者、受托数据处理者的含义分别是什么?

在数据要素市场化配置和数据安全管理中,数据处理、数据处理者和受托数据处理者是三个核心概念。这些概念共同构建了数据流通、使用和保护的基础框架,明确它们的内涵以及相互关系有助于理解数据治理和合规要求。

(1)相关概念

①数据处理

《数据安全法》第三条以及《数据领域常用名词解释(第一批)》明确指出,"数据处理,包括数据的收集、存储、使用、加工、传输、提供、公开等"。数据处理依托技术工具实现操作,旨在完成数据的价值转化或满足特定业务需求。

②数据处理者

"数据处理者,是指在数据处理活动中自主决定处理目的和处理方式的个人或者组织。"根据《数据领域常用名词解释(第一批)》,数据处理者对数据的收集、存储、使用、加工、传输等全生命周期的操作具有决策权。作为数据治理中的核心主体,数据处理者承担数据合法性和合规性的主要责任,其角色范围覆盖企业、政府部门、事业单位等。通过确定处理目的和方式,数据处理者确保数据在实现价值转化的同时满足安全与隐私保护的要求。

③受托数据处理者

"受托数据处理者,是指接受他人委托处理数据的个人或者组织。"根据《数据领域常用名词解释(第一批)》,受托数据处理者不拥有数据处理的自主决策权,其操作范围和方式完全受委托方的指示约束。受托数据处理者通常以提供技术服务为核心,为数据处理者提供支持,承担数据存储、清洗、分析等具体任务，确保委托数据处理活动的安全性与效率。受托数据处理者在数据治理生态中扮演技术实施与服务的重要角色，通过执行明确的处理指令，承担数据处理的具体操作和技术支持，为数据安全、合规与价值实现提供关键保障。

（2）数据处理者与受托数据处理者之间的联系

数据处理者与受托数据处理者之间的协作是数据处理活动合法合规运转的基础。数据处理者主导整个数据处理链条，制定处理目标、范围和规则，同时通过合同明确委托任务。而受托数据处理者作为执行者，应严格根据指令开展数据存储、清洗、分析等技术性操作，保障处理任务的高效完成。两者在数据治理中形成紧密的分工与合作关系：数据处理者提供战略和规范支持，受托数据处理者落实技术任务并反馈执行结果。这种分工协作不仅提升了数据处理效率，还确保了数据全生命周期内的安全与合规。

（3）数据处理者与受托数据处理者之间的区别

数据处理者与受托数据处理者的主要区别在于它们对数据处理活动的控制权和责任范围。数据处理者是数据治理中的决策主体，拥有对数据处理目的和方式的自主决定权，需对数据全流程的合法性、合规性和安全性负总责。而受托数据处理者则在数据处理者的委托下，按照其指令执行特定的数据处理任务，侧重于技术支持和操作层面的执行。数据处理者负责"定方向"，受托数据处理者负责"做执行"，两者在控制权的分布上形成明显的主从关系。同时，在责任分担上，数据处理者需承担全局性的合规管理责任，而受托数据处理者需对执行环节的安全性和合法性负责。

（4）加强数据处理者与受托数据处理者关系的路径

数据处理者和受托数据处理者作为数据治理框架中的关键主体，二者的协作关系直接决定了数据处理活动的效率和合规性。然而，随着数据处理需求的复杂化和数字经济的快速发展，双方在权责划分、技术对接和协作机制上仍面临诸多挑战。为此，加强两者的关系，优化协作模式，不仅能提升数据处理的效率与安全性，还能为数字经济的高质量发展提供有力支撑。以下是从法律、技术、流程等方面提出的实践路径。

①完善法律法规，明确权责边界

法律法规是规范数据处理者和受托数据处理者关系的基石。制定更加细化的法律框架，如《数据安全法》《个人信息保护法》的实施细则，可进一步明确两者的权责分配，特别是在处理目的、范围和安全义务方面。通过推动标准化的委托合同模板，将处理任务的细节约定清晰化，包括安全保护措施、责任分担机制等内容，避免因模糊的责任划分引发法律纠纷。这种法律保障不仅提升了数据处理的合规性，也为双方的信任合作提供了稳固基础。

②推动技术创新，提升协作效率

技术创新是提升数据处理效率和安全性的关键手段。隐私计算技术（如联邦学习和差分隐私）可在保护数据隐私的同时，支持跨主体的数据联合分析；区块链技术则可实现数据处理全流程的透明化和可追溯性，增强两者协作的信任感。在敏感数据的处理环节中，广泛应用数据脱敏、加密等技术，可以显著降低数据泄露风险，确保受托处理活动安全可控。这些技术手段不仅优化了双方的协作模式，还为数字经济赋能提供了可靠支撑。

③加强数据标准化，优化协作流程

数据标准化是降低协作成本和提高执行效率的重要方式。制定统一的数据分类、清洗和传输标准，确保数据处理者和受托数据处理者在处理环节中无缝对接。通过合同明确技术接口和交付标准，使数据在双方之间的流转更加高效，避免因不一致的处理规范导致任务延误或错误。这种标准化协作流程，不仅有助于提升双方的协作效率，还能推动整个数据要素市场的规范化发展。

④构建动态反馈机制，提升决策质量

动态反馈机制是数据处理者和受托数据处理者协作中的重要纽带。通过实时数据反馈系统，受托数据处理者可以及时将处理情况、分析结果和潜在风险反馈给数据处理者，为其提供精准、时效性的决策支持。自动化数据处理工具（如 AI 平台）的应用，不仅可以提升反馈速度，还能对处理过程中可能出现的异常进行预警，帮助数据处理者提前应对风险。这种机制有效提升了数据处理的整体质量，也促进了双方在协作中的信任和效率。

⑤建立长期合作关系，提升互信水平

长期合作是深化数据处理者和受托数据处理者关系的有力途径。双方通过签订长期合作协议，可以在技术研发、数据安全管理等领域建立稳固的合作基础。同时，通过定期开展联合培训，受托数据处理者能更好地理解数据处理者的目标和要求，从而提升执行能力和配合度。长期合作不仅有助于优化资源配置，还将为双方创造更多共同发展的机会，为数字经济的持续创新和发展提供动力。

10. 公共数据与公共数据资源如何界定？

在数据要素市场化配置的大背景下，公共数据与公共数据资源是两个密切相关但又各具内涵的概念。厘清这两个概念的定义，并分析它们的区别与联系，有助于更好地理解公共数据治理与开发的理论基础。

（1）相关概念

①公共数据

公共数据是指各级党政机关、企事业单位依法履职或提供公共服务过程中产生的数据[1]，这类数据通常以原始形式存在，未经深度加工，例如人口统计数据、气象数据、环境监测数据等，主要用于为社会公众提供基本信息服务。公共数据涵盖社会治理、经济管理、公共服务等多个领域，具有公益性和社会共享价值。

---

[1] 《数据领域常用名词解释（第一批）》："公共数据，是指各级党政机关、企事业单位依法履职或提供公共服务过程中产生的数据。"

②公共数据资源

《关于加快公共数据资源开发利用的意见》明确指出，应优化公共数据资源配置，推动数据资源的标准化和规范化建设，充分释放数据要素的叠加和倍增效应。公共数据资源通过加工提升使用价值，从原始公共数据的"静态状态"转变为"动态资源"，广泛应用于智慧城市建设、公共服务优化和产业创新等场景。

尽管目前我国尚未对公共数据资源作出专门的法律定义，但《数据安全法》《中华人民共和国政府信息公开条例》（以下简称《政府信息公开条例》）等法规已初步体现出公共数据从"开放"到"利用"的资源化路径。在实际应用中，诸如大数据交易所或智慧城市项目中使用的公共数据，通常经过加工处理，例如去标识化或数据建模分析，这些经过处理的高价值数据集合便是公共数据资源的集中体现。

因此，公共数据资源可以被定义为："基于公共数据，通过整合、加工、脱敏和标准化处理后形成的高价值数据集合，兼具公益性和经济性，可广泛用于社会治理和市场化开发。"

（2）二者之间的联系

公共数据与公共数据资源的联系可以概括为基础与延伸、路径与目标、协同与共进的关系。公共数据是公共数据资源的基础，经过整合、加工和脱敏处理，公共数据被转化为可应用于更多场景的高价值公共数据资源，二者在数据治理体系中形成递进关系。公共数据资源作为公共数据的延伸形式，是实现公共治理、产业发展和公共服务优化的重要路径，其最终目标是服务社会公众，提升公共服务能力和效率，同时释放数据的经济和社会价值。在实际应用中，公共数据为公共数据资源的开发提供原料，而公共数据资源通过深度加工拓展了公共数据的使用边界和场景。这种内在联系使二者在数据要素市场中相辅相成，共同推动数据治理现代化和数字经济的高质量发展。

（3）二者之间的区别

表 1-2　公共数据与公共数据资源之间的区别

	公共数据	公共数据资源
来源	直接来源于政府部门及其授权机构的采集和生成	基于公共数据，通过加工、脱敏和整合形成
形态	原始形式，未经深度处理	标准化、模型化或经过加工的高价值集合
应用场景	信息公开、社会统计、基础研究	精准治理、数据交易、产业创新
公益属性	完全公益，主要面向社会公众	兼具公益与经济价值，可面向市场开发
技术依赖性	技术依赖较低	需要复杂的数据处理技术支持

（4）对公共数据和公共数据资源的管理建议

当前，公共数据和公共数据资源的管理在实际操作中仍面临诸多问题。例如，公共数据与公共数据资源的权属界定尚不明确，部分地区缺乏足够的技术能力对数据进行深度开发，法律保障体系也未能覆盖数据开发和交易的全流程。此外，数据开放与共享机制的不完善，进一步阻碍了数据要素的市场化流通。为更好地释放数据的经济与社会价值，需要从权责界定、技术提升、监管优化等多个维度加强管理。

①明确权责界定

公共数据与公共数据资源的权属关系模糊，直接影响数据开发和流通的合规性与效率。为此，应通过专门立法明确二者的权属界定，例如规定公共数据归属公共机构所有，而经加工处理形成的公共数据资源则可以按合同约定归属开发主体或授权方。同时，应完善权属确认流程，建立数据使用权限分级管理制度，避免因权属争议导致数据滥用或资源流通障碍。这种清晰的权责划分，不仅能保障数据合法开发，也能为数据资源化提供必要的法律基础。

②提升技术能力

部分地方政府和公共机构在数据加工与资源化方面技术能力薄弱，导致公共数据的潜在价值难以释放。为此，应推动公共部门引入大数据、人工智能和隐私计算等先进技术，提升数据整合、清洗、建模与分析的能力。此外，政府可以与技术企业合作，共建专业的数据处理平台，借助市场化的技术力量实现公共数据的深度开发。通过提升技术水平，不仅可以提高数据处理效率，还能保障数据资源化过程中的隐私与安全。

③建立监管机制

数据开发和流通过程中存在隐私泄露、数据滥用等风险，而当前监管体系尚不完善。应尽快建立覆盖全流程的监管机制，明确对公共数据资源开发和交易行为的监管要求。例如，制定公共数据资源的分类分级标准，加强对敏感数据和重要领域数据的重点监管；同时，推广交易备案制度，确保数据资源流通过程透明化、可追溯。此外，利用区块链等技术提升监管能力，对数据开发、使用与共享行为进行全程记录和实时审查。

④强化数据开放平台

目前，许多公共数据开放平台的数据覆盖度低、更新滞后，难以满足用户需求。应加强全国性和区域性数据开放平台建设，将分散的公共数据整合到统一的平台体系中，提升数据的可访问性与使用效率。同时，通过引入标准化接口和开放协议，优化数据共享方式，使数据资源的获取更加便捷透明。以平台为载体，可以加速公共数据的市场化流通，为社会公众、科研机构和企业提供更多的高质量数据资源。

⑤推动数据确权和价值评估

公共数据和公共数据资源的确权和价值评估体系尚未建立，这不仅影响数据开发的合规性，也阻碍了数据交易市场的发展。应尽快建立科学的数据确权机制，例如通过区块链技术对数据权属进行记录和保护，保障数据流转过程中的权属清晰。此外，还应制定标准化的数据价值评估方法，根据数据的质量、覆盖范围和市场需求确定其经济价值，为数据交易和商业化开发提供合理依据。这种机制将有效激活数据市场潜力，推动数据要素价值的充分释放。

11. 公共数据资源开发利用形式有哪些?

随着数据要素市场化配置的不断推进,公共数据作为国家重要的战略资源,其开发利用形式日益丰富,既服务于社会治理与民生保障,又推动了经济发展与产业升级。明确公共数据的开发利用形式,不仅有助于释放数据价值,也将为数据治理和市场化配置提供实践路径。

(1)公共数据资源开发利用概念

公共数据的开发利用形式是指在合法合规的框架下,通过数据的采集、整合、加工、共享和应用等方式,将公共数据转化为能够直接或间接创造经济价值和社会价值的成果。公共数据的价值化实现包括从开放共享到资源化、服务化、智能化的多层次应用形式,并逐步经历资源化、资产化、资本化三大阶段。这一全链条的发展模式,不仅释放了数据要素的价值潜力,还构建了从数据供给到高效利用的完整生态体系,为社会治理和经济发展提供了有力支撑。

(2)公共数据的开发利用形式

①数据共享

数据共享是公共数据开发利用的基础环节,主要针对政府内部或跨部门、跨层级之间的数据交换与协作,旨在提升公共治理效率和决策能力。《关于加快公共数据资源开发利用的意见》强调,统筹推进政务数据共享。完善政务数据目录,实行统一管理,推动实现"一数一源",不断提升政务数据质量和管理水平。推动主动共享与按需共享相结合,完善政务数据共享责任清单,做好资源发布工作。强化已有数据共享平台的支撑作用,围绕"高效办成一件事",推进跨层级、跨地域、跨系统、跨部门、跨业务政务数据共享和业务协同,不断增强群众和企业的获得感。通过政务数据目录和共享责任清单的制定,数据共享有效打破了"数据孤岛",促进了政府部门间的信息互联互通。例如,"一网通办"服务通过共享各部门的数据资源,实现了跨部门事项的快速协同办理。

②数据开放

数据开放是将非敏感的公共数据资源依法向社会公众和市场主体开放，以服务社会创新和民生改善为核心目标。《关于加快公共数据资源开发利用的意见》提出要健全数据开放政策体系，通过开放平台动态更新开放目录，优先开放与民生密切相关的领域数据。这种方式有利于提升政府服务的透明度，为企业创新和社会公益提供了重要支持。通过开放实现公共数据的社会价值最大化，同时激发了市场活力和技术创新。

③数据授权运营

数据授权运营是公共数据开发利用的高级形式，指政府依法将部分公共数据的开发利用权限授予专业化的数据运营机构，在授权范围内进行商业化开发。《关于加快公共数据资源开发利用的意见》强调建立分类分级授权机制，明确授权范围、期限、退出机制和监管责任，确保运营行为的合法合规。例如，脱敏处理后的医疗数据被授权用于健康趋势分析和大数据研究，为医疗行业创新提供了强大支持。

④数据加工与资源化

数据加工与资源化是公共数据开发利用的重要环节，通过整合、标准化和脱敏处理，将原始数据转化为具有高应用价值的数据集合。与开放共享相比，资源化更注重数据质量的提升和应用场景的扩展。例如，城市交通监控数据经过建模生成实时交通流量信息，为智慧交通系统提供技术支持；医疗领域的公共数据通过脱敏处理后应用于健康趋势分析和疾病防控研究。数据加工与资源化不仅提升了数据的可用性和安全性，也为后续的市场化流通奠定了坚实基础。

⑤智能化开发与服务化应用

智能化开发和服务化应用是公共数据开发利用的高级形式，通过人工智能、大数据分析等技术实现数据价值的深度挖掘和精准服务。在智能化应用中，公共数据与算法深度结合，形成智慧治理和创新实践。例如，公安领域的智能监控系统通过公共数据分析提升治安管理效率；农业领域结合气象数据和土壤数据，为农户提供精准种植建议。服务化则面向社会各界提供定制化的增值服务，例如基于教育数据的个性化学习资源推荐或基于金融数据的风险评估支持。这一模式不仅显著提高了公共服务能力，还释放了数据的经济和社会价值，推动数字经济的高质量发展。

（3）公共数据开发利用的价值与意义

①释放数据要素价值，推动经济发展

公共数据作为新型生产要素，是数字经济发展的重要引擎。通过资源化和授权运营等方式，可以将公共数据转化为具有经济价值的资源，推动数据要素的市场化配置和利用效率的提升，能够带动新兴产业的增长，促进数据驱动型经济的形成，为经济发展注入强大动力。

②优化公共服务能力，提升治理水平

公共数据的开发利用能够显著提升公共服务的精准性和效率，通过数据驱动的方式优化治理流程、提高服务水平。在数字化转型的推动下，数据治理体系更加现代化，为政府决策、社会治理和民生服务提供了重要支持。不仅有助于改善公共服务的效率，还提升了资源配置的公平性和透明度。

③推动技术创新，促进产业升级

数据开发利用是技术创新的核心驱动力，与人工智能、区块链等技术的结合，推动了更多创新应用的落地。通过深度开发公共数据，可以进一步提升产业链的数字化水平，优化资源配置，助力传统产业转型升级，构建面向未来的创新型经济结构。

④促进社会公平，实现公共价值

公共数据的开发利用在提升经济效益的同时，还能优化社会资源的分配效率，显著缩小数字鸿沟。在公共资源配置中，通过数据驱动的决策机制，可以更公平地分配社会资源，推动社会发展的包容性和公平性。这不仅体现了数据的社会价值，还强化了公共服务的覆盖面和普惠性。

⑤维护国家安全，提升数据治理能力

公共数据开发利用的基础是数据安全保障。通过健全的数据治理体系，实施分级分类管理和合规审查机制，能够有效防范数据滥用、隐私泄露和跨境风险。同时，数据安全保障体系也是维护国家主权和社会稳定的关键，确保数据资源的安全与合规使用,为国家安全提供有力支撑。

(4)优化公共数据开发利用的策略

公共数据的开发利用形式多样,从开放共享到智能化应用,逐步释放了数据的社会价值和经济潜力。然而,要进一步发挥公共数据的作用,还需要从制度、技术、管理等方面优化路径。在顶层政策指引和技术创新支持下,公共数据开发利用将更好地服务社会治理、经济发展和民生改善,成为推动数字经济高质量发展的重要驱动力。

①完善数据开放平台

构建统一、规范的公共数据开放平台是提升数据利用效率的关键。通过动态更新开放目录,细化数据类型分类,确保数据开放的系统性和精准性,进一步满足社会多元化需求。同时,应强化平台的技术支撑能力,为数据的获取、共享和使用提供便利。

②加强数据确权与分级管理

明确公共数据的权属关系,推行分级分类管理,是保障数据开发利用合法合规的前提。通过建立数据确权机制,理顺数据的管理与使用权责边界,确保数据在流通和开发过程中既符合政策法规,又能够兼顾隐私保护和安全性。

③推动数据运营模式创新

引入市场化主体,创新数据授权运营模式,是释放数据商业价值的重要途径。在严格规范公共数据商业化开发的同时,探索授权运营的新机制,例如依场景授权、分领域授权等,推动数据产品和服务的高效开发与市场化流通。

④提升数据技术能力

技术能力是公共数据开发利用的重要支撑。通过大数据、人工智能等技术的赋能,推动公共数据的智能化开发和深度应用,实现数据从静态资源向动态服务的转化,进一步释放数据的潜在价值。

⑤强化监管与安全保障

数据开发利用离不开安全保障和有效监管。通过建立覆盖数据全生命周期的安全监督机制，加强隐私保护与风险防控能力，确保数据在开放与流通过程中的合规性与安全性，防范滥用和泄露风险。

12. 公共数据的共享、开放、授权运营有何区别与联系？

共享、开放和授权运营是公共数据开发利用的三种重要方式，各有功能侧重，又相互衔接，共同构成公共数据开发利用的完整体系。这三种方式在不同的公共数据利用场景中发挥作用，体现了从基础到深化的应用路径。共享侧重于数据的广泛使用，开放强调数据的透明与便捷，而授权运营则聚焦于数据的增值开发与商业化应用。三者既具有独特性，又在数据利用链条中形成内在关联性和互补性，协同推动公共数据的价值释放与高效利用。

（1）公共数据共享

①概念

公共数据共享是指在政府内部或跨层级、跨部门之间进行数据的交换与利用，以支持公共管理和科学决策。《中共中央　国务院关于构建更加完善的要素市场化配置体制机制的意见》明确提出，要打破"数据孤岛"，推动政务数据共享与流通①；《政府信息公开条例》进一步强调，通过政务数据目录、共享责任清单等机制，促进政务数据的规范管理和有序共享②。共享的核心目标在于优化公共服务流程，提升政府协同管理能力和服务效率。

---

① 《中共中央　国务院关于构建更加完善的要素市场化配置体制机制的意见》："（二十）推进政府数据开放共享。优化经济治理基础数据库，加快推动各地区各部门间数据共享交换，制定出台新一批数据共享责任清单。研究建立促进企业登记、交通运输、气象等公共数据开放和数据资源有效流动的制度规范。"
② 《中华人民共和国政府信息公开条例》："第二章　公开的主体和范围"。

②特点

第一，目标明确。公共数据共享的核心目标是优化政府部门间的协作效率，提升管理和决策能力。通过数据的交换和共享，政府能够在社会治理、公共服务和应急响应等方面实现更精准和科学的决策，进一步推动公共管理效能的提升。

第二，范围有限。共享的数据范围通常局限于政府或公共机构内部，不涉及向社会公众开放。通过政务数据目录、共享责任清单等机制，实现了数据在政府系统内的规范化流通和高效使用。这种内部共享机制确保了数据在保护隐私和安全的前提下流转，从而为公共管理提供有力支撑。

第三，协作高效。通过打通跨部门数据壁垒，共享机制极大简化了跨部门数据流通流程，有效提升了政务服务的效率。例如，通过政务数据共享，实现了跨部门协同工作的"一网通办"和"高效办成一件事"，大幅降低了行政成本并提升了服务体验。这种高效协作进一步巩固了公共数据共享在政务管理中的核心地位。

（2）公共数据开放

①概念

公共数据开放是指通过建立统一的数据开放平台，将公共数据以目录形式依法依规对外公布，并向社会公众、企业或其他组织提供可访问、可利用的数据资源。《关于加快公共数据资源开发利用的意见》明确提出："健全公共数据开放政策体系，明确公共数据开放的权责和范围……依法依规有序开放公共数据。"此外，根据《政府信息公开条例》第十二条规定，行政机关应当编制、公布本机关的政府信息公开指南和政府信息公开目录，并及时更新，这为公共数据开放提供了法律依据。

②特点

第一，对象广泛。公共数据开放面向社会公众、企业和其他市场主体，服务范围广泛。通过合法合规的方式为不同类型的使用者提供数据资源，公共数据开放体现了共享性与公益性。这种多层次的服务对象覆盖，使开放数据成为推动经济发展、社会进步和科技创新的重要资源。

第二，重点公开非敏感数据。公共数据开放以安全合规为前提，主要集中在民生服务、教育、交通、气象等领域。非敏感数据的开放不仅降低了数据泄露的风险，也提高了数据使用的安全性。在选择开放数据时，特别注重数据的公共价值和社会需求，确保在不影响隐私和敏感信息安全的前提下，最大化数据的开放效益。

第三，强调公益性。公共数据开放以服务社会、促进创新和提升数据公共价值为核心目标。通过推动数据透明化和便捷化，公共数据开放在优化社会治理、提高公共服务效率和激发市场活力方面发挥了重要作用。开放数据的公益性特征使其更专注于提升社会效益，而非单纯的经济利益。

（3）公共数据授权运营

①概念

公共数据授权运营，是指将县级以上地方各级人民政府、国家行业主管部门持有的公共数据资源，按照法律法规和相关要求，授权符合条件的运营机构进行治理、开发，并面向市场公平提供数据产品和技术服务的活动。

②特点

第一，以市场化为导向。公共数据授权运营注重通过市场机制释放数据的经济价值。授权机构利用市场规则和需求导向，将数据资源转化为具体的产品或服务，助力产业发展和技术创新。这种以市场为导向的模式，使公共数据在资源配置效率和经济效益上得到充分体现。

第二，注重数据的增值开发。授权运营通过数据加工、建模和分析等手段，实现数据的增值利用。运营机构在授权范围内对原始数据进行技术开发，提供精准分析、智能服务等高附加值产品。这种增值开发模式，推动了公共数据从基础资源向高价值应用的转化。

第三，规范授权与管理。公共数据授权运营强调严格的管理体系，以确保数据的合法合规使用。通过明确授权范围、用途、期限及退出机制，政府对授权运营过程进行全方位规范，既保障了数据安全，也防止了数据滥用和超范围开发。

第四，兼具公益性与商业性。授权运营在追求经济效益的同时，仍然保留了公共数据的公益属性。通过提升公共服务能力和优化社会治理效率，授权运营不仅服务于市场主体，还惠及社会公众，实现了社会效益与经济效益的有机统一。

（4）共享、开放和授权运营这三种公共数据开发利用的关系

公共数据的共享、开放和授权运营在功能定位、覆盖范围、利用深度方面具有显著的差异性，同时形成了一个互为补充、逐步递进的整体体系。

①功能定位不同

共享主要解决政府内部的"数据孤岛"问题，通过数据的互联互通提高公共治理效率；开放则面向公众和企业，提供数据资源以服务社会创新和公益目标；授权运营是在市场化机制下，将公共数据的经济价值最大化，通过专业机构的增值开发推动数字经济发展。

②覆盖范围逐渐扩展

从共享到开放，再到授权运营，数据的使用范围逐步从政府内部扩展到社会公众和市场主体。共享服务于跨部门、跨层级的数据流通，开放满足社会公众和企业的基本数据需求，而授权运营则在商业场景中实现更广泛的应用。

③利用深度逐渐增强

三者在数据利用深度上呈现递进关系：共享以基础数据流通为主，数据利用的深度相对有限；开放体现了公共数据资源的社会价值，为更多场景提供可能性；授权运营通过增值开发进一步释放数据价值，实现数据从资源到资产的转变。

虽然三者之间存在差异，但仍彼此关联、相互支撑。共享的数据为开放和授权运营提供了高质量的数据来源和支持；开放的数据不仅带来公益性价值，也为授权运营提供了可开发的商业化资源；授权运营所产生的收益则可以反哺共享与开放的体系建设，完善公共数据治理生态。

13. 数字经济高质量发展的含义是什么？

随着全球数字化进程的加速，数字经济已成为推动经济增长和社会发展的重要引擎。数字经济高质量发展是以数字技术与经济社会深度融合为基础，以创新驱动、协调发展、绿色低碳、开放共享为核心，实现经济增长质量和效益全面提升的经济发展模式。这一理念不仅为经济发展注入新动能，也为社会治理、生态文明建设和民生改善提供了新的解决方案。

（1）概念

数字经济高质量发展，是指围绕加快培育新质生产力，以数据要素市场化配置改革为主线，通过协同完善数据基础制度和数字基础设施、全面推进数字技术和实体经济深度融合、持续提升数字经济治理能力和国际合作水平，实现做强做优做大目标的数字经济发展新阶段。在我国数字经济快速崛起、全球科技竞争加剧以及绿色低碳发展目标的双重要求下，2021 年 10 月 18 日，习近平总书记在主持十九届中共中央政治局第三十四次集体学习时提出，要不断做强做优做大我国数字经济。习近平总书记强调，党的十八大以来，党中央高度重视发展数字经济，将其上升为国家战略。发展数字经济意义重大，是把握新一轮科技革命和产业变革新机遇的战略选择。一是数字经济健康发展，有利于推动构建新发展格局。构建新发展格局的重要任务是增强经济发展动能、畅通经济循环。数字技术、数字经济可以推动各类资源要素快捷流动、各类市场主体加速融合，帮助市场主体重构组织模式，实现跨界发展，打破时空限制，延伸产业链条，畅通国内外经济循环。二是数字经济健康发展，有利于推动建设现代化经济体系。数据作为新型生产要素，对传统生产方式变革具有重大影响。数字经济具有高创新性、强渗透性、广覆盖性，不仅是新的经济增长点，而且是改造提升传统产业的支点，可以成为构建现代化经济体系的重要引擎。三是数字经济健康发展，有利于推动构筑国家竞争新优势。[①]

---

① 《习近平著作选读》第二卷，人民出版社 2023 年版，第 537、535、536 页。

数字经济是以数据为关键生产要素，以现代信息网络为重要载体，通过数字技术与实体经济深度融合实现的经济形态。其核心在于通过数据的流通和技术的渗透，推动经济活动、产业形态和治理模式的优化。数字经济是经济增长的新引擎，是实现现代化的重要路径。而高质量发展则是以创新驱动、绿色低碳、协调开放为主要特征的发展方式，注重发展质量、经济效益和社会公平。数字经济高质量发展正是将数字技术与高质量发展理念深度结合，推动经济社会向更高效、更公平、更可持续的方向迈进。

数字经济高质量发展体现在以下几个方面：一是经济质量，通过技术水平的提升和产业结构的优化，形成更具竞争力的产业体系；二是社会效益，通过数字技术缩小城乡差距，优化资源分配，改善民生；三是资源环境，推动数字技术与节能环保技术相结合，实现低碳经济目标；四是公平共享，确保发展成果惠及全社会，促进包容性增长；五是国际竞争力，通过技术创新和制度优化，增强我国在全球市场中的竞争优势。

目前，数字经济高质量发展已被纳入国家顶层规划。《国民经济和社会发展第十四个五年规划和 2035 年远景目标纲要》提出，到 2035 年，数字经济核心产业增加值占 GDP 比重将显著提升。《"十四五"数字经济发展规划》进一步明确，到 2025 年，数字经济核心产业增加值占 GDP 比重要达到 10%，并强调推动数字产业化和产业数字化，为实现高质量发展奠定基础。这些政策文件为我国数字经济高质量发展提供了方向指引和制度保障。

通过推动数字技术与实体经济深度融合，数字经济高质量发展将为我国经济转型、社会公平、生态文明建设和国际竞争力提升提供全方位支持，成为我国实现现代化建设的重要抓手。

（2）特点

数字经济高质量发展具有显著的科技引领性、融合渗透性、高效益性和可持续性。科技引领性表现在以人工智能、大数据、区块链等技术为驱动，强调自主创新和关键技术突破；融合渗透性通过数字技术与传统行业深度融合，推动生产方式、生活方式和治理模式的变革；高效益性体现在资源配置效率的提升以及经济社会效益的同步增长；可持续性强调绿色发展，通过技术手段减少资源消耗，实现低碳经济目标。此外，数字经济高质量发展还具有普惠性，致力于缩小数字鸿沟，使数字化发展成果惠及全社会，为人民群众带来更多获得感和幸福感。

（3）意义

数字经济高质量发展对经济社会和国家竞争力具有重要意义。首先，它为经济增长注入新动力，推动经济从传统规模扩张向质量提升转型，通过全要素生产率的提升，促进产业链升级和优化。其次，它增强了国家核心竞争力，数字技术的创新和应用成为应对全球科技竞争的关键力量。同时，数字经济高质量发展有助于社会公平，通过数字化手段优化资源配置，缩小城乡、区域和群体间的数字鸿沟。此外，这一发展模式还能助力生态文明建设，通过提高资源利用效率和发展绿色经济，实现可持续发展目标。

（4）实现路径

实现数字经济高质量发展需要从政策、技术、产业和国际合作等多方面入手。首先，应加强顶层设计和政策引导，通过完善数字经济治理体系、出台数字经济促进法等措施，为数字经济提供制度保障。其次，加快核心技术自主创新，突破"卡脖子"技术瓶颈，构建自主可控的技术创新体系。同时，推动传统产业数字化转型，深化大数据、人工智能等技术的应用，促进产业结构升级。数字基础设施建设也是关键，应加速布局5G、工业互联网和数据中心等新型基础设施，夯实数字经济发展的技术支撑。此外，还需完善数据要素市场机制，建立健全数据确权、流通、交易和收益分配制度，释放数据要素潜力。最后，应深化国际合作，积极参与全球数字经济治理规则的制定，推动跨境数据流通与规范化发展，提升我国在国际数字经济中的话语权。

数字经济高质量发展是适应全球科技革命和产业变革的必然选择，也是推动我国经济社会高质量发展的战略路径。通过坚持创新驱动、深化产业转型、优化资源配置，数字经济将为实现经济、社会和生态协调发展注入强大动力。正如习近平总书记所强调的，"数字技术、数字经济是世界科技革命和产业变革的先机，是新一轮国际竞争重点领域，我们一定要抓住先机、抢占未来发展制高点"[1]。

14. 什么是数据资源入表?

随着数字经济的蓬勃发展和数据要素市场化进程的加速，数据资源入表（也可简称为"数据入表"）成为实现数据价值化和规范化管理的重要形式。数据入表不仅是数据资产化的重要环节，也为数据要素纳入现代经济体系提供了关键路径。理解数据入表的概念及其意义，有助于推动数据治理和市场化交易机制的进一步完善。

（1）概念

数据入表是指通过科学的计量和评估，将具有经济价值的数据资源纳入企业、组织或机构的资产负债表中，以数据作为可量化的资产形式参与经济活动的过程。它涵盖数据权属界定、价值评估、会计确认和交易流通等多个环节，旨在将数据资源从潜在要素转化为明确的资产类别，从而为数据要素的市场化配置和资产化管理提供制度保障。[2]

2023 年 8 月，财政部发布了《企业数据资源相关会计处理暂行规定》，明确了数据资源的确认范围及会计处理的适用准则。该规定自 2024 年 1月 1 日起施行，标志着我国在数据资源入表领域进入实际操作阶段。

（2）推动数据入表的意义

①激发数据要素的经济潜力

数据入表将数据资源纳入企业资产管理体系，不仅提升了数据的可见性

---

① 《习近平著作选读》第二卷，人民出版社 2023 年版，第 536 页。

② 《财政部推动强化企业数据资源会计信息披露——数据资源"入表"，明年起实施》，中华人民共和国中央人民政府，2023 年 8 月 24 日，见 https://www.gov.cn/zhengce/202308/content_6899838.htm?utm_source=chatgpt.com。

和资产价值，还激发了市场主体对数据资源的开发热情和积极利用。通过市场化交易和商业化开发，数据入表为数字经济注入新的增长动能，特别是在创新型产业中，数据驱动正加速产品和服务的迭代升级。

②支持企业数字化转型

数据作为重要的生产要素，其资产化为企业管理效率的提升和战略布局的优化提供了助力。数据入表不仅显化了数据的经济价值，还促使企业将数据开发利用融入生产运营和战略决策，推动数据驱动型管理模式的普及，从而加速企业的数字化转型进程。

③增强数据资源的融资能力

数据入表为数据资源的资本化应用创造了条件。作为无形资产，数据的显性化为企业吸引投资、获取贷款提供了支持，拓宽了融资渠道。这不仅促进了数据资源在资本市场中的流通和增值，还为企业发展提供了更稳健的资金保障。

④规范数据治理与合规管理

数据入表对数据资源的权属界定和价值评估提出了明确要求，推动企业加强对数据资源的规范化管理。通过完善数据治理结构，企业能够更有效地确保数据的合法性与合规性，同时降低数据滥用、违规使用等潜在风险，为健康的数据生态体系建设提供保障。

⑤提升数字经济的国际竞争力

数据入表为我国数字经济的全球化发展奠定了基础。通过将数据资源资产化，我国在国际数据治理和跨境数据流通中获得更多主动权。同时，数据入表为对接国际规则、构建全球数据经济生态提供了关键支持，进一步提升我国在全球数字经济领域的竞争力与话语权。

（3）数据入表的宏观推进路径

①完善法律法规与确权机制

数据入表的合法合规性是实践的基础。需制定和完善相关法律法规，明确数据权属、评估标准和会计准则，为数据入表提供清晰的法律框架。同时，推行数据确权机制，明确数据的所有权和使用权，减少权属纠纷，为企业和市场主体的合法使用数据资源提供制度保障。通过健全的法律和确权体系，不仅可以确保数据资产化的合法性，还能为数据的后续开发和交易奠定基础。

②统一数据评估标准与计量体系

数据价值评估是数据入表的核心环节。推动建立统一的价值评估标准和计量体系，确保数据资产化具有科学性和公信力。评估标准应综合考虑数据的完整性、使用价值、市场需求及潜在收益等因素，通过科学的计量方法，为数据入表提供客观依据。这将提升数据资产在市场中的认可度，增强企业的资本运作能力。

③强化技术支撑与数字化管理能力

数据入表需要借助先进技术手段的支持，例如区块链技术可以提供透明、不可篡改的存储机制，确保数据权属和交易过程的真实性；隐私计算和大数据分析技术则能够提升数据评估的精度，确保数据资产价值的可信性。此外，加强企业数字化管理能力，推动数据资源的高效整理、存储和分析，使其具备入表的基本条件。

④推动试点示范与政策引导

针对不同行业或区域开展数据入表试点，积累实践经验，为全国推广提供示范路径。试点应重点选取数据量大、数据质量高、市场需求明确的领域，例如智慧城市、金融科技、工业互联网等，通过实践检验完善评估机制和会计标准。同时，政府应出台政策引导，提供技术支持和资金保障，推动试点工作的顺利实施。

第二篇

制度篇

随着数据要素化进程的加速，制度建设成为推动公共数据资源高效开发利用的关键抓手。《关于加快公共数据资源开发利用的意见》作为中央首次系统部署公共数据资源开发利用的重大文件，其发布具有里程碑意义。

制度篇围绕该文件的核心内容与制度框架，深入探讨其发布的背景、目标及实施后的积极影响，揭示这一制度创新背后的政策逻辑。重点解析如何通过完善配套政策与标准规范，推进公共数据资源的登记制度建设与管理机制构建；探讨价格形成机制和国内外会计准则框架下数据资源入表的实践路径；梳理国家数据局为保障《关于加快公共数据资源开发利用的意见》落地实施的具体举措。同时，还将解读标准化建设在提升公共数据开发利用水平中的关键作用，展现推动数据资源可持续开发的制度化路径。

通过本篇，读者将全面了解公共数据开发利用的制度设计与实践方向，掌握科学规范的制度保障机制如何助力数据价值的释放，为数字经济高质量发展提供有力支撑。

15. 如何理解《关于加快公共数据资源开发利用的意见》出台的背景和意义？

（1）《关于加快公共数据资源开发利用的意见》出台的背景与定位

随着数据要素在国家治理和经济发展中的重要性日益凸显，公共数据作为基础性战略资源长期面临权属不清、共享机制不畅、开发利用不足等问题，严重制约了其潜能的释放。习近平总书记在中央全面深化改革委员会第二十六次会议上强调，数据基础制度建设事关国家发展和安全大局，要维护国家数据安全，保护个人信息和商业机密，促进数据高效流通使用、赋能实体经济，统筹推进数据产权、流通交易、收益分配、安全管理，加快构建数据基础制度体系。[①]

为进一步破除制约数据要素自由流动的体制性机制性障碍，《中共中央　国务院关于构建更加完善的要素市场化配置体制机制的意见》提出，要完善数据产权、流通规则及市场化配置机制，逐步推动数据要素纳入现代经济体系，为数据要素价值的释放提供制度保障。

---

① 《习近平主持召开中央全面深化改革委员会第二十六次会议强调　加快构建数据基础制度　加强和改进行政区划工作》，《人民日报》2022 年 6 月 23 日。

在此背景下，《关于加快公共数据资源开发利用的意见》于 2024 年 9 月 21 日正式发布。作为我国首次从中央层面对公共数据资源开发利用进行系统部署的重大制度文件，这标志着我国公共数据治理进入规范化、法治化和现代化的新阶段。《关于加快公共数据资源开发利用的意见》不仅聚焦于解决当前公共数据供给不足、共享效率低、开放范围窄等突出问题，还通过优化机制全面激发数据要素的创新活力。《关于加快公共数据资源开发利用的意见》以顶层设计为核心，从优化公共数据资源配置、构建数据要素市场到提升社会治理能力，为推动数字经济高质量发展提供了强有力的政策保障和实践路径。这一部署为我国数字经济的可持续发展和社会治理能力的现代化注入了全新动力。

（2）《关于加快公共数据资源开发利用的意见》的重要意义与战略价值

①明确公共数据资源开发规则，为现代化数据治理奠定制度基础

通过建立分类分级管理、资源目录化和授权运营机制，《关于加快公共数据资源开发利用的意见》解决了以往数据治理中权属不明、标准不统一、共享不充分等问题，为公共数据的高效开发和规范利用提供了制度依据。这种制度化安排不仅提升了数据治理的科学性和权威性，还为推动数据要素市场化提供了政策和法律支撑。例如，通过授权运营机制，确保数据开发的合规性，同时释放更多创新活力。

②充分释放数据要素潜能，为数字经济注入新动能

公共数据是数字经济发展的重要资源。《关于加快公共数据资源开发利用的意见》通过优化数据开放和流通机制，推动数据从"静态"向"动态"转变，为新兴产业和新业态的涌现创造了条件。例如，在智慧城市建设中，开放交通、医疗、环保等领域的公共数据，有效提升城市治理效率；在产业发展中，数据授权运营模式为精准营销、智慧物流等新场景应用提供了支持。这些举措不仅全面释放了数据的经济价值，还推动了数字经济与实体经济的深度融合。

③推动数据开放共享，为社会治理现代化提供重要支持

公共数据是政府提升治理能力的重要工具。《关于加快公共数据资源开发利用的意见》通过共享数据资源，推动社会服务的精准化、风险预警的高效化和决策分析的科学化。例如，在新冠疫情防控中，跨部门数据共享提高了应急响应效率；在教育、医疗等领域，数据开放促进了公平化分配和智能化服务。这种数据驱动的治理创新极大提升了政府服务效率和社会治理能力。

④注重安全与发展平衡，为公共数据开发利用提供安全保障

数据安全是公共数据开发利用的前提条件。《关于加快公共数据资源开发利用的意见》通过分类分级管理制度，强化了对敏感数据的保护，特别是对个人隐私、商业秘密和国家安全的保障。同时，明确授权运营规则和开放数据范围，确保数据开发利用的合法合规。这不仅增强了社会对数据流通的信任，还有效维护了国家数据主权，为构建安全、可信的数据开发环境提供了保障。

⑤支持国家战略目标实现，服务现代化建设大局

在数字经济和"双碳"目标等国家战略背景下，公共数据资源的开发利用成为推动数字经济高质量发展的重要抓手。《关于加快公共数据资源开发利用的意见》提出的开放能耗、交通、环保等数据资源，将为绿色产业发展提供数据支撑；通过数据确权和市场化机制，逐步构建全国统一的数据要素市场，为我国在国际数字经济竞争中赢得主动权。这些措施不仅服务于国家现代化建设大局，还为构建开放型经济和可持续发展提供了坚实保障。

16. 发布施行《关于加快公共数据资源开发利用的意见》的主要目标是什么？

发布施行《关于加快公共数据资源开发利用的意见》，是我国在数据要素市场化改革和数字经济高质量发展中的重要里程碑，其主要目标体现在以下几个方面。

（1）构建现代化公共数据治理体系

《关于加快公共数据资源开发利用的意见》的核心目标之一是构建科学、规范、透明的公共数据治理体系。习近平总书记在中央全面深化改革委员会第二十六次会议上指出："数据基础制度建设事关国家发展和安全大局。"①因此，《关于加快公共数据资源开发利用的意见》提出通过分类分级管理、资源目录化和授权运营等机制，明确数据权属、流通规则及使用范围，解决当前数据治理中存在的权属不清、标准不统一和共享不充分等问题。这些制度安排为规范化管理和数据市场化配置奠定了坚实基础。

（2）提升数据资源的供给能力与使用效益

《关于加快公共数据资源开发利用的意见》针对当前公共数据供给不足、共享效率低、开放范围窄等问题，提出完善公共数据开放平台、动态更新数据开放目录，优先开放与民生紧密相关、社会需求迫切的数据。通过扩大数据供给规模和优化共享机制，《关于加快公共数据资源开发利用的意见》旨在推动数据资源从"静态"转向"动态"，实现从政府内部流通到社会化利用的全面提升，为社会治理、经济发展和民生改善注入新动能。

（3）释放数据要素的经济潜能

公共数据作为基础性战略资源，其开发利用对推动数字经济具有核心作用。《关于加快公共数据资源开发利用的意见》明确，通过市场化机制释放数据要素的经济价值，特别是通过数据授权运营模式，激发市场主体对数据创新应用的活力。目标是到2025年形成全国统一的数据要素市场，培育一批数据要素型企业，为数字经济与实体经济的深度融合提供强劲动力，并推动新业态、新模式的不断涌现。

---

① 《习近平主持召开中央全面深化改革委员会第二十六次会议强调 加快构建数据基础制度 加强和改进行政区划工作》，《人民日报》2022年6月23日。

（4）推动社会治理现代化

社会治理现代化是公共数据开发利用的重要方向。《关于加快公共数据资源开发利用的意见》通过推动政务数据共享与开放，为社会治理提供科学依据。例如，在公共卫生、交通管理、应急响应等领域，通过数据的精准化应用，提升政府危机处理能力和公共服务效率。同时，在教育、医疗等领域，开放数据的智能化分配将进一步推动社会资源的公平化配置和治理方式的智能化转型，助力社会治理能力和治理水平的全面提升。

（5）保障数据安全与合法合规性

数据安全是公共数据开发利用的基础和前提。《关于加快公共数据资源开发利用的意见》提出建立覆盖数据全生命周期的安全管理机制，包括分类分级保护、隐私保护和合规审查等措施。在跨境数据流通领域，设立风险评估机制和合规审查流程，确保国家数据主权不受侵害，个人隐私和商业秘密不被泄露。这些安全举措不仅增强了社会对数据开发利用的信任，也为数字经济的健康发展提供了制度保障。

《关于加快公共数据资源开发利用的意见》通过明确目标、优化机制、强化安全保障，致力于构建现代化数据治理体系，全面释放数据要素的经济和社会价值，推动数字经济与社会治理现代化进程。这一重要制度文件，不仅服务于我国当前的经济发展需求，也为实现国家数据主权与数字化转型奠定了长远基础。

17. 《关于加快公共数据资源开发利用的意见》将带来哪些积极影响？

《关于加快公共数据资源开发利用的意见》的出台，是我国在公共数据治理领域的一项开创性举措，标志着公共数据开发利用从探索实践走向系统部署。不仅通过扩大数据供给和提升利用效率释放了数据要素的经济价值，也通过优化社会治理能力和推动数据产业发展实现了经济社会的多重目标。在政策支持、技术创新和社会协作的共同作用下，《关于加快公共数据资源开发利用的意见》的实施将进一步服务于数字经济高质量发展和国家战略目标，为我国在全球数据治理和数字化转型中赢得更多话语权和竞争力。

（1）大幅扩大公共数据资源供给

公共数据是国家重要的基础性战略资源，然而长期以来，公共数据供给不足的问题限制了数据价值的释放。《关于加快公共数据资源开发利用的意见》通过完善数据开放平台和动态目录更新机制，明确了公共数据的优先开放领域，如气象、交通、社保和自然资源等，满足社会多样化需求。国家数据局也正在推进一系列重点领域的数据开发工作，确保高质量数据的持续供给。这将显著提升公共数据的可获取性，为社会治理和技术创新提供坚实的数据基础。

（2）全面激发全社会用数活力

通过优化公共数据流通规则和共享机制，《关于加快公共数据资源开发利用的意见》为数据从"静态"向"动态"转变提供了路径。政务数据的主动共享和按需共享相结合，不仅能提升政府间协作效率，也为企业和社会公众带来数据红利。例如，政务数据的高效共享可以实现"一网通办"，企业利用开放数据推动人工智能训练和新技术开发，社会公众则受益于精准化的便民服务。通过多层次的数据开发利用，《关于加快公共数据资源开发利用的意见》全面激发了全社会的数据使用活力。

（3）助力社会治理智能化与精准化

公共数据是政府提升治理能力的重要工具。《关于加快公共数据资源开发利用的意见》强调通过数据共享和智能化应用，为社会治理提供科学依据，助力治理方式从粗放式向精细化、智能化转变。例如，在智慧城市建设中，交通、医疗、环境等领域的公共数据共享与开放，能够实现高效的资源调度和精准的风险预警；在公共卫生事件应对中，跨部门的数据协作显著提升了应急响应能力和社会治理效能。

（4）释放数据要素的经济价值

《关于加快公共数据资源开发利用的意见》通过推动数据资源市场化配置和授权运营机制，释放了公共数据的经济潜能。公共数据资源经过专业机构的增值开发和商业化应用，可以转化为具有经济价值的产品和服务。数据授权运营模式的推广，不仅带来了可观的政府收益，也为新兴产业的发展提供了数据驱动力。特别是在健康医疗、智慧交通等领域，数据资源的开发利用成为催生新业态和新模式的重要推动力。

（5）促进数据产业发展与社会投资增长

数据产业的发展离不开基础设施建设与社会资本参与。《关于加快公共数据资源开发利用的意见》提出，要加快国家数据基础设施布局建设，支持数据产业的高质量发展，并通过政策支持吸引社会资本参与公共数据的开发利用。文件明确，将数据产业纳入产业结构调整指导目录，为企业提供研发费用加计扣除、高新技术企业税收优惠等政策支持。这一举措不仅有助于培育一批数据企业，还将通过市场化机制促进数据要素的广泛流通和高效配置。

（6）保障数据安全与个人隐私

《关于加快公共数据资源开发利用的意见》特别注重数据开发利用过程中的安全保护，提出了覆盖数据全生命周期的安全管理机制。通过分类分级管理、风险评估、隐私保护等措施，《关于加快公共数据资源开发利用的意见》为数据的合法流通和安全使用提供了制度保障。这不仅维护了国家数据主权，还增强了社会对数据开发利用的信任，为实现数据资源的安全利用奠定了基础。

18.《关于加快公共数据资源开发利用的意见》出台后将会迎来哪些配套政策制度？

《关于加快公共数据资源开发利用的意见》作为我国首部系统部署公共数据资源开发利用的重大制度文件，其实施需要一系列配套政策和制度的支撑。国家数据局正在推动"1+3"政策规则体系的构建，通过完善公共数据资源登记、授权运营、价格机制等方面的具体制度，为《关于加快公共数据资源开发利用的意见》的落地实施提供全方位的保障。这些配套政策将围绕数据资源管理、市场化开发与安全保障等核心问题展开，确保公共数据资源开发利用的合法、合规、高效。

（1）公共数据资源登记制度

《关于加快公共数据资源开发利用的意见》明确提出，要建立公共数据资源登记制度，这是推动公共数据资源管理规范化的重要基础性工作。通过建立登记平台和目录化管理机制，可以实现对公共数据资源的全面梳理和动态监管，明确数据的权属、类型和规模，为后续开发利用提供数据基础。国家发展改革委、国家数据局已经发布《公共数据资源登记管理暂行办法》（以下简称《公共数据登记管理办法》）。该办法规定了登记的范围、流程和动态更新机制，要求依托政务数据目录对数据资源进行分级分类管理，并通过统一平台实现信息公开和共享。通过登记制度的实施，将有效解决数据资源无序管理的问题，为公共数据的高效开发和利用奠定坚实基础。

（2）公共数据授权运营制度

授权运营是《关于加快公共数据资源开发利用的意见》提出的公共数据开发利用的重要模式，旨在通过市场化机制释放数据的经济潜能。《关于加快公共数据资源开发利用的意见》明确提出，要建立分类分级授权机制，规范授权范围、用途、期限和退出机制，同时加强运营行为的监督管理。为此，国家发展改革委、国家数据局已经发布《公共数据资源授权运营实施规范试行》（以下简称《公共数据授权运营规范》），重点解决授权运营过程中责任不清、规则模糊的问题。规范中明确了运营机构的准入条件、资质要求以及监管责任，并要求通过技术手段和制度设计保障授权数据的安全与合规使用。这一制度的实施将为公共数据资源的商业化开发提供法律依据，并通过专业化运营释放数据的经济和社会价值。

（3）公共数据相关价格政策

公共数据资源的开发利用需要科学的价格形成机制，以平衡公益性和商业化开发需求。《关于加快公共数据资源开发利用的意见》提出，要完善公共数据的定价机制，推动公共数据资源的合理定价和市场化配置。国家数据局正会同国家发展改革委研究制定相关价格政策，重点明确公益性数据的免费或低成本使用规则，以及商业化数据的市场定价模式。同时，还将探索建立跨部门、跨领域的数据交易成本分摊机制，为数据流通提供价格指引。这些政策将通过规范定价行为、降低交易成本，为市场主体参与公共数据开发利用提供公平的市场环境，并助力构建全国统一的数据要素市场。

《关于加快公共数据资源开发利用的意见》的出台标志着我国公共数据治理体系建设迈向系统化和规范化阶段，但其有效实施离不开配套政策和制度的支持。通过建立公共数据资源登记制度、授权运营规范和价格政策，国家数据局将为公共数据资源的开发利用提供全面保障。这些政策不仅解决了当前数据管理中存在的权属不清、规则不明等问题，也为数据的市场化配置和合法流通提供了路径。未来，在政策制度的有力支撑下，公共数据资源的经济价值和社会效益将得到全面释放。

19. 如何在标准规范方面推进公共数据资源开发利用?

在标准规范方面，国家数据局将依托全国数据标准化技术委员会工作机制，统筹数据领域标准体系建设，加快公共数据治理、资源登记、授权运营、成效评估等急需的标准规范制定出台，着力解决标准不统一、工作不规范等问题。2024 年 9 月 25 日，国家数据局联合国家发展改革委、中央网信办工业和信息化部、财政部、国家标准委印发了《国家数据标准体系建设指南》，该指南提出，到 2026 年年底，基本建成国家数据标准体系，围绕数据流通利用基础设施、数据管理、数据服务、训练数据集、公共数据授权运营、数据确权、数据资源定价、企业数据范式交易等方面，制修订 30 多项数据领域基础通用国家标准，形成一批标准应用示范案例，建成标准验证和应用服务平台，培育一批具备数据管理能力评估、数据评价、数据服务能力评估、公共数据授权运营绩效评估等能力的第三方标准化服务机构。

2021 年，中共中央、国务院发布了《国家标准化发展纲要》，明确指出标准是经济活动和社会发展的技术支撑，是国家基础性制度的重要方面。标准化在推进国家治理体系和治理能力现代化中发挥着基础性、引领性作用。新时代推动高质量发展、全面建设社会主义现代化国家，迫切需要进一步加强标准化工作。[1] 数据标准是国家标准体系的重要组成部分，在数据要素市场化配置改革中具有基础性、全局性和引领性作用，构建国家数据标准体系，已成为推动数据技术创新应用、促进数据产业高质量发展、建设和运营国家数据基础设施、加快建设全国统一数据市场的重要支撑，对加快推进数据要素市场化配置改革具有重要意义。[2]

公共数据资源开发利用是数据要素市场化配置改革的重要组成部分。公共数据资源开发利用先行先试，有利于带动企业和个人数据开发利用和流通，激活数据要素市场。数据标准工作的推进是公共数据资源开发利用的重要支撑。深化试点示范，发挥应用成效，可以为数据标准的制定和完善提供实践基础。以公共数据开发利用作为试点，具有天然的优势，因为公共数据

---

[1] 娄瑜：《专家解读之三丨加强数据标准化建设，引领数据产业高质量发展，为全面推进数字中国建设提供有力支撑》，2025 年 1 月 4 日，国家数据局公众号，见 https://mp.weixin.qq.com/s/TlkvvabXlHn9pqV2wIAl3w。

[2] 张向宏：《专家解读之四丨构建国家数据标准体系，加快推进数据要素市场化配置改革》，2024 年 10 月 21 日，国家数据局公众号，见 https://mp.weixin.qq.com/s/RHqTdmd42RlVX_qtUifV2w。

图 2-1 数据标准体系结构图

注：来源于国家数据局、国家发展改革委、中央网信办工业和信息化部、财政部、国家标准委印发的《国家数据标准体系建设指南》。

资源的开放性和共享性，使得其在数据标准制定过程中更容易达成共识，形成统一的标准体系。

为了推进公共数据资源开发利用的标准规范更加统一，可以从组织保障、试点示范和人才培养、国际化战略四个方面入手，构建一个健康、可持续的公共数据产业生态。

（1）强化组织保障

强化组织保障是基础，指导建立全国性的数据标准化技术组织，以确保数据标准的统一性和权威性。通过这些组织，加快推进急用、急需的数据标准制修订工作，确保数据标准能够及时响应市场和技术的变化。同时，强化与相关标准化技术组织、行业、地方及相关社团组织之间的沟通协作、协调联动，是实现数据标准化的关键。通过这种协同合力，以标准化促进数据产业生态建设，为数据的共享、流通和应用提供坚实的基础。

（2）深化试点示范

深化试点示范是推动数据标准实施的重要手段。需要完善标准试点政策配套，搭建数据标准化公共服务平台，为社会提供标准宣贯和咨询服务。通过选择重点地方、行业先行先试，打造典型示范，探索推动公共数据产品第三方检验检测，深化公共数据标准实施评价管理。这些措施将有助于验证标准的实用性和有效性，为全面推广数据标准提供经验和依据。

（3）加强人才培养

加强人才培养是筑牢数据产业发展根基的关键。随着公共数据在数字经济、数字政府、智慧城市和数字乡村等众多领域的应用不断扩展，以及通过开放、共享、授权运营等方式运用于更广泛的领域，对数据人才的需求也随之增加。这些人才不仅要掌握前沿技术，还需具备业务理解和管理能力，能够跨越法律、财务、管理、业务和金融等多个专业领域，以适应不断变化的行业需求。因此，培养一批能够适应公共数据开发利用需求的专业人才，对于推动数据要素市场化至关重要，打造与标准配套的数据人才培训课程，培养一批懂技术、懂业务、懂管理的数据标准化专业人才则是重中之重。

（4）实施国际化战略

公共数据的开发利用需实施标准国际化战略，大力推动中国数据标准与国际接轨，提升国际国内标准一致性水平，并积极推动我国各方参与国际标准化活动。[①]优化数据国际标准化专家队伍，支持他们参与国际标准化活动，强化国际交流。通过引领、参与国际标准规则制定，加强国际标准研究工作，针对公共数据的开发利用提出相关建议或推动相关标准的制定，进而提升中国标准的国际话语权。

综上所述，通过强化组织保障、深化试点示范、加强人才培养和实施国际化战略，我国可以构建一个更加完善的数据标准化体系，为公共数据乃至整个数据产业的健康发展提供强有力的支撑，在标准规范方面推进公共数据的开发利用。

20. 开展公共数据资源登记制度建设的意义是什么？

2022 年 12 月 2 日发布的《数据二十条》中提出了"研究数据产权登记新方式"及"建立健全数据要素登记及披露机制"，2025 年 1 月 8 日，国家发展改革委、国家数据局发布了《公共数据登记管理办法》，开启了国家层面关于公共数据资源登记的顶层制度建设。在国家制度的引领下，地方也开始了公共数据资源登记制度建设，比如，2024 年 10 月 23 日，江苏省人民政府办公厅发布了《江苏省公共数据授权运营管理暂行办法》，是全国首个省级层面印发实施的落实文件；2024 年 12 月 30 日，内蒙古自治区政务服务与数据管理局发布了《内蒙古自治区公共数据资源登记管理暂行办法》，旨在促进公共数据资源合规高效开发利用，构建全区一体化公共数据资源登记体系，规范公共数据资源登记工作。2025 年 1 月 26 日，山东省大数据局发布了《山东省公共数据资源登记管理工作规范（试行）》以促进公共数据资源合规高效开发利用，构建全省一体化公共数据资源登记体系，规范公共数据资源登记工作。

公共数据资源登记制度建设有利于促进公共数据资源合规高效开发利用，构建全国一体化公共数据资源登记体系，规范公共数据资源登记工作，

---

① 　舒印彪：《实施标准国际化战略　助力高质量发展》，《中国质量报》2020 年 5 月 28 日。

以解决在实践中相关部门公共数据开发利用不足的问题,通过公共数据资源登记,可以进一步明确相关部门的公共数据资源具体情况,以便更明确地开展公共数据的开发利用。

建立公共数据资源登记制度,一方面,要摸清家底,厘清数据内容与来源。对于开展授权运营活动的部门和地方,需要明确授权了什么数据,形成了什么产品和服务。对于纳入授权运营的数据,要求必须登记。对尚未纳入授权运营的数据,鼓励自愿登记。结合实践,只有对公共数据资源进行强制性登记,才能倒逼相关部门更加合法合规地进行数据治理,保证数据质量,解决数据"供得出、供得好"的问题,并且明确各交叉部门之间的数据权属问题,减少不必要的权属争议,并明确各参与方参与利益分配的基础。另一方面,开展公共数据资源登记,有利于建立资源发现渠道,通过发布登记信息,提供查询服务,可以更有效地促进供需对接,便于市场发现高价值数据,便于企业开发更多数据产品,催生更多应用场景。具体来说,公共数据资源登记制度的建立,能够为数据资源的流通和利用提供一个官方认证的平台,确保数据的真实性和合法性,降低数据交易的信任成本。通过这个平台,数据提供者可以发布他们的数据资源,而数据需求者可以根据自己的需求进行搜索和查询,快速找到所需的数据资源。

这种登记和查询机制的建立,不仅能够提高数据资源的可发现性,还能够促进数据资源的流通效率。市场参与者可以更加便捷地获取到他们所需的数据,从而推动数据的商业化应用。对于企业而言,这意味着他们可以更快地发现和利用数据资源,开发出新的数据产品,提升产品和服务的竞争力。同时,这也为创新提供了土壤,企业可以基于这些数据资源开发出新的应用场景,推动新技术、新业态的发展。

此外,公共数据资源登记制度还能够促进数据的标准化和规范化管理,为数据的整合和分析提供便利。这有助于提高数据的质量和可用性,降低数据处理的成本,提升数据的附加值。在数据驱动的经济发展模式下,这种制度的建立对于推动数字经济的发展具有重要意义。

综上所述,公共数据资源登记制度的建立,不仅能够提高数据资源的可发现性和流通效率,还能够促进数据的商业化应用和创新,推动数字经济的发展。通过这一制度，可以更好地实现公共数据资源的价值，为社会经济发展提供新的动力。

21. **怎样构建全国公共数据资源登记管理工作机制?**

根据《公共数据登记管理办法》，国家数据局加强公共数据资源登记管理，推进登记服务标准化，依托登记信息和政务数据目录，建立健全公共数据资源目录。建设国家公共数据资源登记平台，实现与各省级公共数据资源登记平台对接，推动登记信息互联互通。在全国范围内实现登记结果统一赋码，支撑登记信息的查询和共享。省级数据管理部门应加强集约化建设，统筹开展本辖区公共数据资源登记平台使用管理工作，强化数据共享、应用服务和安全保障。

（1）实行分级监督管理

构建全国公共数据资源登记管理工作机制，是实现公共数据资源高效管理、共享应用和安全保障的重要任务。根据《公共数据登记管理办法》公共数据资源登记将构建全国一体化公共数据资源登记体系，全国公共数据资源登记工作实行分级监督管理。登记机构负责实施公共数据资源登记，执行全国统一的登记管理要求，按照行政层级和属地原则提供规范化、标准化、便利化登记服务。

在中央层面，国家数据局管理全国公共数据资源登记工作，加强公共数据资源登记管理，推进登记服务标准化，依托登记信息和政务数据目录，建立健全公共数据资源目录，统筹开展公共数据资源登记标准体系和登记工作评价机制建设。中央国家机关及其直属机构、中央企业的公共数据资源登记，由国家数据局指定所属事业单位负责办理。

在地方层面，省级数据主管部门统筹负责本辖区的公共数据资源登记工作，应加强集约化建设，统筹开展本辖区公共数据资源登记平台使用管理工作，强化数据共享、应用服务和安全保障，统筹开展对本辖区登记机构的服务水平评价。各级数据管理部门应会同有关部门做好跨部门的协同监管。

（2）推动技术赋能管理

建立全国统一的公共数据资源登记管理平台，提供分层、分级的模块化服务，与地方分平台实现数据互联互通。实现中央和地方登记数据的实时共享与汇总，避免重复登记和资源浪费。建立全国统一的登记操作手册，细化登记步骤，明确登记主体的职责权限、登记内容的范围以及信息安全要求，确保登记过程规范透明。

（3）加强监督管理评价

国家数据局应组织开展对中央直属单位登记机构的服务水平评价，并将结果作为改进服务的重要依据。各省级数据管理部门应定期评估本辖区内登记机构的工作绩效，加强服务水平监督。除内部监督之外，推动公共数据登记信息的适度公开，接受社会公众的监督和反馈。开通举报和投诉渠道，及时处理登记管理中的违规问题，强化责任追究机制。

在数据领域，尤其是公共数据资源的开发利用中，存在许多未知和不确定的因素。这些未知变量可能包括技术风险、数据安全问题、隐私保护等。因此，在推进公共数据资源登记管理时，必须充分考虑这些未知变量，以确保制度设计能够适应不断变化的数据环境。因此建立公共数据资源登记容错机制非常重要，对于那些在公共数据资源开发利用过程中出现的非主观故意的错误给予一定的宽容，鼓励和保护干部担当作为，营造鼓励创新、包容创新的干事创业氛围。

22. 如何从制度建设方面加强公共数据资源开发利用安全保障？

随着数字化转型的推进，公共数据作为国家经济社会发展的关键资源，其开发和利用已成为提升治理能力、推动创新、促进社会福利的重要手段。公共数据资源的高效利用对经济发展和社会治理具有深远意义，而相应的制度建设是保障数据安全、隐私保护和高效利用的关键。无论是法律法规、地方性管理条例，还是技术标准和合规审查，制度建设在推动公共数据开发利用中起着至关重要的基础性作用。

（1）制度建设重要性

公共数据开发利用制度建设的重要性具体表现在以下几个方面。

①保障信息安全和个人隐私

公共数据涉及大量个人信息和隐私数据，若缺乏严格的保护措施，可能导致数据泄露或滥用。因此，必须通过明确的数据保护法律法规和隐私保护制度，防止公共数据对个人隐私造成不良影响。

②促进数据资源共享与高效利用

公共数据是一种重要的社会资源，合理的制度建设能够打破部门间、地区间的"数据孤岛"，推动数据跨区域、跨部门的共享与利用。这不仅能提高政府服务效率，还能推动经济、社会和科技的创新发展。

③提高公共数据的透明度和可审查性

数据的采集、存储、使用和共享过程必须符合法定程序并接受社会公众和监管机构的监督，以防止滥用和不正当行为。制度建设能够保障数据开发的透明度，确保数据开发过程公正、可审查。

④确保数据开发利用合规性

公共数据开发利用的法律合规性至关重要，尤其是在政府采购、智慧城市建设、数字政务等领域。确保数据开发与利用符合相关法律法规，能够避免滥用和资源浪费等问题的发生。

⑤提升数据驱动的决策质量和公共服务水平

合理开发和利用公共数据有助于提供精准的社会经济预测，辅助政府决策并提高政策执行力。制度建设可以确保数据的高质量、及时更新和科学分析，从而为决策提供更为可靠的支持。

自《数据二十条》发布以来，各地积极响应国家顶层设计，陆续发布了相关地方性法规和政策，如"公共数据条例""公共数据授权运营管理办法""公共数据授权运营实施方案"等。这些制度明确了推动公共数据开发利用的基本框架，并对相关管理机制、工作程序、安全监管等进行了初步规定。

各地在推动公共数据开发利用时，首先需要在制度建设上取得突破。这不仅是推进公共数据开发利用的关键步骤，还能确保数据开发利用的合规性和安全性。制度体系的设计应覆盖数据开发利用的各个关键环节，确保各方职责明确，推动监管机制的完善。

（2）各地实施框架

目前，许多地区已经开始制定相关的方案、细则、标准和规范，为公共数据开发利用提供可参考的实施框架。

①开发利用初期

在开发利用初期，制度体系主要围绕公共数据治理和公共数据运营机构的筛选展开。对于数据治理，目标是提高数据供给质量，可通过制定《元数据登记规范》《公共数据目录编制规范》《公共数据分类分级管理实施细则》《公共数据质量管理实施细则》《公共数据质量评估标准》等制度文件来优化公共数据供给环节。对于公共数据运营机构的筛选，需明确标准并进行持续评估，确保市场的良性竞争。

②开发利用中期

在开发利用中期，制度体系建设主要围绕公共数据应用和公共数据产品两个关键点展开。针对公共数据应用，数据应用方可通过平台获取加工后的数据集、模型或工具，具体应用到需求场景。制度设计应明确公共数据运营机构的监管责任，并鼓励数据应用场景的发掘，促进数据价值的最大化。例如制定《公共数据应用方管理细则》《公共数据应用报送规则》《公共数据应用场景分类指引规范》等。对于公共数据产品的管理，必须保障产品的质量、安全和合规性，特别是在数据交易过程中，需考虑到数据安全、公共利益等多方面因素，可制定《公共数据产品登记标准》《公共数据产品定价标准》《公共数据产品交易规范》等制度文件。

③开发利用后期

在开发利用后期，制度体系应涵盖收益分配和成效评估两个关键点。针对收益分配，《数据二十条》提出要对公共数据价值收益分配方式进行针对性的探索，可根据"谁投入、谁贡献、谁受益"的原则，制定《公共数据价值收益分配指南》等制度文件，推动数据要素的合理分配。通过定期对公共数据授权运营成效的呈现和评价，制定《公共数据授权运营成效评估标准》等制度文件，推动公共数据授权运营的规模化发展。

（3）制度建设清单

为了保障公共数据开发利用的安全性、合规性和高效性，必须建设一系列相关制度。

①数据分类分级保护制度

明确公共数据的不同类别和级别，设置不同的安全保护等级。依据《数据安全法》和《个人信息保护法》，对敏感数据、个人隐私数据实施差异化的管理，确保不同类别数据得到适当的安全保障。

②数据共享和开放制度

制定数据共享的条件、流程和安全标准，规范数据提供者的责任与义务，推进数据开放并确保公开数据的质量、时效和格式符合要求。

③隐私保护和数据安全管理制度

建立数据隐私保护机制，推行数据加密、脱敏、匿名化等技术手段，减少数据泄露的风险，并确保数据处理符合相关法律要求。

④数据合规使用制度

对政府、企业等数据使用方进行监管，确保公共数据的合法使用，防止数据滥用、超范围使用，明确数据开发利用的法律责任和违规处罚机制。

⑤数据治理和管理制度

设立数据管理机构，明确数据的归属和管理责任，制定数据质量管理、更新和安全检查标准，确保数据高效、安全地管理。

⑥审计和监督制度

对公共数据的使用进行定期审计，确保其合法性、合规性，并加强数据安全事件的报告和处理机制。

⑦数据应急响应制度

针对数据泄露、滥用等突发事件，建立数据安全应急响应机制，并加强数据安全事件的报告和处理机制。

⑧公众知情和参与机制

确保公众的知情权和参与权，尤其是涉及个人隐私时，确保用户的明确同意并建立反馈机制。

目前全国各省市在推进数据开发利用方面已有不同程度的探索和实践，也普遍制定了相关的制度和管理办法。如表 2-1 所示，这些制度的出台时间相对较近，大多数制度都是近几年出台的，以适应数字化转型和大数据产业的迅速发展。各省的相关管理机构大多由地方政府主导，部分地区则专门成立了大数据相关的管理中心或部门，负责数据资源的监管和推动数据共享。这些制度和法规主要涉及数据资源的管理、开发、共享、保护等多个方面，为公共数据的高效、安全利用提供了制度保障，并促进了数字治理和智能化公共服务的建设。未来随着技术进步和法律法规的完善，公共数据开发利用的制度建设将进一步强化，促进数据资源的合理、安全、高效利用。

完整的监管规范文件及标准文件详见本书附录内容。

表 2-1　全国各省市公共数据开发利用部分政策规范监管文件

地区	公共数据开发利用政策规范监管文件名称	发布时间	制定机构
全国	中共中央办公厅、国务院办公厅关于加快公共数据资源开发利用的意见	2024 年 9 月	中共中央办公厅国务院办公厅
	政务信息资源共享管理暂行办法	2016 年 9 月	国务院
北京市	北京市公共数据管理办法	2021 年 1 月	北京市人民政府
上海市	上海市公共数据开放暂行办法	2019 年 8 月	上海市人民政府
广东省	广东省公共数据管理办法	2021 年 10 月	广东省人民政府
	广东省公共数据开放暂行办法	2022 年 11 月	广东省政务服务数据管理局

续表

地区	公共数据开发利用政策 规范监管文件名称	发布时间	制定机构
浙江省	浙江省公共数据条例	2022 年 1 月	浙江省人大（含常委会）
	浙江省公共数据开放与安全管理暂行办法	2020 年 6 月	浙江省人民政府
山东省	山东省公共数据开放办法	2022 年 1 月	山东省人民政府
江苏省	江苏省公共数据管理办法	2021 年 12 月	江苏省人民政府
	江苏省公共数据授权运营管理暂行办法	2024 年 10 月	江苏省人民政府
重庆市	重庆市公共数据开放管理暂行办法	2020 年 9 月	重庆市人民政府
贵州省	贵州省政府数据共享开放条例	2020 年 12 月	贵州省人大（含常委会）
	贵州省政务数据资源管理办法	2023 年 6 月	贵州省人民政府
海南省	海南省公共数据产品开发利用暂行管理办法	2021 年 9 月	海南省政府大数据推进工作领导小组办公室
安徽省	安徽省政务数据资源管理办法	2020 年 12 月	安徽省人民政府
河南省	河南省政务数据安全管理暂行办法	2022 年 4 月	河南省人民政府
湖北省	湖北省政务数据资源应用与管理办法	2021 年 1 月	湖北省人民政府
湖南省	湖南省政务信息资源共享管理办法	2020 年 11 月	湖南省人民政府
福建省	福建省公共数据资源开放开发管理办法（试行）	2022 年 7 月	福建省数字福建建设领导小组
四川省	四川省数据条例	2022 年 12 月	四川省人大（含常委会）
辽宁省	辽宁省政务数据资源共享管理办法	2019 年 11 月	辽宁省人民政府
江西省	江西省公共数据管理办法	2022 年 1 月	江西省人民政府
河北省	河北省政务数据共享应用管理办法	2022 年 11 月	河北省人民政府
陕西省	陕西省政务信息资源共享管理办法	2017 年 8 月	陕西省人民政府
云南省	云南省公共数据管理办法（试行）	2023 年 12 月	云南省人民政府
新疆维吾尔自治区	新疆维吾尔自治区公共数据管理办法（试行）	2023 年 2 月	新疆维吾尔自治区人民政府

地区	公共数据开发利用政策规范监管文件名称	发布时间	制定机构
广西壮族自治区	广西公共数据开放管理办法	2020 年 8 月	广西壮族自治区大数据发展局
内蒙古自治区	内蒙古自治区公共数据管理暂行办法	2024 年 6 月	内蒙古自治区人民政府
宁夏回族自治区	宁夏回族自治区政务数据资源共享管理办法	2018 年 9 月	宁夏回族自治区人民政府

23. 后续将会有哪些具体举措推动《关于加快公共数据资源开发利用的意见》落地实施？

国家数据局是推动中国数字经济发展和数字化转型的关键力量，国家数据局通过制定制度文件、推动重点领域先行突破、扩大公共数据资源供给、扩大社会有效投资等方面推动《关于加快公共数据资源开发利用的意见》落地实施。

（1）制定配套政策文件

如前述问题 18 中所述，国家数据局已推出公共数据资源登记、公共数据授权、公共数据相关价格政策等政策制度文件，结合《关于加快公共数据资源开发利用的意见》形成了公共数据资源开发利用的"1+3"政策规则体系。除此之外，按照党中央、国务院决策部署，国家发展改革委、国家数据局、工业和信息化部在充分调研的基础上，组织编制了《国家数据基础设施建设指引》，国家发展改革委、国家数据局等部门联合印发了《关于促进数据产业高质量发展的指导意见》，通过以上联合其他部门发布的政策文件，为公共数据开发利用提供更好的政策支持。

（2）推动重点领域突破

除了制定实施配套政策、加紧建立工作机制外，国家数据局将协同推动重点领域先行突破。在市场需求大、数据资源多的行业和地区，加强数据资源的汇聚治理，推动供需对接、部省协同和区域协作，拓展应用场景，打造一批有影响力的项目，形成一批可复制、可推广的开发利用模式，发挥示范带动作用，以点带面，推动公共数据资源开发利用水平整体提升。国家数据局还将围绕公共数据资源"供得出、流得动、用得好、保安全"，强化政策保障，加大项目和经费支持力度，提高技术能力和安全水平，加快释放公共数据的要素价值。

2024 年 10 月 25 日，在国家数据局挂牌成立一周年之际，由国家数据局牵头主办的 2024 年"数据要素 ×"大赛全国总决赛颁奖仪式在北京成功举行。在全国总决赛中，31 个省（自治区、直辖市）、新疆生产建设兵团，以及 9 个行业赛事推选的 666 支队伍激烈角逐，大赛组委会通过线上评审方式遴选出 120 支队伍进入路演答辩，从示范性、实效性、先进性等多个角度进行综合评价，最终评选出工业制造、现代农业、商贸物流、交通运输、金融服务、科技创新、文化旅游、医疗健康、应急管理、气象服务、城市治理、绿色低碳 12 个赛道的一二三等奖和特色专项奖。[1]

（3）政策宣传与解读

国家数据局还将深入开展政策宣传解读，国家数据局的官方公众号上设有专家解读板块，解读最新政策、制度，并对经典案例进行宣传。举办全国数据系统业务培训班，邀请有关部委和重点中央企业参加，共同推动《关于加快公共数据资源开发利用的意见》落地见效。

---

[1]　国家数据局：《2024 年"数据要素 ×"大赛全国总决赛颁奖仪式在京举行》，2024 年 10 月 25 日，见 https://mp.weixin.qq.com/s/rITf2E_SayhgpZzSDhwYBA。

（4）联合各方力量

国家数据局正会同有关部门，在气象、交通、社保、自然资源等领域，深入谋划数据开发利用工作，一大批高质量公共数据将陆续供给出来。公共数据资源开发利用离不开基础设施保障，离不开各方力量的共同参与。国家数据局将加快国家数据基础设施布局建设，加大经费投入力度，形成实物工作量，引导社会资本有序参与开发利用。

24. 公共数据价格形成机制的制度设计是什么？

公共数据资源授权运营价格管理是一项全新的工作，管理方式上要适应公共数据要素特性，实现既"放得活"又"管得住"的目标，构建科学合理的价格机制。

公共数据价格形成机制的制度设计对于调动市场主体的积极性具有关键作用。公共数据作为公共资源，即便通过市场化手段实现更充分的开发利用，也需在遵守公共数据公益性的基础之上，进一步推动公共数据开发利用市场化。

（1）坚持公共数据开发利用公益性

建立健全价格形成机制，本质是要在坚持维护公共利益的前提下，正确处理公益性和市场化开发利用的关系，实现经济和社会综合效益的最大化。充分发挥价格政策的杠杆调节作用，引入市场化力量参与公共数据资源开发利用，让"专业的人做专业的事"，形成更多更好的数据产品和服务，能更好满足多层次、多样化的用数需求。

《关于加快公共数据资源开发利用的意见》明确了公共数据共享、开放和授权运营三种开发利用方式。在这几种形式之中，共享及开放一般不涉及公共数据的价格机制，目前主要集中于公共数据授权运营的价格机制。《关于加快公共数据资源开发利用的意见》明确，运营机构利用公共数据开发的数据产品和服务，用于公共治理、公益事业的，有条件无偿使用，用于产业发展、行业发展、确需收费的，实行政府指导定价管理。《关于加快公共数据资源开发利用的意见》还提出，鼓励和支持企事业单位和社会组织，利用运营机构投放到市场上的数据产品和服务，进一步开发公益产品，提供便民利民服务。需要特别说明的是，目前部分公共数据产品和服务收费，主要是在弥补成本的基础上，支持运营机构等相关方按投入和贡献取得合理的回报。顶层设计上的政策支持与基层实践中公共数据定价规则尚未完善、数据价值评估难等现实问题的落差与矛盾，成为继数据权属与收费后制约公共数据规模化流通利用的新问题。[①]

（2）推动公共数据开发利用市场化

公共数据授权运营也是为了推动公共数据资源的开放共享，但公共数据授权运营并非简单的政府信息公开，其主要目的并不在于保障公民的知情权和对政府的监督，而是为了挖掘公共数据的要素价值，使公共数据资源能够得到充分利用，推动公共数据产品和服务的创新。[②] 有观点认为，"公共数据授权运营的本质就是将公共数据作为国有资产，以营利为目的进行市场化增值"[③]。因此公共数据价格形成机制的制度设计必须坚持推动公共数据开发利用的市场化，以促使更多的社会主体参与进来，发挥公共数据倍增效应。

有学者认为，公共数据价格形成机制需兼顾公共数据的公益性及营利性双重属性，但这两个属性之间存在天然的冲突。要妥善解决公共数据授权运营营利性与公益性的冲突问题，就必须在立法中区分公共数据授权运营所具有的经营活动和新型公共服务双重定位，将公共数据授权运营分为两个类型：经营型公共数据授权运营以及公共服务型公共数据授权运营。而区分公

---

① 王锦霄、陈刚、汤珂：《授权运营制度下公共数据产品与服务的两级定价模型》，《管理评论》2024 年第 7 期。

② 张新宝、曹权之：《公共数据确权授权法律机制研究》，《比较法研究》2023 年第 3 期。

③ 张会平、顾勤、徐忠波：《政府数据授权运营的实现机制与内在机理研究——以成都市为例》，《电子政务》2021 年第 5 期。

共数据授权运营不同类型的关键，在于区分公共数据的不同用途。①

2025 年 1 月 20 日，国家发展改革委、国家数据局发布了《关于建立公共数据资源授权运营价格形成机制的通知》，进一步明确了定价范围和管理权限、规范了定价程序、制定了最高准许收入和上限收费标准、建立定期评估调整制度。明确了对运营机构的最高准许收入进行管理，通过管住准许收入，避免运营机构过度逐利。同时赋予运营机构一定自主定价权，允许其在各类产品和服务上限收费标准内，自行确定具体收费标准，根据市场情况灵活定价，充分调动各主体积极性。

2024 年 10 月 23 日发布的《江苏省公共数据授权运营管理暂行办法》中也明确规定：运营主体参考成本定价，按授权协议约定向开发主体收取合理费用。数据产品由市场定价。充分发挥数据要素报酬递增、低成本复用等特点，创新成本分摊、利润分配、知识产权共享等多元化收益分配机制。2024 年 12 月 6 日发布的《广州市公共数据授权运营管理暂行办法》中也明确：公共数据运营机构应当对公共数据进行必要的加工使用，为数据商的开发利用提供软硬件环境和相关支持服务。公共数据运营机构依据保本微利的原则就其提供的必要的数据加工、算力支持、合规支持等服务向数据商收取合理费用。实践中，公共数据授权运营的价格形成机制均支持了收取合理费用。

通过以上分析可知，公共数据价格形成机制的制度设计应当遵守公共数据的公益属性原则，在弥补成本的基础上，保障相关主体的合理收益，并且应在政府的指导及监督之下开展。

25. 各国数据资源入表会计准则制度是怎样设计的？

数字经济的蓬勃发展，使得数据作为新型资产在企业中的作用日益凸显，如何正确处理和确认数据资源的会计和税务问题，成为全球范围内财务

---

① 孙清白：《公共数据授权运营营利性与公益性的冲突及其制度协调》，《行政法学研究》2024 年第 3 期。

和税务管理中的重要议题。不同国家和地区针对数据资源的会计确认、计量、摊销、减值等问题都有相应的准则和规定，本问题将从国内外会计准则相关内容探讨数据资源入表的相关问题。

国际上，欧美国家在数据资源入表方面有较为成熟的实践和理论体系，通常遵循国际会计准则委员会（IASB）和美国财务会计准则委员会（FASB）的指导。我国在数据资源入表方面仍处于探索阶段，面临标准化、估值方法、法律和监管框架、跨部门合作等挑战。

（1）各国数据资源入表的政策背景

中国数据资源入表的政策背景主要包括财政部发布的《企业数据资源相关会计处理暂行规定》和《关于加强数据资产管理的指导意见》。这些规定要求企业在资产负债表中将数据资源作为存货、无形资产或开发支出等项目进行记录，并强化了数据资源信息的披露。

新西兰在公共部门实施了权责发生制会计准则，其中涉及数据资源的会计处理。新西兰用了 3—5 年的时间完成从现金制到权责发生制的过渡。

权责发生制会计准则（Accrual Basis Accounting）是会计核算的一种基本原则，要求企业在财务报告中确认收入和费用时，按照它们的发生时点而非实际收付款项的时间来确认。这意味着，收入和费用的确认应当基于经济活动的实际发生，而非现金流入或流出的时刻。

收付实现制会计准则（Cash Basis Accounting）是一种基于现金流的会计核算方法。根据这种方法，收入和费用的确认取决于实际的现金流入和流出，即只有当现金实际收到或支付时，才会确认收入或费用。收付实现制适用于那些以现金为主要交易手段的简单业务，通常用于小型企业或财务活动较为简单的情况。

现金制会计准则是更加简单和基础的会计处理方法，通常是指只记录与现金相关的交易。它可以视为一种特殊形式的收付实现制，强调对所有交易的现金流动进行记录。

与收付实现制相似，现金制会计准则强调实际的现金流，但其应用更加简单直接。大多数情况下，现金制会计准则用于小型企业或个体经营者。

法国在中央政府层面实施了权责发生制会计准则，这个过程用了 5 年时间。奥地利在中央政府层面实施了权责发生制会计准则，用了大约 5 年时间完成过渡。秘鲁在整个公共部门实施了权责发生制会计准则，这个过程用了超过 10 年的时间完成过渡。英国在整个公共部门实施了权责发生制会计准则，这个过程也用了超过 10 年的时间完成过渡。菲律宾、南非和斯里兰卡等国家逐步在财务报表中增加权责发生制的元素或披露，但没有设定一个完整的权责发生制会计实施的具体日期。

在国际财务报告准则（IFRS）和中国会计准则下，数据资源作为无形资产和存货的会计处理有着不同的规定。以下将对这两类资产在国际和中国的会计准则中作出说明，系统化理解数据资源入表过程中的确认、计量、减值、摊销及费用化等处理方式。

（2）国内外会计准则对数据资源的处理——无形资产

①国际会计准则（IFRS）

国际财务报告准则（IFRS）主要由国际会计准则理事会（IASB）制定，适用于大部分国家（如欧盟成员国、澳大利亚、加拿大等），其中 IFRS 3《企业合并》和 IAS 38《无形资产》是最重要的与数据资源相关的准则。

关于数据资源的定义。根据 IAS 38《无形资产》的规定，数据资源如果能够为企业带来预期的经济利益，并且满足"可控制性"和"可计量性"的要求，通常会被认定为无形资产。数据资源作为无形资产的主要特点包括：一是可辨认性，数据资源需具有辨识性，如可出售、可租赁或可以独立使用。二是控制性，企业对数据资源拥有控制权，即能决定如何使用和获取其经济利益。三是未来经济利益，数据资源应能为企业带来经济效益，如提高效率、降低成本、开拓新市场等。

关于初始确认与摊销。数据资源的初始确认通常是基于其成本（如购买、研发费用）进行资本化。如果该数据资源具备有限的使用年限，通常会采用摊销法进行后续计量，摊销期通常为数据资源的预计使用年限。其中，摊销法，是指通过自有技术研发的数据系统、数据库软件等，将其研发费用进行资本化，并在其预计使用年限内按直线法或其他合理的摊销方法进行摊销。

减值测试，是指如果数据资源的公允价值发生显著变化（如市场需求下降或技术过时），企业需要进行减值测试。减值测试的目的是调整资产的账面价值，使其不超过可回收金额。

初始确认时、后续摊销时以及减值测试时的会计处理如表 2-2 所示。

表 2-2　数据资源的会计处理（国际）——无形资产

初始确认时	借：无形资产（数据库、算法、技术等）
	贷：现金 / 应付账款等
后续摊销时	借：摊销费用（利润表科目）
	贷：无形资产摊销（资产类科目）
减值测试时	借：资产减值损失（利润表科目）
	贷：无形资产（资产类科目）

②中国会计准则（CAS）

中国的会计准则与国际财务报告准则（IFRS）在大部分方面趋于一致，尤其是在无形资产的处理上，《企业会计准则第 6 号——无形资产》和《企业会计准则第 8 号——资产减值》是与数据资源入表相关的重要准则。

关于数据资源的确认与分类。根据《企业会计准则第 6 号——无形资产》的规定，数据资源通常作为无形资产进行处理，符合以下条件时可以确认：一是具有辨识性："数据资源能够与企业其他资产明确区分，可单独或通过合同权利分离、出售、转移或授权使用"。例如通过开发、购买的数据库或软件。二是可控性：企业拥有控制数据的使用权。三是未来经济利益：数据资源为企业带来未来的经济效益，如提高生产效率、降低成本、增强市场竞争力等。四是可靠计量：能够合理估算数据资源的成本或价值。

初始计量的方式包括成本法与公允价值法。成本法，是指数据资源的初始成本包括采购费用、许可费用、存储费用等直接相关的费用。公允价值法，是指若数据资源可以通过市场定价，其公允价值也可以作为初始计量基础。

后续计量包括摊销法与减值测试。摊销法，是指对于具备使用年限的无形资产，如数据库、软件、开发工具等，一旦资本化，就需要在其预期的使用年限内进行摊销。通常采取直线法，即每年摊销相同的金额。减值测试，是指如果数据资源的价值发生下降，企业需要进行减值测试，如果账面价值大于可回收金额，需要计提减值损失，并将减值损失计入当期损益。

初始确认时、后续摊销时以及减值测试时的会计处理如表 2-3 所示。

表 2-3　数据资源的会计处理（中国）——无形资产

初始确认时	借：无形资产（例如数据购买费用、研发费用等）
	贷：现金 / 应付账款等
后续摊销时	借：摊销费用（费用类科目）
	贷：无形资产（资产类科目）
减值测试时	借：资产减值损失（费用类科目）
	贷：无形资产（资产类科目）

③美国通用会计准则（US GAAP）

美国的会计准则也有类似的规定，主要依据 FASB ASC 350《无形资产》和 FASB ASC 730《研发费用》对数据资源的处理。

关于确认与分类。根据 US GAAP，如果数据资源为企业带来可识别的经济利益，通常会被分类为无形资产，符合以下条件时可以确认：一是可辨认性：如企业拥有的数据库、专有算法等。二是控制性：企业对数据资源有控制权。三是未来经济利益：数据资源应能够为企业带来预期的未来经济效益。

摊销与减值与国际会计准则类似，US GAAP 也要求对数据资源进行摊销，并且在发生减值时进行调整。摊销法：如开发的软件、数据库等，无形资产应按预计使用年限进行摊销。减值测试：如果数据资源的市场价值降低，需要进行减值测试。

（3）国内外会计准则对数据资源的处理——存货

①国际会计准则（IFRS）

国际财务报告准则（IFRS）由国际会计准则理事会（IASB）制定，适用于大部分国家。存货的会计处理主要依据 IAS 2《存货》。

关于存货的定义。根据 IAS 2 的规定，存货是指企业在正常经营过程中，持有待出售的商品、在生产过程中消耗的原材料，以及在生产过程中形成的在产品和半成品。存货包括以下几类：一是原材料：待用于生产过程的物资。二是在产品：已经开始生产但尚未完成的产品。三是商品：购买后计划在短期内转售的物品。

关于存货的计量。存货应以较低的成本和可变现净值进行计量。其中，存货的成本应包括采购成本、生产成本以及其他使存货达到现有状态所需的费用。通常采用加权平均法或先进先出法（FIFO）来确认存货的成本。可变现净值，是指预计在销售过程中获得的售价减去预计销售成本后的金额。如果存货的可变现净值低于其成本，则需要对存货进行减值处理。

关于存货的摊销与减值。摊销法：一般情况下，存货并不进行摊销，而是根据销售情况或生产过程的变化来调整其价值。减值测试：当存货的可变现净值低于其账面价值时，企业需要确认减值损失，并将其计入当期损益。

确认时、销售时以及减值时的会计处理如表 2-4 所示。

表 2-4 数据资源的会计处理（国际）——存货

确认时	借：存货
	贷：应付账款 / 现金等
销售时	借：应收账款 / 现金等
	贷：主营业务收入
	借：销售成本（对应存货的成本）
	贷：存货
减值时	借：存货减值损失（费用类科目）
	贷：存货（资产类科目）

②中国会计准则（CAS）

中国会计准则与国际财务报告准则（IFRS）基本一致，存货的会计处理主要依据《企业会计准则第 1 号——存货》。

关于存货的确认条件，存货符合以下条件时可以确认：一是未来经济利益：数据资源将用于生产或销售，能为企业带来经济利益。二是成本可计量：数据资源的获取成本能够合理计量。

关于存货的计量。存货应当按照成本与可变现净值孰低法进行计量。成本包括：一是采购成本：如购买存货的运输、税费、存储等直接费用。二是生产成本：原材料、人工、制造费用等。三是其他必要费用：为使存货达到现有状态所需的直接费用。四是可变现净值：即预计销售价格减去预计成本后能够实现的净金额。

计量方式包括初始计量与后续计量。其中，数据资源作为存货时，初始计量通常采用成本法，成本包括采购费用、许可费用、存储费用等相关费用。而如果数据资源有多批次采购或获取，可以通过加权平均法计算其单位成本。

先进先出法（FIFO）：假设最早购买的存货最先被销售或使用。

后进先出法（LIFO）：假设最后购买的存货最先被销售或使用（但国际财务报告准则已不允许使用 LIFO）。

个别计价法：适用于单个且显著的存货，如艺术品、珠宝、定制产品等。

关于出库与消费。当数据资源用于生产或销售时，需要按实际消耗或销售数量确认费用或收入。此外，就存货的减值与跌价准备而言，当存货的可变现净值低于其账面成本时，应按可变现净值调整账面价值，并计提跌价准备。若后续可变现净值恢复，可按恢复后的可变现净值转回跌价准备，但不能超过原先的账面成本。

初始确认时、销售时、出库时、跌价时、减值时以及减值回转时的会计处理如表 2-5 所示。

表 2-5　数据资源的会计处理（中国）——存货

初始确认时	借：存货
	贷：应付账款 / 现金等
销售时	借：应收账款 / 现金等
	贷：主营业务收入
	借：销售成本（对应存货的成本）
	贷：存货

续表

出库时	借：生产成本 / 管理费用等（费用类科目）
	贷：存货（数据资源）
跌价时	借：存货跌价损失（费用类科目）
	贷：存货跌价准备（资产类科目）
减值时	借：资产减值损失（费用类科目）
	贷：存货
减值回转时	借：存货（资产类科目）
	贷：资产减值损失（费用类科目）

③美国通用会计准则（US GAAP）

美国的会计准则由美国财务会计准则委员会（FASB）发布，存货的会计处理主要依据 FASB ASC 330《存货》。

关于存货的定义。根据 FASB ASC 330，存货包括：一是原材料：企业用于生产的物料。二是在产品：尚未完成的产品。三是商品：计划转售的物品。

关于存货的计量。存货应按照成本与市场价格孰低法进行计量。成本包括所有为使存货处于现有状态而发生的直接费用。市场价格是预计在销售中能够实现的价格减去预计销售成本后的金额。

关于存货的减值与跌价准备。当存货的市场价格低于其账面成本时，企业需要确认存货减值，并且计入当期损益。US GAAP 要求企业定期对存货进行检查，并根据市场价格的波动进行调整。

确认时、销售时以及减值时的会计处理如表 2-6 所示。

表 2-6　**数据资源的会计处理（美国）——存货**

确认时	借：存货
	贷：应付账款 / 现金等
销售时	借：应收账款 / 现金等
	贷：销售收入
	借：销售成本（对应存货的成本）
	贷：存货
减值时	借：存货减值损失（费用类科目）
	贷：存货（资产类科目）

表 2-7　国际会计准则与中国会计准则的对比

会计准则	核心内容	主要差异
存货		
IAS 2《存货》	存货的确认、计量、减值及盘点的处理，强调"成本与净可变现价值孰低"的原则	强调成本与可变现价值的比较，市场定价影响较大
《企业会计准则第 1 号——存货》	存货的确认、计量、减值与盘点处理	更侧重实际操作中的可控性原则，未如 IAS 2 详细描述计量方法
无形资产		
IFRS 3《企业合并》	企业合并时的会计处理，涉及商誉及无形资产的确认与摊销	强调企业合并中的无形资产公允价值计量，商誉减值测试
IAS 38《无形资产》	无形资产的确认、初始计量、后续计量、摊销与减值	强调无形资产的控制、可靠计量及摊销处理，明确公允价值与成本的选择
《企业会计准则第 6 号——无形资产》	规定无形资产的确认、计量、摊销、减值	类似 IAS 38，但在一些具体细节上略有不同，强调资本化的标准

随着数据资源成为企业的重要资产，如何在会计和税务处理上规范操作，已成为企业财务管理的关键。国际财务报告准则（IFRS）、中国会计准则（CAS）和美国会计准则（US GAAP）都为数据资源的确认、计量、摊销和减值提供了明确的指导。企业需要根据各自的业务特点和运营模式，合理选择会计处理方法，并确保符合税务要求。随着全球经济的数字化转型，数据资产的会计处理和税务管理将面临越来越复杂的挑战，企业需要加强相关专业知识的学习与应用，确保财务和税务的合规性。

26. 在公共数据资源开发利用制度建设方面有哪些实践探索？

各地在公共数据资源开放利用制度建设方面开展了积极的探索，制定、发布了多项规则，如《福建省公共数据资源开放开发管理办法（试行）》《广州市公共数据开放管理办法》《厦门市公共数据共享开放管理暂行办法》《天津市促进大数据发展应用条例》等。

（1）公共数据授权运营机制

2023 年 8 月，广西壮族自治区交通运输厅印发了《广西壮族自治区交通运输厅公共数据授权运营试点工作实施方案》，并于 2023 年 9 月与广西交通设计集团有限公司签订授权运营协议。自签订协议后，自治区交通运输厅牵头组织自治区港航发展中心、广西交通设计集团针对广西内河船舶管理信息化程度不高、船舶位置无法实时获取等痛点问题，充分利用船舶轨迹（AIS）数据、电子航道图数据、船舶运单数据和实时水位数据等，联合开发了"桂船通 APP"，并于 2023 年 11 月 27 日在北部湾大数据中心完成了产品登记和公示，同日实现首单数据交易。本次交易是自治区开展公共数据授权运营试点工作以来，通过 APP 模式完成的第一笔数据交易，有效促进了公共数据资源高效流通，创新了公共数据开发运营模式，释放了公共数据资源价值。

（2）分级开发制度机制

福建省持续开展数据基础制度探索试点，积极推动公共数据资源开发利用，2020 年开始探索公共数据资源分级开发模式，之后推动出台了《福建省大数据发展条例》《福建省公共数据资源开放开发管理办法（试行）》《福建省加快推进数据要素市场化改革实施方案》，建设上线公共数据资源开发服务平台，并以城市水系调度与管理为切入点，推动公共数据应用场景建设，形成了公共数据资源分级开发利用的新模式。

福建省立法明确分级开发模式，出台《福建省大数据发展条例》，明确提出公共数据资源实行分级开发。出台《福建省公共数据资源开放开发管理办法（试行）》，明确二级开发主体获取公共数据的方式、途径等。印发《福建省加快推进数据要素市场化改革实施方案》《福建省公共数据有偿使用定价策略探索推进方案》，提出公共数据有偿使用的收费机制和定价策略。制定出台《福建省促进数据要素流通交易的若干措施》，促进数据合规高效流通使用，助力培育数据要素市场。①

（3）数字超市交易制度

数据交易机构作为促进数据要素与实体经济深度融合的重要载体，党中央、国务院高度支持数据交易机构创新发展，出台了《数据二十条》《"数据要素 ×"三年行动计划（2024—2026 年)》《关于促进数据产业高质量发展的指导意见》《国家数据基础设施建设指引》等多个政策文件。海南省数据产品超市成立于 2021 年 12 月 28 日，是海南贯彻落实《海南省培育数据要素市场三年行动计划（2024—2026)》的重要抓手。截至 2024 年，海南省数据产品超市汇聚 1700 家生态合作伙伴，上架 2000 余个数据产品，市场交易额突破 10 亿元。截至 2024 年，数据产品超市平台汇聚来自全省、国家公共数据资源及 206 家社会数据资源 2356 亿条、梳理形成超 10 万个数据目录、自主开发超 2000 个 API 接口，相较于 3 年前有了长足的进步，并特色打造的五大目录、四大专题库，全方位提升数据检索与使用的便捷性，为社会各界在数据产品超市平台"用数、创数"降本增效。② 通过市场化方式促进了数据的流通和价值释放。这一模式不仅解决了公共数据的有效利用问题，还引进了社会数据，推动了产业数据的融合利用。

---

① 国家数据局：《数字经济创新发展试验区建设案例之三丨探索公共数据资源分级开发利用路径 创新水系联排联调治理新模式》，2024 年 9 月 1 日，见 https://mp.weixin.qq.com/s/IbAwdXvOLCplmp2iLmc1IQ。

② 海南省数据产品超市：《海南省数据产品超市三周年九大成果发布》，2024 年 12 月 31 日，见 https://mp.weixin.qq.com/s/ayfgGLfxrLOxhgI-dCAmLQ。

第三篇

组织篇

公共数据资源开发利用的组织建设，是推动数据产业蓬勃发展的关键引擎，在数字经济时代的浪潮中占据着举足轻重的地位。国家战略规划和政策文件为公共数据资源开发利用的组织建设指明了方向，各地也积极响应，在管理架构优化、协同机制构建、资源保障强化等方面积累了丰富的实践经验。

组织篇将深度聚焦我国公共数据资源开发利用组织建设的进程，全方位剖析其核心要点。从数据管理机构建设来看，密切跟踪其工作动态，梳理机构职能的完善与创新，为组织建设奠定基石；在组织领导领域，深入研究统筹协调机制的强化路径，确保公共数据资源开发利用始终沿着正确方向高效推进；在资金保障层面，探寻可持续、多元化的投入模式，为开发利用工作提供强劲动力支撑；在公共数据授权运营统筹管理组织工作中，精准明确各方职责与运作流程，保障数据运营的规范有序与高效协同；在人才培育方面，积极探索全方位、多层次的培养体系，通过校企合作、专项培训等方式，打造一支既懂数据技术又熟悉业务的复合型人才队伍。着眼未来，关注组织建设中的数字化转型、创新激励机制等前沿领域的实践与发展趋势。

本篇旨在构建一个全方位、体系化的公共数据资源开发利用组织建设知识架构，以此为公共数据资源的高效利用夯实组织基础。

27. 目前我国的数据管理机构建设工作进展如何？

目前，我国上下联动、横向协同的全国数据工作体系初步形成。我国已组建国家数据局，完成 31 个省（自治区、直辖市）和新疆生产建设兵团相应数据机构的组建工作，目前各地数据管理机构陆续到位，大部分省（自治区、直辖市）配套建设了数据发展促进中心，省市两级已有 111 个地方组建了数据集团，进一步理顺数据管理、资源整合和开发利用的关系。部委层面，不少部门也在陆续调整优化数据管理工作的职能和力量。[1]《关于加快公共数据资源开发利用的意见》指出，由国务院办公厅强化工作协调，统筹推进政务数据共享工作。国家数据局将密切工作联系，加快构建权责清晰、上下联动、紧密协作的公共数据资源开发利用工作体系。

（1）数据管理机构

数据管理机构是推动公共数据资源开发利用的核心力量，负责公共数据资源的开放、治理、授权和管理工作。通过地方数据管理机构的设立，国家能够更好地协调各地区的数据开放与利用工作，形成上下联动、区域协同的公共数据资源管理模式。这种体系化的管理机构布局，为数据资源的安全、

---

[1] 国家数据局：《文字实录 | 国新办就公共数据资源开发利用有关情况举行新闻发布会》，2024 年 10 月 10 日，见 https://mp.weixin.qq.com/s/iBrb7zGuLJqjIdS_baxWkA。

有效开发利用奠定了组织基础。①

随着数据管理机构的逐步完善，我国在数据资源开发利用方面取得了显著进展。比如，近年来，长沙公共数据资源开发利用已形成率先发展的比较优势：市数据资源管理平台已汇聚全市 66 个单位政务数据 199.8 亿条，累计调用 202.9 亿次，完成 55 个部门 4734 项数据共享需求响应，推动数据直达基层；政务数据开放平台作为统一数据开放门户，在交通、气象、教育、公共资源交易等惠民利企重点领域编制公布开放目录 127 项，累计开放数据 8333 万条。建成市政务数据授权运营平台，打通数据汇聚、治理、加工、开发、应用、登记、评估、流通、入表全链条。② 在江苏省数据局组织下，"江苏数据直达服务"平台已开通上线，全省各设区市同步开通上线。这标志着江苏正式建成了连接国家、省、市、县（市、区）、乡（镇）的数据大通道，数据直达基层目标得以全面实现。③

（2）数据集团

省市两级数据集团的成立，标志着我国公共数据资源市场化运营迈出了关键一步。这些数据集团将在数据资源的商业化开发、授权运营和数据产品创新等方面发挥积极作用。通过数据集团的市场化运作，公共数据资源可以更高效地转化为数据产品和服务，推动数据要素的市场化配置和数据产业的创新发展。④

目前，大多数据集团的组建模式为：按照其所属省（市）委、省（市）政府的工作部署，由该省（市）国资委牵头组建。然而，不同地区的组建方

---

① 国家数据局：《我国公共数据资源开发利用配套举措加快落地》，2024 年 10 月 11 日，见 https://mp.weixin.qq.com/s/-uEVSPInQx_okJXpuaScIw。

② 中国日报网：《长沙加快推进公共数据资源开发利用》，2024 年 11 月 15 日，见 https://news.qq.com/rain/a/20241115A083X100。

③ 江苏省数据局：《媒体关注 |"江苏数据直达服务"开通上线》，2024 年 11 月 28 日，见 https://mp.weixin.qq.com/s/3cSrEoGObjyW4rX83Eaizg。

④ 国家数据局：《我国公共数据资源开发利用配套举措加快落地》，2024 年 10 月 12 日，见 https://mp.weixin.qq.com/s/FAiTdHBno7DfsNEKseTXJghttps://mp.weixin.qq.com/s/-uEVS-PInQx_okJXpuaScIw。

式存在一些差异。

以南通市大数据发展集团为代表的数据集团采用国有全资企业的形式，由省（市）政府出资进行组建。以云上贵州大数据（集团）有限公司、合肥市大数据资产运营有限公司等为代表的数据集团采取以国资为主的多元股权结构。这种多元股权结构有助于在确保国有资产安全的前提下，进一步优化决策机制，并促进以数据为核心的资产在多元应用场景中进行有益探索。①

以成都数据集团股份有限公司、黑龙江省政通大数据（集团）有限公司为代表的数据集团则是采取对地方国资重组整合的策略。以成都数据集团股份有限公司为例，成都数据集团由成都市大数据集团股份有限公司改组成立，原有股东单位包括成都产业集团、成都科服集团，同时引入了成都高投集团、成都城投集团、成都交投集团、成都交子金控集团、成都设计咨询集团等5家市区一级国企作为股东单位。这些国有企业不仅提供资金支持，还将在数据要素的治理、供应、运营、流通以及市场化开发利用方面支持成都数据集团，以促进本地国有企业的数字经济资源重组和整合，为数字资源的高效整合利用提供支持，引领数字产业发展，推动数字经济的快速增长。②

数据集团的成立，不仅促进了数据要素市场化配置改革，还有助于构建开放共享的数据资源体系，促进公共、企业和个人数据的集成利用。例如，江苏省数据集团有限公司作为多元股东国有企业，以公共数据资源为基础，通过市场化方式在金融、交通、能源、制造、商贸、文化、医疗等领域充分发挥数据要素价值，促进数字技术与实体经济深度融合。此外，数据集团还承担着数字政府、智慧城市、数字基础设施建设和运营任务，提供网络信息安全产品与服务，开展基于数据赋能的智库咨询业务和数字产业投资。③

---

① 王鹏：《探索数字经济发展新模式：对现行大数据集团运营模式的分析》，2023年10月27日，第一财经，见 https://www.yicai.com/news/101886508.html。

② 王鹏：《探索数字经济发展新模式：对现行大数据集团运营模式的分析》，2023年10月27日，第一财经，见 https://www.yicai.com/news/101886508.html。

③ 《关于成立江苏省数据集团有限公司的通知》，苏政发〔2024〕58号。

数据集团的职能包括提升城市数据基础设施建设与运营、开发数字产业化和产业数字化应用场景、推进数据要素市场化配置改革以及构建数据产业生态圈。这些职能的履行，将加速数据资源的商业化进程，激发数据要素的潜能，保障数据安全，从而推动数据产业的高质量发展。

综上所述，省市两级数据集团的成立，不仅为数据资源的安全、有效开发利用提供了坚实的组织基础，而且通过其市场化运作，将极大地推动数据资源向数据产品和服务的转化，加速数据要素市场化配置，促进数据产业的创新发展，为我国数字经济的发展注入新动力。

28. 如何强化公共数据资源开发利用的组织领导?

《关于加快公共数据资源开发利用的意见》提出要坚持和加强党对数据工作的全面领导。在党中央集中统一领导下，各地区各部门要强化组织实施，结合实际抓好本意见贯彻落实。国务院办公厅强化工作协调，统筹推进政务数据共享工作；国家数据局加强工作统筹，动态掌握全国公共数据资源开发利用情况，及时协调解决工作中的重要问题。重要情况及时按程序向党中央、国务院请示报告。

各地积极开展公共数据资源开发利用的组织领导建设，贡献了有益探索经验。

以北京为例，中共北京市委、北京市人民政府印发的《关于更好发挥数据要素作用进一步加快发展数字经济的实施意见》中提出，坚持党对构建数据基础制度工作的全面领导，加强数据要素发展的总体设计、先行先试、统筹调度和安全保障，督促落实数据制度、数据流通、数据资产、数据服务产业等重大事项和重点项目。强化市大数据主管部门职责，争取国家相关部委支持。推进相关行业主管部门和各区结合各自实际抓好落实，推动各区健全大数据主管部门和区级大数据中心，支持海淀区、朝阳区、城市副中心、北京经济技术开发区等率先开展先行先试。建立由数据要素、科技创新、产业发展、商贸流通、安全监管等领域权威人士组成的数字经济专家委员会。探索推进数据要素统计核算，建立健全更加合理的统计核算和市场评价机制，定期对数据要素市场建设情况进行评估，及时总结提炼可复制可推广的经验和做法。将数据要素市场发展情况纳入政府绩效考评和高质量发展综合绩效评价。建立健全鼓励创新、包容创新的容错纠错机制。《北京市"数据要素 ×"实施方案（2024—2026 年)》中提出发挥市大数据工作推进小组统筹作用，加强与全球数字经济标杆城市工作机制联动，协调推进各项任务落实。市政务和数据局要加强工作组织，建立完善"数据要素 ×"实施方案的管理及绩效评估机制，开展试点示范，及时总结推广成功案例，充分激发各单位工作积极性。

以上海为例，上海以《上海市数据条例》为代表，主要通过以下部门进行组织管理：市政府办公厅负责指定公共数据管理涉及多个部门或责任不明确时的市级责任部门，统筹推进政务数据共享工作，制定目录编制规范，对公共数据目录编制工作、质量管理、共享、开放等情况进行监督检查，并对公共数据工作的成效进行考核评价；市级责任部门负责本系统、行业公共数据管理的市级部门，依据业务职能制定公共数据资源规划，完善管理制度和标准规范，组织开展数据的收集、归集、治理、共享、开放、应用及其相关质量和安全管理；区人民政府明确的公共数据主管部门负责统筹开展本行政区域公共数据管理工作，接受市政府办公厅的业务指导；市大数据中心负责统一规划大数据资源平台，制定公共数据分类规则和标准，对相关数据实施统一归集，统筹规划并组织实施基础数据库建设，组织开展公共数据的质量监督；区公共数据主管部门根据市级责任部门需求统筹开展收集视频、物联等数据量大、实时性强的公共数据，并依托区大数据资源分平台存储，统筹本行政区域个性化采购需求，自行组织采购；公共管理和服务机构指本市财政资金保障运行的公共管理和服务机构，它们为依法履行职责，可以申请采购非公共数据，并且应当及时向大数据资源平台归集公共数据，以及更新已归集的公共数据。国家机关、事业单位以及经依法授权具有管理公共事务职能的组织等机构应当及时向大数据资源平台归集公共数据。

上海市人民政府办公厅关于印发《立足数字经济新赛道推动数据要素产

业创新发展行动方案（2023—2025 年)》的通知提出完善组织推进机制。依托上海市城市数字化转型工作领导小组办公室推进跨区域、跨部门、跨层级组织协同联动，推广首席数据官制度。鼓励各区、各行业主管部门按照"一区一特色""一业一方案"的要求，形成符合各自数据要素产业实践的主攻方向和特色品牌，打造一批标杆企业、推出一批特色政策。

以福建为例，福建省数据工作管理体系基本形成。根据《福建省一体化公共数据体系建设方案》，福建地区建立分工协作的公共数据管理体系。初步建立起省政府办公厅、省数字办（大数据局）、省委网信办、省经济信息中心、数字中国研究院（福建）、省直各有关部门分工明确、协同合作的公共数据管理体系，明确了省数字办（大数据局）在公共数据管理体系建设中的牵头地位。并且，福建省目前已基本形成了公共数据授权运营与交易的市场生态体系（如图 3-1 所示），可以为漳州市公共数据授权运营机制的建立与公共数据流通交易提供有力保障。具体而言，福建省数字福建建设领导小组办公室（以下简称"福建省数字办"）作为公共数据授权主体，将公共数据授权给福建省大数据集团，福建省大数据集团作为福建省公共数据一级开发主体承担公共数据运营工作。福建省公共数据运营主体在公共数据的基础上进一步加工而形成的衍生数据可通过福建省数据知识产权登记存证平台

图 3-1　福建省公共数据授权运营与交易的市场生态体系

进行数据知识产权登记，并可以通过福建大数据交易所进行数据资产评估、交易。

公共数据资源的开发利用被称为"一把手"工程，一方面突出了公共数据资源开发利用的重要性，另一方面也突出了公共数据资源的开发利用难度。通过以上分析可知，强化公共数据资源开发利用的组织领导首先要坚持和加强党对数据工作的全面领导，国家数据局加强工作统筹，地方数据局加强各地的公共数据资源开发利用统筹，并且公共数据资源的开发利用离不开其他各个部门的相互配合。

29. 怎样强化公共数据资源开发利用的资金保障？

在资金保障方面，要加大财政资金支持力度，统筹用好中央预算内投资、超长期特别国债等资金渠道，支持数据基础设施、资源汇聚治理、安全保障能力建设，提升公共数据资源管理、开发利用，以及安全防护的底座支撑能力。《关于加快公共数据资源开发利用的意见》提出鼓励各地区各部门结合实际需求，统筹安排经费投入，用于数据产品和服务采购，这对激励数据资源开发、培育数据产业生态，也将有很大的促进作用。《关于加快公共数据资源开发利用的意见》还鼓励各类金融机构创新产品和服务，加大对相关数据企业的融资支持力度，引导社会资本有序参与公共数据资源开发利用，共同构建合作共赢、协同创新、竞争有序的产业生态体系。

地方也积极推进了强化公共数据资源开发利用的资金保障措施，比如《北京市"数据要素×"实施方案（2024—2026年)》中也进行关于做好资金支持的方案：制定政策清单，统筹利用财政资金，支持"数据要素×"相关产业发展，提高资金使用效益。各部门做好本行业本领域"数据要素×"资金保障。鼓励各区围绕"数据要素×"谋划项目，多渠道筹措资金。鼓励金融机构按照市场化原则加大对数据要素开发利用的信贷支持力度，优化金融服务。依法合规探索多元化投融资模式，发挥相关引导基金、产业基金作用，引导和鼓励各类社会资本投向数据产业。2023 年 11 月 17 日，北京市经济和信息化局和北京市财政局联合发布《2023 年北京市高精尖产业发展资金实施指南（第三批）》将重点对机器人未定型创新产品首试首用、重点共享开源平台、数据要素市场示范进行奖励。

《四川省人民政府关于加快数字经济高质量发展的实施意见》中提出了"积极争取国家各类专项资金、试点示范和重大项目支持，发挥省数字经济发展基金撬动作用，引导金融机构和社会资本投向数字经济领域。探索将数据基础设施建设和软件产品购置等费用列入固定资产投资统计"。

此外，部分国家特别设立公共数据开放和应用等专项基金，为政府部门开展公共数据开放工作提供补贴。英国内阁府和商业创新技能部门分别设立"数据发布基金（Release of Data Fund）""开放数据突破基金（Open Data Breakthrough Fund）"，基金预算总额高达 950 万英镑，可向中央政府部门、地方政府部门发放用于解决短期的数据开放技术障碍，也可用于公务员培训和数据产品服务的加工处理和发布，为各级政府部门推动数据开放提供资金支持。[1]

通过以上方式可以看出，目前资金保障的方式较为多样，不同地方政府可以结合实际情况制定符合地区特性的资金保障方式，而对于广大数据类企业来讲则要更多关注不同地区之间的资金保障方式及力度，以选择更加利于发展的地区和方向。

30. 如何在公共数据资源开发利用中贯彻落实"三重一大"制度？

《关于加快公共数据资源开发利用的意见》提出加强对授权运营工作的

---

[1] 童楠楠、杨铭鑫、莫心瑶等：《数据财政：新时期推动公共数据授权运营利益分配的模式框架》，《电子政务》2023 年第 1 期。

统筹管理，明确数据管理机构，探索将授权运营纳入"三重一大"决策范围，明确授权条件、运营模式、运营期限、退出机制和安全管理责任，结合实际采用整体授权、分领域授权、依场景授权等模式，授权符合条件的运营机构开展公共数据资源开发、产品经营和技术服务。数据管理机构要履行行业监管职责，指导监督运营机构依法依规经营。运营机构要落实授权要求，规范运营行为，面向市场公平提供服务，严禁未经授权超范围使用数据。加快形成权责清晰、部省协同的授权运营格局。

《关于加快公共数据资源开发利用的意见》提出探索将授权运营纳入"三重一大"决策范围。"三重一大"，是指重大事项决策、重要干部任免、重大项目投资决策、大额资金使用。这表明，公共数据授权运营不仅仅是技术层面的问题，更是涉及国家数据安全和公共利益的重大决策事项。因此，将其纳入"三重一大"决策范围，是为了确保在授权运营过程中，能够严格遵守法律法规，维护国家数据安全和个人隐私。

公共数据开发利用遵循"三重一大"制度，主要目的是确保公共数据的开发、管理和使用符合公开透明、规范决策和集体领导的原则。具体来说，公共数据的开发利用涉及重大决策、干部任免、项目投资和资金使用等多个方面，这些事项都需要经过集体决策程序，以确保科学性、合规性和透明度。

（1）重大事项决策

公共数据的开发利用涉及国家或地方层面的战略规划和政策决策。例如，数据开放的重点领域、数据开发的长远规划等重大决策，需要通过集体讨论和决策。数据共享和开放的法律框架、数据安全管理、数据隐私保护等涉及法律的修改和调整，也需要遵循"三重一大"制度，确保决策科学、公正。此外，数据治理体系的构建，如数据管理、开放共享机制、数据质量标准等，都应通过集体决策程序确保其合理性与实施的有效性。

（2）重大干部任免

公共数据开发利用中的干部任免同样应遵循"三重一大"制度。特别是那些负责数据管理、数据安全与数据开发的干部（如数据管理部门、信息化建设部门的负责人）任命与调整，通常需要经过集体讨论和决策。数据治理相关领导机构的人员任命也是如此，需要通过"三重一大"程序确保任命人员具备专业能力，能够公正高效地管理公共数据。

（3）重大项目投资

公共数据开发过程中，涉及的重大项目投资，包括数据基础设施建设、数据平台开发等大型项目的投资决策，通常涉及较大金额，且关系到整个社会的数据共享与利用效率。这些项目的投资决策需要经过严格的集体决策程序，确保投资的合理性、可行性和可持续性。此外，数据基础设施的建设，如全国或地区性的公共数据平台和信息共享平台等，都需要经过财务审核、风险评估并经集体决策确认。

（4）大额资金使用

在公共数据的开发和利用过程中，大额资金的使用需要严格遵循"三重一大"制度。例如，涉及公共数据开发的资金分配和使用通常来自政府预算或专项资金。在资金的使用过程中，应经过审查程序，确保资金使用的透明度、合规性以及项目的有效性。同时，对资金的使用情况应进行定期审计和监督，防止资金流向不当，确保公共利益最大化。

在实践中，遵循"三重一大"制度时，通常会建立集体决策机制，以确保涉及多个部门和层级的决策能够充分讨论并达成共识。对于重大决策，可以通过公开透明的方式进行，接受社会监督，尤其是在涉及公共利益的项目中。此外，可能会设立专项委员会或工作小组，对具体项目和资金使用进行前期研究、审查和建议，再由决策层进行最终审批。

综上所述，公共数据开发利用中的各项重大决策和事项需要严格遵循"三重一大"制度，通过集体决策、公开透明的程序来确保决策的科学性和合法性。这不仅可以防止决策中的个人主义，还能有效提升公共数据开发的质量和效率，更好地服务于社会公众。

31. 如何在人才培育方面支持公共数据资源开发利用?

我国十分关注与重视数据资源开发和数字经济领域人才培育,2015年8月,国务院印发的《促进大数据发展行动纲要》是国家级的大数据政策文件,强调了人才培养在大数据产业发展中的重要性。文件中提出通过创新人才培养模式来建立健全多层次、多类型的大数据人才培养体系,一方面鼓励高校设立数据科学和数据工程相关专业培养专业化大数据人才,以及采取跨校联合培养等方式培养具有多学科知识的跨界复合型人才;另一方面鼓励高等院校、职业院校和企业合作,加强职业技能人才实践培养,积极培育大数据技术和应用创新型人才,同时依托社会化教育资源,开展大数据知识普及和教育培训,提高社会整体认知和应用水平。结合大数据应用创新需要,积极引进大数据高层次人才和领军人才,完善配套措施,鼓励海外高端人才回国就业创业。

2023年2月,中共中央、国务院印发的《数字中国建设整体布局规划》提出强化人才支撑。增强领导干部和公务员数字思维、数字认知、数字技能。统筹布局一批数字领域学科专业点,培养创新型、应用型、复合型人才。构建覆盖全民、城乡融合的数字素养与技能发展培育体系。营造良好氛围,推动高等学校、研究机构、企业等共同参与数字中国建设,建立一批数字中国研究基地。

在人才队伍建设方面,国家数据局将会同相关主管部门,加强相关学科体系建设和人才培养力度,推进合作培养体系,加快数字人才队伍建设。立足产业发展,培养数据领域的专业人才和高层次人才,打造高水平数据人才队伍。国家数据局还将推动数据工作能力纳入干部教育培训内容,着力打造一支懂数据、重实践、谋创新的综合性干部队伍。

地方层面也在积极培育数字化人才支持公共数据资源开发利用。例如,深圳推行"数据交易合规师"专才计划,搭建"培训 + 考核 + 认证 + 评级"四位一体的人才建设体系,培养一批"懂数据、懂交易、懂合规、懂数据资产价值挖掘"的复合型合规人才。重庆市注重引进高层次、高学历、高技能的紧缺人才,积极引导高等院校和职业学校开设数据治理相关专业,优化课程设置，并通过校企合作培养创新型、应用型、融合型人才。

随着数字化经济的快速发展，政府与行业的合作也变得尤为重要。政府和企业在数据人才培养方面的合作不仅限于教育阶段的协同，更包括共同推进行业标准的制定、数据技术的创新和数据资源的优化利用。政府部门通过制定相关政策，引导企业提供培训和实习机会，同时企业也通过实际项目，帮助培养具有创新能力和实践经验的应用型人才。这种政企联合的模式可以促进公共数据开发利用人才的培养，也推动了产业链上下游的数字化协同。

32. 在公共数据资源开发利用组织建设方面有哪些工作安排？

目前，我国上下联动、横向协同的全国数据工作体系初步形成。各地区各部门按照党中央、国务院统一部署，积极推进公共数据资源开发利用。经过各方面共同努力，政务数据资源的共享和归集工作成效显著，国家政务数据共享交换体系已接入 62 个部门、31 个省（自治区、直辖市）和新疆生产建设兵团，累计发布各类数据资源 3.2 万余类，累计支撑共享调用超 5400 亿次，全国一体化政务大数据体系逐步形成。公共数据开放方面，截至 2024 年 7 月，已有 243 个省级和城市的公共数据开放平台上线，部分行业主管部门公共数据开放已初具规模，全国累计开放的有效数据集超过 37 万个，8 年增长了 44 倍，面向社会提供了大量公共数据资源。公共数据授权运营方面，人社部、最高法等部门，北京、浙江、福建、海南等地结合实际探索整体授权、分领域授权、依场景授权等模式，以市场化手段实现供需对接和数据价值释放。①

在机构设置方面，截至 2023 年度各省（自治区、直辖市）普遍设置数

---

① 广西大数据发展局：《专家解读｜王钦敏：构建公共数据资源开发利用新格局》，2024 年 10 月 15 日，见 https://mp.weixin.qq.com/s/n0wxzB_iOkcRJ4k1T_k2Kg。

据发展相关工作领导小组、主管部门、专家智库,其中多地领导小组由书记或省长(市长)牵头,积极推进本地区数据发展工作。目前,广东、北京、浙江、上海、河南等14个省(自治区、直辖市)已开展政府首席数据官制度探索,并通过首席数据官作为"一把手"负责统筹推进数据管理及发展工作。在组织运行方面,各省(自治区、直辖市)通过统筹协调机制、协同治理机制、绩效考核机制、竞争激励机制建立促进部门间、政府与市场间、政府与社会间协同水平的提升。

在授权运营组织架构方面,在公共数据治理相对完善的地区,一般由数据主管部门、各政府部门、数据集团、研究院(智库)、实验室、数据交易机构协同参与公共数据授权运营工作,并呈现以下组织分工:由数据主管部门负责统筹组织、各政府部门(数源单位)负责提供数据、数据集团负责运营管理、实验室负责创新开发、研究院负责提供科研支持、数据交易机构负责数据流通交易,从而形成较为完整的公共数据授权运营与流通交易链条,推动公共数据的价值转化。此外,部分地区还设立了大数据中心(一般为政府部门下设事业单位),承担公共数据汇聚与治理等工作。例如上海市大数据中心是上海市数据局所属事业单位,主要承担本市公共数据集中统一管理相关工作,行业数据、社会数据等归集和融合应用,公共数据授权运营,城市数字化转型相关应用场景规划和实施,大数据分析研究,市级应用平台建设、运营和推广,政务云、政务外网、大数据资源平台等新型基础设施统一规划以及部分市级部门信息化项目建设管理、运维服务、技术支撑、数据治理等职能。上海市大数据中心聚焦全市公共数据汇聚、治理、开放、共享,主要开发了一网通办、电子政务云等公共数据应用,支持上海市级部门与区级地方的公共数据共享需求。在公共数据开放方面,上海市大数据中心在上海市经济和信息化委员会系统下开展了数据开放的相关工作,承担了公共数据开放平台建设的工作。

第四篇

登记篇

公共数据资源登记，作为数据管理体系中不可或缺的关键环节，在当下"数据驱动发展"的时代浪潮里，已然成为夯实数据治理根基、驱动数据有序流通的核心动力。各种数据管理政策和行业规范，为公共数据资源登记工作锚定了方向，各地纷纷在实践中探索创新，积累了诸多宝贵经验。

登记篇深入剖析公共数据资源登记的各个方面。从基础架构来看，详细阐释登记主体、登记机构、登记平台的定义与内涵，构建起清晰的登记体系架构；在登记规范上，深度解读应遵循的原则，以确保登记流程合法、合规、合理；同时，全面梳理申请类型、明晰登记流程及登记要求，为实际操作提供进一步指导。在保障机制方面，重点探讨针对登记机构的管理措施，强化机构的责任意识与专业能力；深入研究登记平台的互联互通机制，打破数据壁垒，促进数据的高效流转；剖析登记电子凭证的法律效力，推动数据登记结果具备权威性与公信力；展望未来，关注公共数据资源登记在技术创新、标准完善等前沿领域的发展趋势。

本篇通过将全方位、多维度地呈现公共数据资源登记的内容与实践，旨在为读者提供一套完整的公共数据资源登记知识体系与实践指南，推动公共数据资源的有效利用与社会价值的最大化。

33. 如何理解公共数据资源中的登记主体、登记机构与登记平台？

公共数据资源登记是通过规范化的流程，将公共数据资源的信息纳入统一的管理体系的过程，其目的是明确数据的权属、范围、类型和规模，为数据的开发利用提供基础支持和制度保障。《公共数据登记管理办法》对此作出具体规定，明确登记主体、登记机构和登记平台的角色与分工。登记主体是数据登记的执行者，登记机构是数据登记的管理者与监督者，而登记平台则是支撑登记全流程的信息化载体。这三者构成了公共数据资源登记工作的核心架构，确保登记工作的系统性、规范性和可操作性。

（1）概念

①登记主体

《公共数据登记管理办法》明确，登记主体，是指根据工作职责直接持有或管理公共数据资源的单位，以及依法依规对授权范围内的公共数据资源进行开发运营的法人组织。登记主体是数据登记的执行者，其核心职责是对其持有或管理的数据资源进行梳理，并按要求向登记机构提交登记申请。例如，政府部门是直接持有政务数据的主体，而授权运营机构在授权范围内对数据进行开发运营，也须作为登记主体进行登记。登记主体必须遵循分类分级管理原则，确保所登记的数据准确、全面，且符合登记平台的技术规范要求。

②登记机构

《公共数据资源登记管理办法》明确，登记机构，是指由国家和地方数据管理部门设立或指定的、提供公共数据资源登记服务的事业单位。登记机构是数据登记的管理者，其主要职责是对登记主体提交的公共数据资源信息进行审核和管理，同时为登记主体提供技术支持和政策解读。登记机构在整个登记过程中承担监督责任，确保登记工作的规范性和合法性。例如，某省数据资源管理中心作为登记机构，负责审核省级公共数据的申报情况，并协调解决登记中出现的各类问题。登记机构通过制定统一的管理规范，为登记工作提供制度保障。

③登记平台

《公共数据资源登记管理办法》规定登记平台的定义为：登记平台，是指支撑公共数据资源登记全流程服务管理的信息化系统。登记平台是登记工作的技术载体。平台主要为登记主体、登记机构及相关管理部门提供数据申报、审核、更新和公开的功能，确保登记工作的系统化和透明化。登记平台的功能包括数据资源的在线填报、分类分级管理、动态更新以及结果展示等，同时为用户提供数据检索和分析服务。例如，全国政务信息共享平台作为国家级的登记平台，不仅记录了各类政务数据资源的信息，还实现了跨部门、跨区域的数据共享和业务协同。登记平台的运行依托于安全、稳定的技术支撑，确保数据的安全性、完整性和可追溯性。

（2）三者关系

在公共数据资源登记工作中，登记主体、登记机构和登记平台各司其职，但相互依赖，共同构成登记管理体系。登记主体是数据登记的执行者，负责按照要求提供详细的资源信息；登记机构是管理者和监督者，对数据登记的过程和结果进行把控，并提供政策和技术支持；登记平台则是工具和载体，通过信息化手段实现登记的全流程管理和公开透明。三者的分工明确但又相辅相成，为实现公共数据资源的规范化管理提供了有力保障。

表 4-1　登记主体、登记机构、登记平台三者之间的关系

名称	职责	联系
登记主体	提供数据的种类、来源、用途、共享范围等信息，确保数据的合法性和完整性	是登记流程的发起者，其登记行为需接受登记机构的审核，并通过登记平台完成信息提交与发布
登记机构	审核登记主体提交的资料，确保数据信息的真实性、合法性和合规性，并对登记行为进行监督管理	是登记过程的管理者，对登记主体的行为进行监督，并通过登记平台实施技术支持，最终发布公共数据资源目录
登记平台	支持登记信息的提交、审核、存储和公开查询，提供信息化支持和动态更新服务	为登记主体和登记机构提供技术支持是公共数据资源登记和管理的关键工具，承载整个登记流程的运行

34. 公共数据资源登记应遵循哪些原则？

公共数据资源登记是规范数据资源管理、提升数据利用效率的重要环节，也是实现公共数据共享、开放和授权运营的基础性工作。其核心在于确保数据的真实性、完整性和合规性，同时为构建现代化公共数据治理体系提供制度保障。《关于加快公共数据资源开发利用的意见》和《公共数据登记管理办法》明确了登记工作需遵循以下原则。

（1）依法合规

登记活动必须严格遵循《数据安全法》《个人信息保护法》等法律法规，确保登记行为的合法性与合规性。登记主体应如实提供相关材料，保证数据的合法来源，避免违法违规使用或登记数据资源。此外，登记机构需确保登记流程符合现行法律的规定，防范数据滥用、权属争议和其他潜在法律风险。

（2）公开透明

登记过程和结果应以适当形式公开，确保社会公众对公共数据资源的知

情权和监督权。通过登记平台向社会公示数据资源的基本信息，包括数据名称、数据内容简介、登记主体等，接受社会监督，增强登记工作的透明度和公信力。同时，公示环节还提供异议机制，确保登记信息的真实性和合法性。

（3）标准规范

公共数据资源登记需依托统一的技术标准和规范体系，包括数据分类分级标准、登记流程规范及技术操作指南等。这些标准化要求有助于保证登记过程的科学性和一致性，避免因标准缺失导致的登记混乱或数据质量问题。同时，登记机构需根据数据资源的属性，依照分级分类管理要求，规范登记内容与范围。

（4）安全高效

数据安全是公共数据资源登记的重要保障。在登记过程中，必须防范数据泄露、篡改或其他安全风险，通过技术手段（如数据脱敏、加密存储等）确保数据的安全性。此外，登记流程应优化审批环节，简化登记手续，提高登记效率，为登记主体提供便利化服务，缩短登记周期，提升公共数据资源的利用效率。

（5）保护权益

公共数据资源登记需充分尊重和保护相关主体的合法权益。维护国家秘密和安全，确保公共利益不受损害；保护商业秘密和企业核心数据，防止不当公开对市场主体造成损害；尊重个人隐私和信息权益，避免个人信息被滥用或非法流通。这种权益保护不仅体现了登记工作的合法性要求，也平衡了各利益相关方之间的需求。

（6）动态更新

登记信息应保持动态更新，反映数据资源的最新状况。登记主体需根据数据资源的变化情况（如数据类型、规模、应用场景等）及时提交变更登记或注销登记，确保数据资源信息的及时性和准确性。登记机构则需建立动态监管机制，定期审核登记信息，保持登记系统的活跃度和权威性。

（7）公平协作

登记活动应基于公平、公正的原则，避免因资源分配不均或登记主体之间的信息不对称导致的不公平竞争。同时，鼓励跨部门、跨区域协作，共享登记成果，打破"数据孤岛"，促进数据资源的合理分配与高效利用。

公共数据资源登记的原则体现了数据治理的核心理念，为构建全国一体化公共数据资源登记体系提供了重要遵循。这些原则既保障了公共数据资源的高效利用，又通过法治化、标准化和透明化的管理方式，解决了数据管理中的权属不清、共享不足等问题。在这些原则的指导下，公共数据资源的管理水平将持续提升，为数字经济发展、社会治理现代化和国家战略目标的实现提供坚实支撑。

35. 公共数据资源登记的一般流程是什么？

公共数据资源登记是规范数据管理、推动数据资源高效利用的基础性工作。根据《公共数据登记管理办法》的规定，公共数据资源登记一般包括以下六个主要环节：申请、受理、审查、公示、异议处理及统一赋码。以下是每个环节的具体内容及要求。

（1）申请

登记主体是数据登记流程的起点，需要根据所持有或管理的公共数据资源情况，提交详尽的登记申请材料。这些材料通常包括主体信息、数据合法性证明、数据资源详情、存证情况和风险评估报告等。

①主体信息：登记主体的基本信息，如名称、组织代码、联系方式等。

②数据合法性证明：证明数据来源的合法性文件，如采集合法性证明或授权协议。

③数据资源详情：包括数据的种类、规模、结构、用途及应用场景。

④存证情况：通过技术手段进行数据存证的结果，确保数据来源可查、加工可控。

⑤风险评估报告：针对数据安全风险的评估和应对措施。

对于涉及多个主体的数据资源，相关主体需协商一致后共同提交申请或指定单一主体完成申请工作。申请阶段要求登记主体对提交材料的真实性、完整性和合法性负责，为后续的审查奠定基础。

（2）受理

登记机构在收到申请后，应在 3 个工作日内决定是否受理。如果申请材料存在缺失或不符合要求，登记机构需一次性告知申请人补充内容，并重新计算受理时间。对于不予受理的申请，登记机构需明确告知理由。

（3）审查

受理后，登记机构会对申请材料进行全面的合法性和合规性审查。登记机构需在 20 个工作日内完成审核，并对未通过审查的申请提供详细说明和整改建议。

审查的重点包括：

①数据权属：是否清晰明确，是否存在权属争议。

②分类分级：数据资源是否按照统一标准进行分类和分级。

③存证情况：存证技术是否有效，是否具备可追溯性。

④安全风险：是否具备安全性和风险可控性。

（4）公示

审查通过的登记信息需通过登记平台进行公示，公示期为 10 个工作日。

公示内容主要包括：

①登记主体名称；

②登记类型（首次登记、变更登记等）；

③登记数据名称及内容简介；

④数据应用场景（如适用）。

公示的目的是增强透明度，接受社会监督，为潜在问题的及时发现提供契机。

（5）异议处理

在公示期间，任何相关方都可以实名提出异议，并提供必要的证据材料。登记机构需对异议内容进行调查和审核。

常见异议类型包括：

①数据权属争议；

②登记材料虚假或不完整；

③数据合法性或安全性存在问题。

对于异议成立的登记申请，登记机构应终止登记流程并告知相关主体；对于异议未成立的情况，登记程序则继续进行。

（6）统一赋码

公示期满无异议的，登记机构应按照国家数据局制定的统一编码规范向登记主体发放登记结果查询码。

公共数据资源登记通过明确的申请、审核及公示流程，构建了科学、透明的管理体系。这一流程既确保了数据资源的真实性和合规性，也为数据资源的共享、开放及授权运营奠定了基础。未来，随着技术进步和政策完善，公共数据资源登记工作将更加高效、便捷，为推动数据要素的市场化配置和数字经济高质量发展提供有力支持。

36. 公共数据资源登记需遵守哪些要求？

公共数据资源登记是提升数据资源管理效率、规范数据开发利用行为的重要制度安排。《公共数据登记管理办法》明确了登记主体、登记机构在登记流程中的职责分工和管理要求。这些主体共同构成了公共数据资源登记管理的核心框架，确保数据资源的合法性、安全性和可用性。

（1）登记主体的职责与任务

登记主体是公共数据资源登记的直接责任方，需承担申请与动态管理的核心任务。根据法律法规要求，登记主体需准备详尽的申请材料，包括数据合法性证明、数据存证信息和安全评估报告等，并确保所有材料的真实性、完整性和合法性。在数据资源涉及多个主体时，登记主体需通过协商一致共同申请或由一个主体代表提出申请。此外，登记主体还需承担动态管理责任，当数据资源发生变更或失效时，应及时提交变更或注销申请，确保登记信息的准确性和实时性。这些职责的履行是登记工作的基础，为后续环节的审查与管理提供保障。

（2）登记机构的角色与职责

登记机构由数据主管部门设立或指定，是公共数据资源登记的执行主体，其职责贯穿登记工作的全过程。登记机构需提供规范化、标准化和便利化的登记服务，通过全国统一的登记平台为登记主体提供申请通道。在登记材料审查中，登记机构需进行形式审查与实质审查，重点核验数据权属、存证情况和安全评估报告，确保数据资源的合法性和合规性。审核通过后，登记机构需将登记信息进行社会公示，在公示期间调查核实异议内容，保障登记信息的透明性和可信性。同时，登记机构需妥善保管登记信息，履行数据安全保护义务，防止信息泄露或不当使用，确保登记工作的合法与安全。

（3）第三方专业服务机构的辅助支持

第三方专业服务机构作为技术和服务的支持方，为登记主体与登记机构的协同工作提供关键保障。第三方机构通过技术手段协助登记主体完成数据存证，确保数据来源可追溯、加工过程可控，同时为登记材料准备和数据安全评估提供专业化服务，提升登记工作的准确性与规范性。在提供服务过程中，第三方机构需保持独立性和公正性，依法履行职责，以客观和可信的方式完成受委托任务。通过引入第三方机构的技术支持与专业能力，公共数据资源登记工作的效率和质量得以进一步提升。

（4）登记工作中的协同机制

登记主体、登记机构和第三方专业服务机构通过分工协作，共同构成公共数据资源登记的核心框架。登记主体负责数据的提交与动态管理，登记机构提供统一的登记平台和审查管理服务，而第三方机构为数据登记提供技术支持和专业服务。三方的协同工作通过明确职责分工、强化技术支持和统一管理标准，确保公共数据资源登记的合法性、安全性和高效性，为数据资源的开发利用奠定了坚实基础。

37. 公共数据资源登记的申请类型包括哪些？

根据《公共数据登记管理办法》，公共数据资源登记申请类型主要包括首次登记、变更登记、更正登记、注销登记。从地方立法规定来看，大多遵循了国家规定的四种基本类型，但部分地区可能会根据本地实际情况增加或调整具体的登记类型①。

（1）首次登记

登记主体应按规定提交主体信息、数据合法合规性来源、数据资源情况、存证情况、产品和服务信息、应用场景信息、数据安全风险评估等申请材料。登记主体在开展授权运营活动并提供数据资源或交付数据产品和服务后，在 20 个工作日内提交首次登记申请。《公共数据登记管理办法》施行前

---

① 贵州省《省大数据局关于印发贵州省数据要素登记服务管理办法（试行）的通知》第五章登记类型中，除了规定首次登记、变更登记、注销登记外，还包括初始登记、交易登记、信托登记、撤销登记和续证登记。贵州省《省大数据局关于印发贵州省数据要素登记服务管理办法（试行）的通知》第二十二条规定："数据要素登记类型包括初始登记、交易登记、信托登记、变更登记、注销登记、撤销登记和续证登记。"

已开展授权运营的，登记主体应按首次登记程序于《公共数据登记管理办法》施行后的 30 个工作日内进行登记。

（2）变更登记

对于涉及数据来源、数据资源情况、产品和服务、存证情况等发生重要更新或重大变化的，或者登记主体重大信息发生变化的，登记主体应及时向登记机构申请变更登记。

（3）更正登记

登记主体、利害关系人认为已登记信息有误的，可以申请更正登记。经登记主体书面同意或有证据证明登记信息确有错误的，登记机构对有关错误信息予以更正。

（4）注销登记

有下列情形之一的，登记主体应申请办理注销登记，登记机构自受理之日起 10 个工作日内完成注销：

①公共数据资源不可复原或灭失的；

②登记主体放弃相关权益或权益期限届满的；

③登记主体因解散、被依法撤销、被宣告破产或因其他原因终止存续的；

④法律法规规定的其他情形。

有学者认为应当按照"一级市场"和"二级市场"进行划分，在"一级市场"上，建议针对公共数据资源提供者开展公共数据资源登记，明确公共数据持有者作为参与授权和收益分配的主体，同时作为公共数据资源进入"一级市场"进行流通配置的前提。在"一级市场"和"二级市场"的中间环节，建议针对公共数据资源运营者开展公共数据授权运营登记管理和公共数据产品登记，前者结合授权运营协议，明确运营的内容、期限、安全管理责任等；后者应结合数据运营方案、加工日志等，作为公共数据产品进入"二级市场"进行流通的凭证，和经营主体参与交易、获得市场收益的凭证。在"二级市场"上，建议及时进行数据产品的流转登记，以确保数据产品的合规交易和有效监管。①

38. 数据主管部门如何监督管理登记机构？

登记机构，是指由国家和地方数据管理部门设立或指定的，提供公共数据资源登记服务的事业单位。登记机构的职责一般包括：一是具体实施公共数据资源登记，执行国家和本市管理要求，制定公共数据资源登记业务规则；二是按照行政层级和属地原则提供规范化、标准化、便利化登记服务；三是建立健全数据资源登记管理责任机制，对登记申请进行审查，包括作出不予办理登记、撤销登记的决定以及对于特定情形作出相关处罚，履行数据安全保护义务，妥善保管登记信息；四是经同级数据主管部门批准开展的其他相关业务。数据管理部门在登记机构履行职责过程中应当对登记机构进行监督，登记机构应当接受数据主管部门的监督检查，如按照主管部门的要求定期报送登记工作情况报告，包括登记的数据资源数量、类型、数据提供方和使用方的情况等信息。此外，还要接受社会监督，如对社会公众提出的关于公共数据资源登记工作的疑问和投诉，要及时、公正地进行处理和回应。

（1）不予办理登记

根据《公共数据登记管理办法》，登记机构不予办理公共数据资源登记的情形一般包括：

①重复登记的；

②登记主体隐瞒事实或弄虚作假的；

③存在数据权属争议的；

④法律法规规定的其他情形。

---

① 赵正、杨铭鑫、易成岐、聂磊：《数据财政视角下公共数据有偿使用价值分配的理论基础与政策框架》，《电子政务》2024 年第 2 期。

（2）撤销登记

登记主体有下列行为的，经核实认定后由登记机构撤销登记：

①隐瞒事实、弄虚作假或提供虚假登记材料；

②擅自、篡改、伪造登记结果；

③非法使用或利用登记结果不当获利；

④其他违反法律法规的情况。

《山东省公共数据资源登记管理工作规范（试行）》对撤销登记行为进行了扩充，除上述内容外，还包括"登记后对数据流通、交易、使用、分配、治理及安全管理等造成严重阻碍或不利影响的；登记后发现未严格落实数据安全和网络安全保护义务，造成数据泄露、数据被非法利用或存在数据安全风险隐患的"。

（3）登记处罚

登记机构在登记过程中有下列行为的，由数据管理部门采取约谈、现场指导或取消登记机构资格等管理措施：

①开展虚假登记；

②擅自篡改、伪造登记结果；

③私自泄露登记信息或利用登记信息不当获利；

④履职不当或拒不履职的情况；

⑤其他违反法律法规的情况。

39. 如何理解公共数据资源登记平台的互联互通?

根据《公共数据登记管理办法》，我国将建设国家公共数据资源登记平台，该平台已于 2025 年 3 月 1 日正式上线试运行。这个平台不仅是公共数据资源的管理系统，也是信息披露和资源发现的窗口，全社会都可以来这里找数据、找产品。各省级公共数据资源登记平台要与国家公共数据资源登记平台对接，推动实现登记信息互联互通，在全国范围内实现登记结果统一赋码，支撑登记信息的查询和共享。实现公共数据资源登记平台之间的互联互通不仅有助于公共数据资源的统一高效管理，还将推动各地公共数据的流通与共享，进一步打破"数据孤岛"壁垒，推动公共数据资源的最大化利用与价值释放。

所谓平台互联互通，是指通过建立连接，实现平台间便捷的业务互操作和数据资源共享。互联互通主要可分为业务互联互通和数据互联互通。业务互联互通的典型表现是互操作，是指用户在一个平台中可以无障碍地便利使用其他平台提供的服务。数据互联互通也可称为数据共享，是指数据在不同的主体间能得到无障碍的流通利用。数据互联互通是数据在特定主体间的共享，不同于面向社会的数据开放。数据互联互通有助于实现业务互联互通，但业务互联互通并不必然以数据互联互通为前提条件。[1]

公共数据资源登记平台的互联互通指的是不同的公共数据资源登记平台之间，通过技术手段和管理机制，实现登记数据的无缝连接、共享和协同运作。这种连接不仅包括数据的交换和共享，还涵盖了平台之间的功能集成、流程协同和资源优化配置。公共数据资源登记平台的互联互通，需要从技术、管理、政策和应用等多个层面进行综合分析。互联互通不仅仅是技术上的数据连接，更涉及数据标准统一、权限管理协调、流程协同优化等多个方面。

除国家公共数据资源登记平台外，实践中的数据资源平台有以下几种类型：数据知识产权登记、数据资产登记、数据产品登记、数据资源公证以及数据要素综合登记等不同类型的登记方式，登记机构涉及数据管理局及数据资产登记评估中心（数据资产登记证书）[2]、知识产权局（数据知识产权登记证书）[3]、数据交易所（数据产品）[4]、公证机构（数据资源公证报告）[5]等，不

---

[1]　刘权：《平台互联互通的困境与法治回应》，《中国应用法学》2023 年第 3 期。

[2]　如广东省政务服务和数据管理局、天津数据资产登记评估中心等。

[3]　主要包括北京知识产权局数据知识产权登记平台、上海知识产权局数据知识产权登记平台、江苏省知识产权局数据登记系统、浙江省知识产权局数据登记平台等。

[4]　如北京国际大数据交易所、上海数据交易所、广州数据交易所、深圳数据交易所等，提供数据产品的登记、交易和管理服务。

[5]　江西省南昌市赣江公证处基于"江西省数据资源登记平台"开展的数据资源公证创新模式。

同平台之间尚未形成完全的互联互通。

但实践中已经开始了不同平台之间的互联互通，在国家数据局的推动下，2024年5月24日，在数字中国建设峰会主论坛上，24家数据交易机构联合发布《数据交易机构互认互通倡议》，旨在提高数据流通和交易效率，降低合规流通和交易成本，激发数据要素市场活力。按照该倡议，数据交易机构将在未来一段时间内推进数据产品"一地上架，全国互认"；数据需求"一地提出，全国响应"；数据交易"一套标准，全国共通"；参与主体"一地注册，全国互信"，推动构建统一开放、活跃高效的数据要素市场。

表4-2 《数据交易机构互认互通倡议》24家数据交易平台

序号	成立年份	机构	省份
1	2015	贵阳大数据交易所	贵州省
2		华东江苏大数据交易中心	江苏省
3		武汉长江大数据交易中心	湖北省
4	2016	浙江大数据交易中心	杭州市
5	2017	青岛大数据交易中心	山东省
6	2020	山东数据交易平台	山东省
7		广西北部湾大数据交易中心	广西壮族自治区
8	2021	北京国际大数据交易所	北京市
9		上海数据交易所	上海市
10		西部数据交易中心	重庆市
11		德阳数据交易中心	四川省
12		海南数据产品超市	海南省
13	2022	深圳数据交易所	广东省
14		湖南大数据交易所	湖南省
15		无锡大数据交易中心	江苏省
16		福建大数据交易所	福建省
17		郑州数据交易中心	河南省
18		苏州大数据交易所	江苏省
19		广州数据交易所	广东省

续表

序号	成立年份	机构	省份
20		北方大数据交易中心	天津市
21		苏北大数据交易中心	江苏省
22	2023	杭州数据交易所	浙江省
23		温州数据交易中心	浙江省
24		江西省数据交易平台	江西省

虽然各个机构之间已经开始尝试互联互通，但目前仍存在较多的挑战，互认互通缺乏统一标准，不同机构之间的合规要求不同、登记管理规范和流程不同影响了数据登记的跨区域互认和流通。不同机构发放的数据登记凭证在格式、内容、有效期等方面可能存在差异，这影响了数据资产的互认和流通。

因此，这些挑战需要各方共同努力，推动相关标准的统一和监管机制的完善，以实现数据登记平台的有效互联互通。例如，国家数据标准体系建设指南中提到了包括术语、参考架构、管理、服务、产业等在内的基础通用标准，以及数据基础设施标准、数据资源标准、数据技术标准、数据流通标准、融合应用标准和安全保障标准等，这些都是支撑数据平台互联互通的重要组成部分。

40. 公共数据资源登记凭证效力如何？

2022 年 11 月，国家知识产权局首批确定 8 个地方开展数据知识产权工作试点；2022 年 12 月，中共中央、国务院联合印发《数据二十条》，提出"研究数据产权登记新方式"。此后，各地实践中不断涌现出不同形式的数据登记形式。①《公共数据登记管理办法》中进一步明确了公共数据登记的方式。但是，

---

① 如北京国际大数据交易所、上海数据交易所等广泛采用电子凭证，确保数据登记过程的高效性和便捷性。在实际操作中，电子凭证已被广泛接受和认可，用于证明数据的权属、合法性和使用权限。

所有权登记属物权制度，物权制度系民事基本制度，而民事基本制度是法律保留事项①。因此，地方试点将数据登记照搬物权登记的"参照模式"尚不具普遍法律效力，仍需从学理上再作检视与评价。②

公共数据资源的登记并非直接的产权确认行为，公共数据资源登记凭证也不具有确权的意义。但在数据权益争议中，登记信息却能成为关键证据，显示出其在法律上证明权利归属的重要性。包括数据来源、登记者、使用场景和风险评估等关键信息，对于评估争议各方与争议数据资源的关系至关重要，为解决权益纠纷提供了重要线索和依据。以全国首个涉及数据知识产权登记效力的案件为例，北京知识产权法院（2024）京73民终546号案件中，法院认为某某公司就涉案数据集取得的《数据知识产权登记证》，可作为证明该公司享有涉案数据集相关财产性利益的初步证据，亦可作为涉案数据集收集行为或数据来源合法的初步证据，在无相反证据的情况下，可以据此认定上述事实。也即法院确认了"数据知识产权登记证书"在司法程序中的初步证据作用，为类似数据知识产权案件提供了指导和参考。公共数据资源登记信息在解决数据权益纠纷中的价值，不仅保护了各方的合法权益，也有助于维护数据市场秩序，其证据效力促使登记者遵守法律法规和登记标准。

有学者认为：在数据登记制度探索与发展初期，原则上仅存在"登记不生效→登记具有证明力→登记具有对抗力→登记具有设权力"的四阶效力阶梯，只有在政府授权企业加工公共数据等易于实质审查的场合，才应配置数据登记的公信力。实际上，当前仅有部分试点在登记效力设计上推进到了第三阶"对抗力"的层次，数据登记向"设权力""公信力"的推进还有很长的路要走。因此，只有待数据登记的实质审查，尤其是审查非公共数据之难题得到破解时，数据登记效力阶梯的第五阶——登记具有公信力——才具普遍配置可能。③

---

① 《中华人民共和国立法法》第十一条第八项规定。
② 曹新舒：《数据登记私法行为规范的参照论》，《东方法学》2024年第6期。
③ 曹新舒：《数据登记私法行为规范的参照论》，《东方法学》2024年第6期。

从更广阔的视角来看，公共数据资产凭证作为政府认可的可信数据载体，具备可验证、可溯源等特点，可以自由通行于各信任域，为数据资产凭证各个相关方，如签发方、需求方、提供方、存证方、监管方等提供智能化的跟随服务。基于这些服务，数据资产凭证的各相关业务主体得以"确权"、维权和行权，助力数据要素市场的科学配置。①《公共数据登记管理办法》对全国公共数据资源的开发和相关企业的增长具有深远的战略意义和积极的引导作用。它建立了一个较为完善的规范框架，为公共数据资源的登记和管理提供了坚实的基础，有利于充分挖掘公共数据资源的潜力和价值，推动公共数据资源管理向合规和高效方向发展，实现管理效益的最大化。这为我国数据产业的高质量发展提供了强大动力和活力。

公共数据资源登记凭证通过法律认可、技术保障、安全性和可验证性等多方面的支持，具有与其他凭证同等甚至更高的效力。随着技术的不断进步和法律法规的完善，登记凭证将在公共数据资源管理中发挥更加重要的作用，推动数据资源的高效流通和利用，助力数字经济和数字治理的全面发展。各级政府和相关机构应持续优化登记凭证的技术架构和管理机制，确保其在公共数据资源登记中的有效性和可靠性。

41. 公共数据资源登记凭证有效期有多久？

根据《公共数据登记管理办法》，公共数据资源凭证原则上有效期 3 年，自发证之日起计算。对授权运营内的公共数据产品和服务登记，根据授权协议运营期限不超过 3 年的，凭证有效期以实际运营期限为准。登记凭证有效期届满且需继续使用凭证的，登记主体可在期满前 60 日内按照规定续展。每次续展期最长为 3 年，自上一届有效期满次日起计算。期满未按规定续展

---

① 邓社民、王志文：《公共数据授权运营中数据知识产权登记的制度重构》，《深圳大学学报（人文社会科学版）》2024 年第 6 期。

的，由登记机构予以注销。

除国家公共数据资源登记平台外，在实践中，不同平台发放的公共数据资源登记电子凭证出现不同的有效期。比如，北京国际大数据交易所颁发的数据资产登记证书有效期为 1 年。①

广东省数据资产登记凭证由广州数据交易所发放，广东省政务服务和数据管理局监制，有效期为 1 年。②

同时，广州数据交易所作为广东省首批数据产权试点登记机构正式颁发数据产权登记证书，有效期为 3 年。③

本书认为，随着国家公共数据资源登记平台的建设，登记机构发放的公共数据资源登记电子凭证有效期将逐步统一为 3 年，并且将逐渐明确到期后的续期方式。

42. 关于公共数据资源登记的实践探索有哪些？

数据要素市场化配置改革背景下，数据资源已成为第五大生产要素，也成为企业的重要资产。财政部印发的《企业数据资源相关会计处理暂行规定》于 2024 年 1 月正式实施，为企业数据资源的会计处理提供了明确的指导原则，标志着我国在数据资源入表方面正式进入实际操作阶段。2025 年 1 月，国家发展改革委、国家数据局印发《公共数据登记管理办法》。

各地在开展一系列制度、政策创新的同时，围绕数据供给体系、数据确权制度、数据资源登记等积极开展试点，先行先试探索数据资产化，激活数

---

① 北京国际大数据交易所：《北京市数据要素领域标准验证优秀案例 I（三）金谷智通数据资产化全流程试点验证——北京金谷智通绿链科技有限公司》，2025 年 2 月 26 日，见 https://mp.weixin.qq.com/s/-dAxmdYuaiT2vCHhSbn6yQ。

② 广东国资：《广物控股集团获省国资系统首张广州数交所数据资产登记凭证》，2024 年 5 月 16 日，见 https://mp.weixin.qq.com/s/feHeEUeDFPGz3Cwuy546hA。

③ 广州数据交易所：《广州数据交易所作为广东省首批数据产权试点登记机构正式颁发数据产权登记证书》，2024 年 12 月 17 日，见 https://mp.weixin.qq.com/s/O0bZUktdyiqDZm-3W7lhkEg。

据要素价值。以义乌市某公用企业（以下简称"义乌某集团"）为例，其以"盘资源—理数据—评价值—登资源"等过程路径，积极探索数据资源登记实践。

（1）盘点资源

义乌某集团通过对义乌某集团信息化系统建设和数据现状的全面梳理，盘点出集团有价值的数据资源，形成《数据资源目录清单》，通过数据业务化和业务数据化，以减少成本、增加收入和控制风险为目标，挖掘和发挥现有数据资产价值。

（2）数据确权

数据确权判断企业是否拥有或控制数据资产。义乌某集团通过对数据的全盘梳理，明晰数据产品权属，例如感知融合赋能节点平台中的算法模型属于采购式算力和自身开发，知识产权属于自己，数字水厂平台系统中的模型算法专利权为共同拥有，精准曝气系统中的算法模型开发企业同意水处理公司授权使用，都达到了集团对数据资源拥有和控制的要求。

（3）评估价值

通过评价数据资源集的数据质量和应用场景，变成高质量数据资源集。利用《数据资产价值与收益分配评价模型标准》和"数据资产价值评价模型"，对数据的完整性、唯一性、有效性、一致性、准确性、及时性、真实性、稀有性进行质量评价。

（4）资源登记

《数据管理　数据资产登记导则》团体标准包含数据资产财务登记、数据资产产权登记数据资产交易登记三类登记方式，三类登记方式是递进的关系。数据资产财务登记是产权登记的基础，而产权登记是交易登记的前提，也是实施产权管理的前提和基本手段。首先，数据资产财务登记即数据资源入表。会计主体对符合数据资产确认条件的数据资源可进行数据资产登记，进行会计入账处理，完成数据资产的财务确认。义乌某集团通过对现有各类数据的深入分析和评估，选定部分数据资源作为首批入表数据资产。其次，数据资产产权登记也可以称为权属登记。对于符合确认产权归属条件的数据资产，可向相关登记部门申请数据资产产权登记。义乌某集团下属自来水公司精确加矾模型等五套数据产品在浙江省知识产权登记中心完成产权登记。最后，数据资产交易包括对数据交易和权属变更行为的记录。登记指对有交易需求的数据资产，向交易机构申请数据资产交易登记，主要确保数据资产交易行为不会侵犯个人隐私、商业秘密、国家安全等合法合规要求以及各项交易规则要求，义乌某集团下属自来水公司精确加矾模型等五套数据产品正式挂牌上架浙江大数据交易服务平台，并取得大数据交易中心颁发的数据产品登记证书，成为浙江省水务行业首批在数据交易平台上架的数据产品，为数据交易"变现"奠定基础。

第五篇

运营篇

公共数据授权运营，作为我国公共数据资源开发利用探索过程中的一种创新模式受到广泛关注。《中共中央 国务院关于构建数据基础制度更好发挥数据要素作用的意见》等一系列中央政策文件为公共数据授权运营实践提供了政策依据，当前全国多地积极响应中央号召，探索得出有益经验。

运营篇深入剖析公共数据授权运营的核心内容，包括授权运营中的主体构成与角色定位、基本原则与细化要求、具体流程与实施方案、最新进展与面临挑战，深入探讨公共数据授权运营中的数据确权、协议性质、存在风险、定价机制、收益分配、运营管理等关键议题，重点关注创新激励举措、数据资源入表、数据资源化、资产化与资本化等前沿领域的实践做法与发展趋势。

本篇将为读者提供一个包含体系建设、平台运营、安全保障、场景应用、生态培育等多方面内容的公共数据授权运营知识框架，阐释公共数据授权运营的理论知识、实践路径与策略指导，搭建起公共数据开发利用的理论与实践的桥梁。

43. 公共数据授权运营中的授权主体包括哪些机构？

（1）授权主体的定义

授权主体是指持有公共数据资源，并依据法律法规和相关要求，将数据资源授权给符合条件的运营机构进行治理和开发的机构或单位。授权主体负责从战略高度统筹管理授权运营活动，制定授权规则、选择运营机构、监督授权行为，确保授权运营合法合规、安全高效，充分释放公共数据的经济和社会价值。

授权主体在整个授权运营体系中，既是资源的管理者，也是授权规则的制定者和执行监督者，推动数据要素的市场化配置，是公共数据开发利用体系中的关键角色。

（2）授权主体的范围与主要职责

①县级以上地方各级人民政府

县级以上地方政府是辖区内公共数据资源的主要持有者，负责对本区域公共数据资源的授权管理。县级以下部门不得自行进行授权，以避免授权管理分散化、不规范的问题。

地方政府的职责包括：一是资源确权与分类。地方政府需明确辖区内数据资源的权属，对数据资源进行分级分类管理。对于跨区域数据，需加强协调，确保权属清晰、分类规范，尤其在涉及国家安全、商业秘密和个人隐私的数据时，制定严格的管理规范。二是制定授权规则。地方政府需制定具体的授权规则，包括授权数据的开放范围、使用权限、运营期限及退出机制等，并确保规则与国家政策的统一性和协调性。三是选择运营机构。地方政府通过公开招标或遴选程序，选择具备专业资质的机构开展数据开发利用。这一过程需兼顾市场化需求与区域经济发展方向。四是监督授权执行。地方政府需对授权运营的全过程进行监督，确保运营机构在授权范围内合法合规使用数据，防止违规行为或信息泄露。五是评估与反馈。地方政府需定期对授权运营的社会和经济效益进行评估，通过总结反馈不断优化区域数据开发策略，提升数据资源的利用效能。

②国家行业主管部门

国家行业主管部门掌握交通、医疗、教育等专业领域的重要数据资源，是行业内公共数据授权运营的关键主体。其职责在于推动行业间数据共享与流通，并通过专业化运营实现数据增值。

行业主管部门的职责包括：一是资源确权与分类。国家行业主管部门负责对行业数据资源进行确权，尤其是跨部门、跨行业或涉及重大经济和民生领域的数据资源，需进行详细分类和严格管理。二是制定授权规则。国家行业主管部门需制定行业内授权运营的实施细则，明确数据的流通规则、技术标准和使用规范，确保授权行为符合行业发展需求与国家战略方向。三是选择运营机构。行业主管部门通过遴选专业能力强、资源整合力高的机构开展行业数据的授权运营，推动行业内数字化转型和资源优化。四是监督授权执行。行业主管部门需对运营机构的行为进行全程监管，包括定期审核运营报告、检查数据使用范围及合规性，避免违规操作。五是评估与反馈。针对授权运营活动对行业发展及社会效益的影响进行分析，形成反馈机制，为授权政策和行业发展规划提供科学依据。

表 5-1 县级以上地方各级人民政府与国家行业主管部门职责关系

职权分工 授权主体	县级以上地方各级人民政府	国家行业主管部门
覆盖范围	负责本辖区内的区域性数据，注重地方数据资源的管理和开发	专注于行业性、专业性数据，如交通、医疗、教育等领域的关键数据
授权目标	以提升区域治理能力和推动区域经济发展为主要目标	推动行业内的数字化转型和资源优化配置
职责协同	与行业主管部门协调区域内跨部门、跨区域数据的授权和管理	制定行业性授权规则，与地方政府合作推进数据资源的共享与流通

（3）授权主体与实施机构、运营机构的关系

①角色分工

授权主体担任了战略决策者与统筹管理者的角色。授权主体负责授权规则的制定、授权范围的明确以及监督整体授权过程的合法性。授权主体承担着战略高度的管理职责，是授权运营活动的制度保障者。

实施机构担任了执行与协调者的角色。实施机构是授权主体指定的具体执行单位，负责落实授权主体的政策决策，组织实施授权流程，包括遴选运营机构、监督协议履行等。实施机构在授权体系中起到了衔接管理与执行的关键作用。

运营机构担任了开发者与服务提供者的角色。运营机构是通过规范程序获得授权的法人单位，负责具体的公共数据资源开发、利用与增值服务工作。运营机构需严格遵守授权协议，确保数据利用的合法合规性。

②协作关系

首先是决策与执行关系。授权主体负责战略性决策，实施机构在授权主体的指导下将这些决策转化为具体行动，而运营机构则执行实际的数据开发与利用任务。

其次是监督与反馈关系。授权主体和实施机构对运营机构的行为进行监督，运营机构需通过报告机制向授权主体与实施机构反馈数据利用情况。

再次是利益共享关系。授权主体通过数据授权运营实现社会与经济效

益，实施机构优化授权流程，运营机构则通过开发服务创造经济价值，各方形成了利益共享与协作关系。

最后是安全性与合规性。服务过程中需严格遵守相关法律法规，采取必要的技术手段保护数据安全，避免信息泄露、篡改或不当使用。

③职责

首先，第三方专业服务机构的职责包括协助登记主体完成数据存证工作、提供安全评估报告以及开展数据质量核查等。这些服务旨在确保登记材料的准确性和完整性，为登记机构的审查提供有力支持。

其次，第三方机构需严格遵守独立性原则，与登记主体和登记机构之间不存在隶属关系或利益关联。任何虚假记载、误导性陈述或信息泄露行为都将受到法律追究。

44. 什么是公共数据授权运营中的实施机构和运营机构？各自的特点和主要职责是什么？

在公共数据授权运营机制中，实施机构和运营机构分别承担管理与执行职责，二者共同构建了公共数据授权运营的运行架构。实施机构负责授权规则的制定与管理，运营机构则具体落实数据资源的开发利用。这种分工明确的机制，不仅为数据资源的合法合规开发利用提供了保障，也为数据要素的经济与社会价值释放奠定了基础。

（1）实施机构

①定义

《公共数据授权运营规范》明确，实施机构，是指由县级以上地方各级人民政府或国家行业主管部门结合授权模式确定的、具体负责组织开展授权运营活动的单位。通常由国家或地方政府的数据主管部门或指定的专门机构担任，例如国家数据局、省级数据管理机构或其他行业主管部门。实施机构在公共数据授权运营中承担着战略决策和执行管理的双重职能，其核心任务是从顶层设计到操作细则，全方位保障授权运营活动的合规性、有效性和安全性。

根据《关于加快公共数据资源开发利用的意见》[①] 和《公共数据授权运营规范》，实施机构的主要职责涵盖授权规则的制定、运营机构的遴选、授权过程的监督以及运营效果的评估。具体包括明确授权范围、规范使用权限、设定运营期限及退出机制，并通过政策设计和管理手段保障数据资源的合理流通与合法开发。同时，实施机构还需协调跨部门、跨区域的数据流通，推动数据资源的动态管理与共享应用，以实现数据要素的经济和社会价值。

②主要特点

实施机构是公共数据授权运营机制中的核心管理者，其特点主要体现在以下几个方面：

第一，政策主导性。作为政府数据治理的主导力量，实施机构负责制定授权运营的政策框架与规则体系。这种政策主导性确保授权运营活动能够在国家战略和法律法规的指导下有序推进，推动公共数据资源的合法合规开发利用。同时，实施机构通过政策引领，统筹协调多方资源，为授权运营提供制度保障。

第二，规则制定者。实施机构从顶层设计角度负责制定授权运营的实施规则，明确授权范围、用途、期限及退出机制。科学合理的规则设计为授权运营活动划定了行为边界，防范数据滥用、超范围使用等违规行为。实施机构在规则制定中的作用不仅保障了数据的规范化使用，还为数据的流通和市场化配置奠定了基础。

第三，监管职能强。实施机构对授权运营活动进行全过程监管，确保授权数据资源的使用过程符合安全性、合规性和合法性要求。通过实时监控、动态评估和定期审查，实施机构能够及时发现并纠正运营过程中的潜在问

---

① 《中共中央办公厅　国务院办公厅关于加快公共数据资源开发利用的意见》："加强政府指导和调控，更好发挥市场机制作用，有效扩大公共数据供给，提高公共数据资源配置效率和使用效益。"

题，保障数据资源开发利用的透明性、可追溯性和高效性。此外，实施机构还需协调跨部门、跨区域数据流通中的监管工作，确保数据治理的整体性和协调性。

③主要职责

第一，制度设计与政策保障。制定公共数据授权运营的政策框架，包括具体的实施规则和配套制度，如分类分级授权机制、授权范围和流程指引，确保授权活动合法、合规。

第二，遴选与合作管理。通过招标或遴选程序，选择具备技术能力和资质的运营机构，并与其签订授权协议，明确双方的责任义务和权利边界。

第三，监督与评价。对授权运营的全过程进行动态监督，包括检查运营机构的数据使用行为是否符合授权范围，以及授权运营是否达到预期的经济效益和社会效益。

第四，跨部门协调与资源整合。在涉及多部门、多区域的授权运营活动中，实施机构需要推动数据资源的协同共享，避免权限冲突和数据资源的重复开发。

第五，安全保障与风险防控。实施机构需确保数据授权运营中的安全性，特别是涉及国家安全、商业秘密和个人隐私的数据，制定针对性保护措施，并建立应急响应机制，防范数据滥用或泄露的风险。

（2）运营机构

①定义

《公共数据授权运营规范》明确，运营机构，是指按照规范程序获得授权，对授权范围内的公共数据资源进行开发运营的法人组织。通常由专业化数据公司、国有企事业单位或研究机构担任。作为授权运营机制中的执行主体，运营机构承担着将公共数据资源转化为具有经济和社会价值的产品和服务的重任。其主要职责包括数据资源的加工处理、增值开发以及产品和服务的商业化输出。

运营机构的特点体现在其市场化运作和增值开发能力。通过市场竞争程序获得授权后，运营机构在授权范围内进行合法合规的运营。运营活动涵盖从数据清洗、建模到开发产品与服务的全过程。例如，医疗数据授权运营中的运营机构可以利用脱敏后的健康数据进行分析建模，开发健康风险评估工具，为医疗行业提供增值服务。同时，运营机构需定期向实施机构提交数据使用情况和运营成果报告，接受全程监管。

此外，为确保数据安全与合法合规性，运营机构需履行严格的安全措施和退出管理机制。在授权期限到期或提前终止授权时，运营机构必须安全归还数据资源并彻底清除相关备份，以防止数据泄露或滥用风险。

②主要特点

第一，市场化运作。运营机构通常通过市场竞争的方式获得授权，具备较强的商业化能力。这种市场化运作模式既为数据开发引入了多元化的市场主体，也增强了数据资源增值开发的灵活性和专业性。

第二，增值开发。运营机构以数据技术为核心竞争力，擅长进行数据清洗、建模、分析等增值开发操作。通过将原始数据加工成高价值的产品或服务，运营机构充分释放了数据要素的经济和社会价值。

第三，责任明确性。运营机构在授权范围内严格遵守法律法规和授权协议，确保数据资源的使用合法合规。其职责明确，不仅对授权数据的安全性负责，还需防止数据超范围使用或滥用。

③主要职责

第一，数据开发与利用。运营机构根据授权范围对数据资源进行深度加工，包括数据清洗、分析和建模。通过技术手段将原始数据转化为适用于市场和社会的高价值产品或服务，满足不同领域的需求。

第二，技术支持。运营机构为政府部门或市场主体提供数据增值开发和技术解决方案，支持社会治理、经济发展和产业升级。例如，在智慧城市、精准医疗等领域，提供针对性的技术服务。

第三，规范运营行为。运营机构需严格遵守授权协议，确保数据的使用范围不超出授权规定，并接受实施机构的全过程监督。其运营行为需符合法律法规和行业规范，避免任何形式的违规操作。

第四，报告与反馈。在授权运营过程中，运营机构需定期向实施机构提交运营情况和数据使用报告，确保授权活动透明化。报告内容通常涵盖数据使用情况、开发成果以及运营效益评估。

第五，退出管理。在授权期限结束或提前终止时，运营机构需安全归还数据资源，并彻底清除相关备份，防止数据泄露或滥用风险。这一职责保障了数据资源的可追溯性和安全性。

45. 目前我国公共数据授权运营工作进展如何？

总体而言，我国公共数据授权运营工作处于起步阶段。近年来，在地方层面，北京、浙江、上海、重庆等 15 个地区的省级数据管理部门开始探索公共数据授权运营机制。安徽、海南、成都、青岛等地方制定出台了公共数据授权运营的专项制度或者专项政策。在《关于加快公共数据资源开发利用的意见》出台后，江苏省于 2024 年 10 月 23 日接续发布《江苏省公共数据授权运营管理暂行办法》，该办法成为全国首个省级层面印发实施的落实文件。在国家部委层面，人力资源和社会保障部、文化和旅游部、国家市场监督管理总局、国家卫生健康委等国家部委开展了公共数据授权运营。公共数据应用场景主要为公共服务和社会管理。[①]

目前，各地正在积极探索公共数据授权运营体系与基础设施平台建设。

在公共数据授权运营体系建设的程序与流程方面，存在地方政府通过人大会议、内部会议纪要或批复、规范文件等不同方式确定公共数据授权运营主体（一级开发主体或统一授权运营主体）的做法。目前各地的公共数据授权运营主体选择也更加公开与规范，对于主体资格与程序要求都有了更明确的规定，例如，北京市明确《北京市公共数据专区授权运营管理办法(试行)》提出要遴选具有技术能力和资源优势的企事业单位等主体开展公共数据专区建设和运营，《浙江省公共数据授权运营管理办法（试行）》明确规定授权运营主体必须满足基本安全要求、技术安全要求、应用场景安全要求、重点领

---

① 国家数据局：《全国数据资源调查报告（2023 年）》，2024 年 5 月 30 日，见 https://www.nda.gov.cn/sjj/ywpd/sjzy/0830/20240830191408027390482_pc.html。

域具体安全要求四个方面的安全条件。此外，各地的授权运营工作流程也更加明确与细化，例如青岛将公共数据授权运营的工作流程划分为应用需求、需求审核、运营协议 3 个阶段，杭州则规定了信息发布、申请提交、资格审查、协议签订、培训考核、开发利用 6 个步骤。①

在基础设施方面，公共数据授权运营基础设施不断升级优化。公共数据授权运营平台作为政府主导的公共数据基础设施，是各地推进公共数据授权运营的重要支撑点。全国多地区已经上线了公共数据运营平台或者运营专区。在授权运营平台方面，部分地方通过建立统一的地域性公共数据运营平台探索公共数据产品或服务的应用与流通。一类是公共数据运营服务平台，例如贵州省的云上贵州平台，依托全省资源打造数据产品及服务体系，与贵阳大数据交易所协同推动构建贵州大数据产业生态。另一类是兼具公共数据加工与数据交易的综合服务平台，例如，海南省的"数据产品超市"，以授权运营的思路搭建集数据归集、管理、加工、交易为一体的公共数据平台，将各类型参与主体纳入平台，由应用主体对公共数据进行加工增值后以数据产品的形式开放给市场。② 在公共数据运营专区方面，各地的数据交易所也在发挥重要作用。上海数据交易所已引入市场化力量，建设公共数据专区，汇聚政府及市场资源，促进公共数据高质量供给，探索公共数据资产应用机制，加快构建公共数据生态体系，以此带动各行业产业的开发利用，有效释放公共数据价值，推动新质生产力发展。为提高公共数据开发利用效率，汇聚高质量供给，更好地赋能产业行业应用。上海数据交易所目前已经甄选 300 多个涉及公共数据的数据产品集中展示在公共数据专区，推动相关政府机关及企业开展公共数据资产管理，引入可承接市场拓展和技术支撑的服务商，构建

---

① 国家信息中心大数据发展部、中国软件评测中心、开放群岛开源社区公共数据运营小组、中国科学院科技战略咨询研究院、清华大学计算社会科学与国家治理实验室、数字中国研究院（福建）：《全国公共数据运营年度发展报告（2023 年）》，2024 年 7 月 12 日，湖州市数据局公众号，见 https://mp.weixin.qq.com/s/zXv4Gg5wvPwRlc0-weCSRg。

② 王鹏：《2023 年我国公共数据授权运营发展情况总体分析》，2023 年 11 月 28 日，中国日报中文网，见 https://column.chinadaily.com.cn/a/202311/28/WS6565871ca310d5acd8770b82.html。

公共数据开发利用的市场化运营机制，为数据产品流通交易保驾护航。①

46. 通过共享方式获得的公共数据是否可以授权运营?

通过共享方式获得的公共数据可以授权运营，但需要满足一定的条件。《公共数据授权运营规范》提出，县级以上地方各级人民政府、国家行业主管部门可将依法持有的公共数据资源，在落实数据分类分级保护制度要求，不危害国家安全公共利益，不侵犯商业秘密和个人隐私、个人信息权益等合法权益的前提下，纳入授权运营范围。以政务数据共享方式获得的其他地区或部门的公共数据，用于授权运营的，应征得共享数据提供单位同意。② 也即在征得共享数据提供单位（数源单位）同意后，授权主体可以将其持有的共享数据进行授权运营。

在对共享的公共数据授权运营过程中，确保取得数源单位的同意，实际上是对数据权属的明确和尊重，这有助于避免数据权属争议，确保授权运营活动的合法性和稳定性。此外，征得数源单位的同意，还有助于提高公共数据授权运营的有效性。数源单位通常对数据的来源、质量和应用场景有着更深入的了解和把控。在取得数源单位审核同意的前提下，通过与数源单位的合作，运营方可以更深入地理解和挖掘数据的价值，开发出更符合市场需求的数据产品和服务。

多地在其制定的规范细则中也细化了共享数据提供单位（数源单位）同意方可进行公共数据授权运营的具体规定。例如，扬州市人民政府发布的《扬州市公共数据授权运营管理办法（试行）》第十五条规定明确，一级运营主体经市数据主管部门、数源单位审核同意后，依托市大数据共享开放平台共享数据至授权运营平台，并在授权运营平台内进行加工使用。绍兴市数据

---

① 上海数据交易所：《上海数据交易所正式上线公共数据专区，加速推进新质生产力的价值释放》，2024 年 6 月 27 日，见 https://mp.weixin.qq.com/s/cImk_R91ozfAWTjOqEeb8w。

② 《公共数据资源授权运营规范》第五条。

局发布的《绍兴市公共数据授权运营管理实施细则（试行）》明确授权运营单位通过一体化数字资源系统提交公共数据需求清单，经公共数据主管部门会同数源单位审核通过后获取，获取公共数据后，授权运营单位应当在授权运营域内对公共数据进行加工处理，形成数据产品和服务。

已有地方探索对共享的公共数据授权运营全链条机制，例如成都市构建"管住一级、放活二级"数据资源开发利用新模式（见图 5-1）。其中，"管住一级"是指采用统一授权集约化运营模式，让数据"管得实""供得出"。具体而言，一是统一授权一级开发主体，由市政府授权本地国资企业作为数据要素市场一级开发主体。二是集约获取公共数据资源，各数源单位（如市场监管部门、司法部门、住建部门、民政部门等部门）将数据资源汇聚至成都市城运办、市数据局统筹建设的政务一体化大数据平台，进行公共数据汇聚、治理、供给制度建设、基础设施建设、统筹开发，按"一场景一授权"方式由市城运办、市数据局共同向一级开发主体供给公共数据。三是一级数据产品开发环境可控，基于安全域，依托市大数据中心设置的数据产品安全开发中心，开发一级公共数据产品。四是数据流通基础支撑可靠，基于成都市政务云、电子政务网等基础支撑，开发环境部署于政务外网，通过人防、

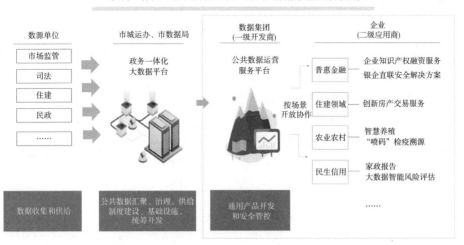

图 5-1 成都市"管住一级、放活二级"的公共数据授权运营模式

技防、物防，严格避免数据外泄，为安全域提供算力和安全能力支撑。五是统一一级数据产品对外供给渠道，依托成都市公共数据运营服务平台，面向技术型、应用型数商，提供一级公共数据产品。"放活二级"，是指面向数据产业生态激发二级市场活力，让数据"流得动""用得好"。具体而言，一是在可信域开发二级应用产品，由二级开发主体从一级开发主体获取一级公共数据产品，通过数据要素流通服务平台的可信数据空间，融合"非公共数据＋公共数据"进行二次开发，形成带有场景业务属性的数据应用产品；二是拓宽二级数据产品场外流通渠道，通过数据要素流通服务平台互联网端对外供给，链接数据产品开发二级市场，并对接全国各地数据交易所，积极融入全国数据要素统一大市场；三是以"蓉数公园"为载体培育产业生态，聚引培育服务型、技术型、应用型数商，以及数据合规、质量评估等第三方专业服务机构，不断壮大数据产业生态，推动以数据为关键要素的数字经济加快发展；四是开展应用场景概念验证测试，针对尚不成熟的应用场景，结合场景孵化所需的数据、技术、模型等要素，验证是否满足开发和孵化条件，符合条件的可进入一、二级数据产品开发环境。[①]

47. 公共数据授权运营模式有哪些？

《关于加快公共数据资源开发利用的意见》提出公共数据授权运营可以结合实际采用整体授权、分领域授权、依场景授权等模式，授权符合条件的运营机构开展公共数据资源开发、产品经营和技术服务。[②]

---

① 国家数据局：《数字经济创新发展试验区建设案例之一丨"管住一级、放活二级" 构建数据资源开发利用新模式》，2024 年 8 月 30 日，见 https://mp.weixin.qq.com/s/i5r2N3b21hr1B-vM_ajRgMw。

② 《中共中央办公厅　国务院办公厅关于加快公共数据资源开发利用的意见》："加强对授权运营工作的统筹管理，明确数据管理机构，探索将授权运营纳入'三重一大'决策范围，明确授权条件、运营模式、运营期限、退出机制和安全管理责任，结合实际采用整体授权、分领域授权、依场景授权等模式，授权符合条件的运营机构开展公共数据资源开发、产品经营和技术服务。"

（1）整体授权模式

整体授权模式，也即常见的一对一授权或综合授权模式，在地方数据主管部门统筹下，将跨部门的公共数据资源整体授权给运营机构进行开发利用。一般是由地方数据主管部门代表政府整体授权同一主体（一般是具有国资背景的公司）承担该地区所有公共数据运营加工等相关工作。整体授权在发挥数据整合价值和全流程监管覆盖方面有优势，有助于统筹监管，并且有利于促进跨行业、跨领域的数据应用，但在数据产品开发利用的创新性方面可能稍显薄弱。

（2）分领域授权模式

分领域授权模式，也即按行业或领域进行一对 N 的授权，根据来自不同行业或领域的数据特点或特定行业或领域的应用需求情况，选择具备行业属性的运营机构开展工作，更适合针对特定领域的应用场景进行开发。

（3）依场景授权模式

依场景授权模式，也即根据具体需求，由不同运营机构遵循"一场景一申请一审批"的原则开展资源的开发利用，有利于发挥市场竞争作用，更适用于"小步快跑"挖掘全新场景。[1]

（4）其他授权运营模式

实践中上述三种授权模式也并非完全独立适用，而是各地依据当地工作基础与实际情况进行灵活调整公共数据授权运营体系，可能将不同的授权运营模式结合适用，构建与当地数据要素市场发展实践与目标相匹配与适应的授权运营模式。

具体而言，目前，在各地区先行先试的探索下，根据各地公共数据授权

---

[1]　大数据技术标准推进委员会：《公共数据授权运营发展洞察（2024年）》，2024年10月31日，中国信息通信研究院公众号，见 https://mp.weixin.qq.com/s/2gTjpZ3IEm5-8YX_QTk20g。

相关政策文件及实践情况，从公共数据授权运营流程维度来看，公共数据授权运营模式还可以分为综合授权运营模式（整体授权模式）、分散授权运营模式、两级授权运营模式（见表 5-2）。不管采用何种授权运营模式，数据运营机构（一般为地方数据集团公司）承担的连接政府供给与市场需求角色都十分关键，数据运营机构要以实现公共数据价值最大化释放为目标，挖掘公共数据的不同应用场景并推进公共数据与社会数据的融合应用。未来，各地应当依照中央顶层设计针对公共数据授权运营最新的统筹规划与制度安排，构建更适应当地发展特点的公共数据授权运营模式与体系，激发公共数据共享开放动力，促进公共数据合规高效流通使用，提高公共数据资源配置效率和使用效益。

表 5-2　实践中的公共数据授权运营模式及示例

运营模式	定义	典型地区	地区授权运营实践特点
综合授权运营模式	综合授权运营模式指由政府公共数据管理部门（一般是大数据局）代表政府整体授权同一主体（一般是具有国资背景的公司）承担该地区所有公共数据运营加工等相关工作	上海市	上海市政府授权上海数据集团统一归集公共数据，开展数据运营工作
		青岛市	统一授权华通集团及所属华通智研院开展公共数据授权运营，负责数据安全合规供给，对外提供数据产品或服务。明确运营单位不得对原始数据进行交易
分散授权运营模式	分散授权运营模式指政府公共数据部门依据不同行业/领域/场景分散授权不同行业运营主体依据行业特点开展公共数据运营工作	北京市	分领域/区域/场景，授权多主体开展公共数据专区运营与建设工作。如北京市政府授权北京金融控股全资子公司北京金融大数据公司为金融专区公共数据授权运营单位
		杭州市	分领域/应用场景，授权多主体开展公共数据运营、产品加工。如杭州市数据资源管理局授权阿里健康为医疗健康领域的公共数据授权运营单位

续表

运营模式	定义	典型地区	地区授权运营实践特点
两级授权运营模式	两级授权运营模式指政府公共数据管理部门先整体授权同一主体（一般是具有国资背景的公司）承担该地区所有公共数据运营工作，再由该主体依据不同行业/领域/场景分散授权给不同行业运营主体	福建省	福建省人民政府先整体授权福建省大数据集团，再分场景授权二级开发主体开展公共数据运营
		济南市	济南适用"大数据主管部门综合授权、数据提供单位分领域授权"的授权模式。济南市大数据局负责组织建设公共数据授权运营平台与授权运营协议的签署，浪潮云负责承接建设可信数据空间，为场景应用提供技术服务

48. 公共数据资源授权运营应遵循哪些原则？

根据《公共数据授权运营规范》第四条规定，公共数据资源授权运营应遵循依法合规、公平公正、公益优先、合理收益、安全可控的原则。

（1）依法合规原则

依法合规原则要求公共数据授权运营应当符合国家相关法律法规、政策、国家标准及行业标准以及各地颁布的地方性管理制度等基本要求，遵循"原始数据不出域、数据可用不可见"的要求，确保公共数据授权运营活动依法合规开展。

（2）公平公正原则

公平公正原则要求公共数据授权运营过程保证公平公正，包括授权流程、运营实施、收益分配等环节的公开公正，保障市场公平竞争环境。在公共数据授权运营的公开公正原则指导下，应当以公开招标、邀请招标、谈判等公平竞争方式选择运营机构，在运营实施过程中，实施机构应按规定公开授权运营情况，定期向社会披露授权对象、内容、范围和时限等，接受社会监督。运营机构还应公开公共数据产品和服务清单，定期向社会披露公共数据资源使用情况，接受社会监督，这不仅可以增加公共数据授权运营过程的透明度，还能提高整个授权过程的公信力。此外，公共数据授权运营的公平原则，要求在选择授权运营主体时坚持平等的原则，不能因为申请主体的所有制、地域和组织形式等不同，对申请主体实施差别待遇。[1]

（3）公益优先原则

公益优先原则要求公共数据授权运营应优先考虑公共利益的需求，实现公共数据取之于民，还数于民，让公共数据能够充分、合理地被社会所利用，让人民群众从中受益。公共数据授权运营过程中同时存在营利性与公益性利益，从公共数据授权运营的实践现状来看，各地在公共数据授权运营的制度定位、运营主体选定、数据产品定价、运营收益分配等方面均存在着不同的理解和实践，一些地区偏向于公共数据授权运营的公益性，一些地区则注重公共数据授权运营的营利性。[2]《公共数据授权运营规范》当前明确坚持公益优先的价值取向，这也是贯彻落实《数据二十条》"推动用于公共治理、公益事业的公共数据有条件无偿使用，探索用于产业发展、行业发展的公共数据有条件有偿使用"以及《关于加快公共数据资源开发利用的意见》"鼓励和支持企事业单位和社会组织有条件无偿使用公共数据开发公益产品，提供便民利民服务"政策精神的体现。在公益优先原则的指导下，公共数据开发利用要牢牢把握扩大数据有效供给、降低全社会用数成本的基本要义。[3]

（4）合理收益原则

合理收益原则要求在公共数据授权运营的收益分配中运营主体可以获得与其投入相匹配的合理回报，突出了遵循市场规律进行激励的思路。合理收

---

[1] 汤森：《探索公共数据授权的运营机制》，《中国社会科学报》2024 年 5 月 10 日。

[2] 孙清白：《公共数据授权运营营利性与公益性的冲突及其制度协调》，《行政法学研究》2024 年第 3 期。

[3] 王钦敏：《专家解读｜王钦敏：构建公共数据资源开发利用新格局》，2024 年 10 月 14 日，中华人民共和国国家发展和改革委员会官网，见 https://www.ndrc.gov.cn/xwdt/ztzl/szjj/zjgd/202410/t20241014_1393616.html。

益原则体现在《关于加快公共数据资源开发利用的意见》对收益分配的相关规定中——"指导推动用于公共治理、公益事业的公共数据产品和服务有条件无偿使用。用于产业发展、行业发展的公共数据经营性产品和服务，确需收费的，实行政府指导定价管理。"同时，公共数据授权运营的合理收益原则也是对《数据二十条》提出的"谁投入、谁贡献、谁受益"的收益分配原则的进一步探索与深化。

（5）安全可控原则

安全可控原则要求在推动公共数据授权运营与开发利用时，首先应确保数据安全，不得危害国家安全、社会公共利益，不得侵犯国家秘密、商业秘密和个人隐私。

49. 公共数据授权运营提供的对象是什么？

公共数据授权运营提供的对象是数据产品或服务，而非原始数据。《数据二十条》明确提出"鼓励公共数据在保护个人隐私和确保公共安全的前提下，按照"原始数据不出域、数据可用不可见"的要求，以模型、核验等产品和服务等形式向社会提供，对不承载个人信息和不影响公共安全的公共数据，推动按用途加大供给使用范围"，《公共数据授权运营规范》贯彻了《数据二十条》关于"原始数据不出域、数据可用不可见"的基本要求，在《数据二十条》的基础上进一步提出，授权运营是向市场公平提供数据产品和技术服务的活动，同时规定了严格管控未依法依规公开的原始公共数据资源直接进入市场。因此，在中央顶层设计政策确定的"原始数据不出域、数据可用不可见"的要求基础上，公共数据授权运营仅可向社会提供数据产品、技术服务，而不能将原始数据直接向市场提供。

具体而言，对于"原始数据不出域、数据可用不可见"，可作如下理解。一方面，"原始数据不出域"是指原始数据不被传输或移动到另一个地方或系统，从而减少数据泄露或被不当访问的风险。首先，在运营模式方面，公共数据的数源单位授权第三方运营主体对公共数据进行加工使用，向社会提供在原始公共数据基础上加工后的数据产品或技术服务，而不是将原始数据直接向社会提供，该运营模式遵循了"原始数据不出域"的原则。其次，在安全管控方面，可以采取如原始数据的本地化存储、数据的脱敏与加密处理，以及对原始数据访问和使用的严格限制等系列措施，以确保数据的安全。另一方面，"数据可用不可见"是指在保证数据安全的前提下，授权主体可以访问并利用数据，但无法直接查看数据的原始形态。首先，在开发环境中，为了保证数据安全和隐私保护，应对原始数据做脱敏处理，将该部分脱敏后的数据用于加工验证和算法模型的训练。其次，在生产环境中，原始数据应当是加密不可见，通过"原始数据（加密/解密）+数据模型"的请求服务，按需解密原始数据，然后计算分析出结果数据输出至相关应用。这种通过系统完成对原始数据的加密解密，实现让机器可机读，而无法人为静态可读可写，最终实现原始数据可用而不可见。

在政策规范层面，多地已经将"原始数据不出域、数据可用不可见"这一基本要求写入地方公共数据授权运营相关政策规范中。例如，2024年6月中共广东省委办公厅、广东省人民政府办公厅发布《关于构建数据基础制度推进数据要素市场高质量发展的实施意见》，提出"在保护个人隐私和确保公共安全的前提下，探索建立省、市两级公共数据运营机制，按照'原始数据不出域、数据可用不可见'的要求，以模型、核验等形式提供公共数据产品和服务"。又如，《江苏省公共数据授权运营管理暂行办法》明确开发主体作为数据开发利用的责任主体，应当落实"原始数据不出域、数据可用不可见"要求，确保开发利用和数据产品符合法律法规和标准规范，维护国家数据安全，保护个人信息和商业秘密。在实践应用层面，"原始数据不出域、数据可用不可见"的相关实践措施也得到了进一步探索。比如，公共服务机构单独或联合进行数据治理和汇集，开发数据模型，形成计算分析结果等数据衍生产品向社会提供或许可使用；再比如，建立安全计算环境，允许适格的研究机构甚或企业组织在该计算环境中运算数据，获得计算结果。前者属于原始数据形成产品的交易；后者是在特定环境下原始数据的计算使用，均实现了原始数据的计算价值，但又没有脱离原公共机构控制的数据系统（域）。①

因此，各地应当按照法律原则与规范要求，严格遵守法律法规、政策、国家标准及行业标准、各地颁布的地方性管理制度等规范，遵循"原始数据不出域、数据可用不可见"的要求向社会提供数据产品和技术服务，确保公共数据授权运营活动依法合规开展。

50. 公共数据授权运营中如何进行公共数据确权？

在国家政策层面，一直以来都有加快解决数据确权问题的现实需求。2015 年《促进大数据发展行动纲要》提出了"研究推动数据资源权益相关立法工作"的要求，2020 年的《中共中央　国务院关于新时代加快完善社会主义市场经济体制的意见》中亦提到完善"数据权属界定"的标准和措施，2020 年的《中共中央　国务院关于构建更加完善的要素市场化配置体制机制的意见》除了明确将数据作为一种新型生产要素，还提出"研究根据数据性质完善产权性质"。但目前我国尚未在法律层面界定数据权属，数据权属认定标准不明。尽管《数据二十条》中明确了要建立数据资源持有权、数据加工使用权和数据产品经营权"三权分置"的产权运行机制。但是，《数据二十条》毕竟不是具有法律效力层级的规范，目前尚未形成法律层面的数据确权"三权分置"机制，并且，在实际操作中，如何确定拥有数据持有权、如何破解流通交易过程中权属发生的潜在性转移等仍是亟待解决的问题。

就公共数据的权属而言，虽然目前缺乏明确的法律规定，在"党管数据"的原则指导下，实践中多数观点认为公共数据归国家所有或是属于新型公共资源，并且在部分地方立法规范中已有所体现（见表 5-3）。无论是将公共数据视为国有资产还是将之界定为新型公共资源，本质上都是将公共数据视

---

① 高富平：《构建数据分类分级确权授权机制》，2022 年 12 月 20 日，中华人民共和国国家发展和改革委员会官网，见 https://www.ndrc.gov.cn/xxgk/jd/jd/202212/t20221219_1343664.html。

为国家所有的资源。①

表 5-3　部分地区公共数据权属相关规范

序号	规范名称	规范内容
1	《福建省政务数据管理办法》	第三条　政务数据资源属于国家所有，纳入国有资产管理，并遵循统筹管理、充分利用、鼓励开发、安全可控的原则。
2	《重庆市政务数据资源管理暂行办法》	第四条　政务数据资源属于国家所有。
3	《山西省政务数据资产管理试行办法》	第七条　政务数据资产是重要的生产要素，属于国有资产，其所有权归国家所有。县级以上人民政府授权政务信息管理部门代表政府行使政务数据资产所有权人职责。
4	《安徽省人民政府关于打造"皖事通办"平台加快政务数据归集共享的意见》	（一）明确政务数据管理职责……政务数据归国家所有。
5	《广东省公共数据管理办法》	第四条　公共数据管理应当遵循集约建设、统一标准、分类分级、汇聚整合、需求导向、共享开放、安全可控的原则。 公共数据作为新型公共资源，任何单位和个人不得将其视为私有财产，或者擅自增设条件、阻碍，影响其共享、开放和开发利用。
6	《内蒙古自治区公共数据管理暂行办法》	第三十九条　公共数据是新型公共资源，任何组织或个人不得将其视为私有财产，或者擅自增设条件、阻碍，影响公共数据共享、开放和利用。

　　就具体如何进行公共数据确权而言，目前尚无明确中央政策与法律规定，有观点认为可以在实行公共数据资源目录统一管理的基础上，综合运用分类分级和产权登记工具，利用差异性制度"三管齐下"式进行确权。一是编制公共数据资源目录，实行"一数一源"。二是依据相关法律法规，制定数据分类分级制度。按照《数据安全法》提出的分类分级原则，细分数据来源、数据主体、敏感程度、使用环节等场景，制定公共数据资源的分类分级

---

① 赵加兵：《公共数据的权属界定争议及其制度建构》，《河南财经政法大学学报》2023年第3期。

制度，并以此作为公共数据开放和共享的基础。三是进行数据产权登记。结合公共数据流通的环节进行数据产权登记，依据数据要素形态链中数据的不同形态，将产权登记分为数据资源登记和数据产品登记，重点突出数据权利主体、数据权利范畴和数据权利变更等内容，保护公共数据流通过程中各参与方的合法权利。在原始数据经采集变为数据资源的阶段，依据公共数据资源目录进行数据资源持有权登记。在数据资源经加工变为数据产品阶段，依据公共数据分类分级制度，明确公共数据的开放共享类别，在此基础上登记以开放、共享、交易等方式实现的数据加工使用权变更。对数据处理者通过投入劳动以及其他要素贡献获得的数据产品进行数据产品经营权登记。[①]

在实践中，将从公共数据共享平台调用的数据加工利用后是否可以对其进行确权这一问题备受关注，根据某地地方实践，由于该地区没有公共数据不可以加工使用的限制性规定，所以企业可以调用相关公共数据进行加工利用，只要加工利用过程合规，企业可以对加工利用后的公共数据进行确权，确定为持有权。

51. 公共数据授权运营的具体流程是怎样的？

根据《数据二十条》《关于加快公共数据资源开发利用的意见》《公共数据授权运营规范》《公共数据授权运营实施指南》（T/ZGCSC 015-2024）等政策规范与标准文件以及各地的公共数据授权运营实践做法，公共数据授权运营流程一般包括如下要点。

（1）编制数据目录

数据主管部门协同数源单位应当对其收集和管理的公共数据进行梳理，并按照规范进行公共数据分类分级与目录编制，明确可进行授权运营的公共

---

① 张峰、李照川、王冠军等：《公共数据确权的探索与实践》，《信息通信技术与政策》2023年第4期。

数据资源范围。就公共数据资源目录编制主体而言，公共数据资源目录一般由数据主管部门指导编制确定，按照各地实践情况来看，由于各行业主管部门在本行业领域具有深度参与的专业优势，它们也将在数据资源目录编制中发挥重要作用，并推动本行业垂直领域的典型应用场景创新。

除以下情形外，对公共数据应积极开展授权运营：一是授权运营可能危及国家安全的；二是授权运营可能损害社会公共利益的；三是授权运营可能侵犯企业或个人合法权益，且无法取得相关主体授权或同意的；四是根据法律法规或地方管理规定，禁止进行开发利用的。

参考《江苏省公共数据管理办法》对于公共数据目录的规定，公共管理和服务机构应当按照国家和省统一标准编制本机构公共数据资源目录并明确分类，定期发布并动态调整。公共数据主管部门负责会同有关主管部门确定并公布公共管理和服务机构名单，汇总、审核、上报本级公共数据资源目录；发现目录中存在重复收集内容的，应当协调明确收集机构。公共数据资源目录应当明确公共数据内容、形式、类型、条件、更新频率和公共数据的收集、审核、提供机构等基本信息。[1]

（2）编制实施方案

根据《公共数据授权运营规范》要求，公共数据授权运营应当编制《公共数据资源授权运营实施方案》，方案应由县级以上地方各级数据主管部门、国家行业主管部门数据管理机构牵头组织编制或指导本地区、本部门各类实施机构编制。实施方案还需遵循"三重一大"决策机制要求审议通过后方可实施。实施方案具体包含内容将在后续章节内容中进行详细介绍。

（3）授权运营申请

根据《公共数据授权运营实施指南》，运营机构或申请单位根据业务需求，向公共数据管理部门提交数据使用申请并提供相关材料。

---

[1] 《江苏省公共数据管理办法》第十二条规定："公共数据主管部门应当健全公共数据共享供需对接机制，根据公共数据资源目录和共享需求形成供需目录清单。"

运营单位一般应提供以下申请材料：

①公共数据授权运营申请表；

②公共数据授权运营实施方案；

③最近 1 年的第三方审计报告和财务会计报告；

④专业资质或能力证明；

⑤数据安全承诺书；

⑥安全风险自评报告；

⑦数据需求申请；

⑧按照最小必要原则申请的数据授权运营应用场景；

⑨其他相关材料。

参考广西壮族自治区南宁市公共数据授权运营要求，南宁市公共数据授权运营申报材料清单如表 5-4 所示。

表 5-4　南宁市公共数据授权运营申报材料清单

资质材料清单			
序号	材料名称	文件要求	备注
1	授权运营申请表	原件加盖公章	1 份
2	最近一年的第三方审计报告和财务会计报告	影印件加盖公章	1 份
3	企业信用报告	影印件加盖公章	1 份
4	无重大违法记录说明	原件加盖公章	1 份
5	一般纳税人证明	影印件加盖公章	1 份
6	安全风险自评报告	原件加盖公章	1 份
综合评分材料清单			
7	公共数据授权运营方案	原件加盖公章	1 份
8	公共数据授权运营安全保障方案	原件加盖公章	1 份
9	产品示例演示	样例截图或视频	1 份

（4）申报评估审核

目前，多地数据主管部门协同数源单位以及专家委员会对公共数据授权运营申报进行联合审查，判断相关公共数据字段是否符合授权运营条件、相关公共数据授权运营方案是否可落地等。根据《公共数据授权运营实施指南》，实施机构组织由高校、科研机构、数据管理相关部门专家组成的专家委员会对申报单位资质条件、信用条件、实施方案、申请数据价值、合规性、安全风险等进行审查评估，根据需求数据的性质、敏感程度和开放条件对申请数据进行数据范围分类，确保数据使用符合《中华人民共和国网络安全法》（以下简称《网络安全法》）、《数据安全法》《个人信息保护法》等法律法规公开要求。符合条件的运营机构报本级政府确定后向社会公开。符合公开授权运营的数据产品及服务目录经数据审查专委会评审后向社会公开。

多地已在探索公共数据授权运营申报的具体评估标准，例如南宁市公布南宁市公共数据授权运营综合评分标准（见表5-5），有公开且具体的评分标准，更有助于贯彻公共数据授权运营的公平透明原则。

表 5-5　南宁市公共数据授权运营综合评分标准

序号	评审内容	评审指标	评审要点	分值
1	公共数据授权运营方案（60）	应用场景	（一档8—12分）：有明确的应用场景；对应用场景需求进行详细分析，且对本项目建设现状把握全面，与申报领域业务密切相关，对项目建设的重点及难点有详细阐述。有具体应用场景，应用场景应描述详细、用户明确，具有较强的可行性。说明项目对应用场景发展、社会治理效能以及数字经济发展等方面所产生的增值效果，具有重大经济价值和社会价值和较强的可实施性和落地性； （二档4—7.9分）：有明确的应用场景；分析了应用场景需求，对项目建设现状有一定的理解，项目重点与难点有初步阐述。应用场景描述基本完整，用户定位相对清晰，项目可行性较强。项目有一定的经济价值和社会价值，可实施性和落地性尚可； （三档0—3.9分）：对应用场景需求分析简单，项目建设现状理解有限。应用场景描述简单，用户定位不够明确。项目对经济和社会发展贡献不大，可实施性和落地性较差	12

续表

序号	评审内容	评审指标	评审要点	分值
2	公共数据授权运营方案（60）	数据产品设计	（一档8—12分）：数据产品开发规划全面覆盖应用场景需求，详细描述数据产品形态、交付形式、交付通道、权益信息等内容，数据产品规划合理。有明确的数据需求清单，遵循数据最小必要原则。提出的数据需求数源单位现有数据资源符合要求，数据需求满足率较高，能快速支撑落地； （二档4—7.9分）：数据产品开发规划较为全面，能较好地描述数据产品形态、交付方式等。数据需求清单存在少量不必要的数据需求。多数数据需求能够与数源单位现有资源相匹配，展现出较好的落地潜力； （三档0—3.9分）：数据产品开发规划简单，规划的合理性和可行性存疑。数据需求清单模糊不清，提出的大部分数据需求与数源单位现有数据资源不匹配，难以快速推进至落地阶段	12
3		数据产品加工措施	（一档4—6分）：详细描述申报产品的数据加工处理过程（包含数据采集、储存、使用、加工、传输等流程）中的技术措施。详细描述申报产品的数据加工处理过程中的数据处理方式，并提供了具体的输入输出样例结果，展示数据处理前后对比，使得整个数据处理过程透明且可验证； （二档2—3.9分）：申报产品描述了数据加工处理过程中的部分技术措施，技术措施的描述较为简单。申报产品没有给出完整的处理流程或样例结果的展示； （三档0—1.9分）：申报产品没有提供数据加工处理过程中的技术措施描述，或者描述极为简略。缺乏数据处理策略的说明，未提供输入输出样例结果	6

续表

序号	评审内容	评审指标	评审要点	分值
4		数据产品运营模式	（一档7—10分）：公共数据运营有清晰的计划与目标，目标设定具体且量化，计划中包含了详细的实施步骤、预期里程碑和时间框架。推广策略和盈利模式设计合理，考虑到目标市场特点和用户需求。已确认明确的需求方或意向需求方，试点数据产品能快速走通运营模式；（二档4—6.9分）：运营计划和目标设定简单，有可执行性。推广策略和盈利模式设计不合理，有潜在需求方的识别，但可能尚未达成实质性合作或意向；（三档0—3.9分）：运营计划和目标设定模糊，缺乏可执行性。缺乏推广策略和盈利模式，没有明确的需求方或意向需求方，试点数据产品难以快速进入运营模式	10
5	公共数据授权运营方案（60）	项目团队管理	（一）项目团队情况 1. 项目负责人：拟投入本项目的项目负责人具有10年以上（含）工作经验（以毕业证时间为准）同时具有信息系统项目管理师，得2分。（需提供毕业证、职称证书、工作经验证明材料，不提供不得分） 2. 拟投入本项目的技术服务团队人员（不含项目负责人）：每1名团队人员有数据分析、数据治理相关证书，得2分，满分4分。（提供证书复印件，不提供不得分） 3. 拟投入项目团队（不含项目负责人）每有1名计算机类高级职称人员，得1分；每有1名计算机类中级职称人员，得0.5分，满分2分，以上人员不重复计分。（提供证书复印件，不提供不得分） （拟投入项目团队需提供团队成员近半年任意3个月社保缴纳证明材料）	

序号	评审内容	评审指标	评审要点	分值
5	公共数据授权运营方案（60）	项目团队管理	（二）类似业绩情况 1. 自 2022 年 1 月以来承接涉及数据运维、数据安全、数字化治理相关项目经验，每个得 2 分，满分 6 分。（提供中标（成交）通知书或合同复印件） 2. 具有数据产品在交易所或交易中心上架登记和交易经验，得 6 分。(提供数据产品登记证书、交易凭证或合同复印件等)	20
6	公共数据授权运营安全保障方案（30）	安全保障组织建设	（一档 10—15 分）：设有专门的应急响应小组，小组成员、各自的角色和职责清晰明确，关键决策者和联络人已确定，确保在紧急情况下能够迅速调动资源。配备有本地运营团队至少 10 人，承诺提供 7*24 小时紧急联络方式； （二档 5—9.9 分）：设置专门的应急响应小组，划分了小组成员角色和职责。本地运营团队至少 6 人，承诺提供 7*24 小时紧急联络方式只有两者之一，应急响应的整体效能良好； （三档 0—4.9 分）：未设立专门的应急响应小组，或小组成员、角色和职责模糊。缺乏本地运营团队，未提供 7*24 小时紧急联络方式。 （拟投入本地运营团队需提供团队成员近半年任意 3 个月社保缴纳证明材料）	15
7		数据安全保障制度	（一档 3.5—5 分）：有明确的数据安全负责人和管理部门，建立了全面的内部管理和安全保障制度，涵盖数据安全、加工、脱敏、加密、数据产品管理、交易等 6 个环节，确保数据处理的合规性和安全性； （二档 2—3.4 分）：有明确的数据安全负责人和管理部门，内部管理和安全保障制度基本建立，能一定程度上确保数据处理的合规性和安全性； （三档 0—1.9 分）：有明确的数据安全负责人和管理部门，内部管理和安全保障制度简单	5

序号	评审内容	评审指标	评审要点	分值
8	公共数据授权运营安全保障方案（30）	风险评估管理	（一档3.5—5分）：进行全面的风险评估，涵盖数据泄露、非法访问、系统故障等多种类型的数据安全事件，并进行了有效的分类； （二档2—3.4分）：风险评估覆盖了主要的数据安全事件类型，对数据安全事件进行简要分类； （三档0—1.9分）：风险评估覆盖范围有限，风险分类不明确	5
9	公共数据授权运营安全保障方案（30）	应急响应计划	（一档3.5—5分）：有详细应急演练计划，定期对相关人员进行应急预案培训，建立实时监控机制，发生数据安全事件时能够采取相应的应急处置措施； （二档2—3.4分）：应急演练计划演练的频率和深度不足，有定期培训计划，监控机制覆盖范围有限； （三档0—1.9分）：应急演练计划极度简略，缺少定期培训计划，缺乏有效的实时监控机制	5
10	产品示例演示（10）	/	演示时长：5分钟 演示内容：用录制视频介绍、样例截图等方式演示数据产品核心功能或输入输出流程示例。 （一档7—10分）：演示视频或截图清晰，操作流程自然流畅，全面展示数据产品的输入输出流程，符合数据产品设计内容； （二档4—6.9分）：演示视频或截图不影响整体观看体验，演示的操作流程大致连贯，基本展示数据产品的输入输出流程，演示内容与设计文档大体相符； （三档0—3.9分）：演示视频或截图不影响整体观看体验，演示的操作流程中断或跳跃，未能清晰展示数据产品的输入输出流程，演示内容与设计文档描述有较大出入	10

（5）签订授权运营协议

公共数据授权运营申报评估通过后，为保证运营机构选择的市场公平竞争性，实施机构需要根据实施方案的要求，依法以公开招标、邀请招标、谈判等公平竞争方式选择具备相应能力的运营机构。招标、采购、谈判文件有关授权运营协议内容应充分征求各方意见。经实施机构"三重一大"决策机制审议通过后双方签订公共数据授权运营协议，明确公共数据授权运营期限、范围目录、产品服务、支撑平台、收益分配、权利义务、违约责任、终止条件等内容。授权运营协议内容应充分征求各方意见，签订完毕后报本地区数据主管部门进行备案。

（6）开展公共数据运营活动

根据具体运营模式和授权范围，在授权运营协议生效后，运营机构可通过授权运营平台获取公共数据。除原本就可在公开渠道获取原始数据的公共数据外，其他公共数据应根据地方管理规定的具体要求，经脱敏处理或采取其他安全措施（如隐私计算）后由运营机构获取。

运营机构依法合规开展公共数据运营活动，不得泄露、窃取、篡改、毁损、丢失、不当利用公共数据，不得将授权运营的公共数据用于协议约定范围之外的其他用途。符合条件的公共数据产品和服务清单、价格按照国家有关价格政策执行，定期向社会披露公共数据资源使用情况，接受社会监督。

（7）公共数据运营终止

根据《公共数据授权运营规范》及各地实践做法，授权运营过程中，如发生下列情形的，由实施机构按照法律法规或协议约定终止授权运营协议，并监督运营机构销毁经授权获取的全部公共数据及相关衍生产品：

①约定的运营期限届满而未进行续约的（运营期限原则上最长不超过5年）；

②运营机构违反授权运营协议或相应管理要求，经实施机构责令整改而未能在规定期限内完成整改的；

③运营主体发生数据泄露等重大网络安全、数据安全事件的；

④法律法规与地方管理规定授权运营终止的其他情形。

52. 开展公共数据授权运营活动有哪些基本要求?

《公共数据授权运营规范》第二章专章规定了开展公共数据授权运营活动的相关基本要求。根据《公共数据授权运营规范》等相关法律法规以及各地实践做法，开展公共数据授权运营活动的基本要求主要包括风险可控、规范使用、公平竞争、过程透明、权责分明等。

（1）风险可控

在风险可控方面，应当确保公共数据授权运营的安全性，防范数据安全、个人信息安全、国家安全等方面的风险。《公共数据授权运营规范》提出，县级以上地方各级人民政府、国家行业主管部门可将依法持有的公共数据资源，在不危害国家安全、公共利益，不侵犯商业秘密和个人隐私、个人信息权益的前提下，纳入授权运营范围。以政务数据共享方式获得的其他地区或部门的公共数据，用于授权运营的，应征得共享数据提供单位同意。财政部《关于加强数据资产管理的指导意见》提出，严格按照"原始数据不出域、数据可用不可见"要求和资产管理制度规定，公共管理和服务机构可授权运营主体对其持有或控制的公共数据资产进行运营。授权运营前要充分评估授权运营可能带来的安全风险，明确安全责任。运营主体应建立公共数据资产安全可信的运营环境，在授权范围内推动可开发利用的公共数据资产向区域或国家级大数据平台和交易平台汇聚。

（2）规范使用

在规范使用方面，应当严格公共数据授权运营审批流程，确保数据资产评估的合法合规性。财政部《关于加强行政事业单位数据资产管理的通知》提出，应当规范数据资产授权，经安全评估并按资产管理权限审批后，可将数据加工使用权、数据产品经营权授权运营主体进行运营。各部门及其所属单位对外授权有偿使用数据资产，应当严格按照资产管理权限履行审批程序，并按照国家规定对资产相关权益进行评估。不得利用数据资产进行担保，新增政府隐性债务。严禁借授权有偿使用数据资产的名义，变相虚增财政收入。

（3）公平竞争

在公平竞争方面，应当防范公共数据授权运营的垄断风险，促进公共数据授权运营的公平性与竞争性。《公共数据授权运营规范》提出，开展授权运营活动，不得滥用行政权力或市场支配地位排除、限制竞争，不得利用数据和算法、技术、资本优势等从事垄断行为。运营机构应依法依规在授权范围内开展业务，不得直接或间接参与授权范围内已交付的公共数据产品和服务再开发。鼓励其他经营主体对运营机构交付的公共数据产品和服务再开发，融合多源数据，提升数据产品和服务价值，繁荣数据产业发展生态。因此，公共数据运营机构不得通过与其他经营主体达成垄断协议，或滥用市场支配地位等方式实施垄断行为，不得实施不正当竞争行为。

（4）过程透明

在过程透明方面，公共数据授权运营需确保公平透明，通过明确授权范围、公开运营情况、规范操作流程、接受监督审计，维护公共数据授权运营合规与公众信任。《公共数据授权运营规范》提出，公共数据授权运营应当以公开招标、邀请招标、谈判等公平竞争方式选择运营机构。公共数据授权运营实施机构应按规定公开授权运营情况，定期向社会披露授权对象、内容、范围和时限等，接受社会监督。公共数据授权运营机构应公开公共数据产品和服务清单，定期向社会披露公共数据资源使用情况，接受社会监督。

（5）权责分明

在权责分明方面，公共数据授权运营应当明确数据权属方、授权方和运营方的权责边界，确保各方权责清晰。财政部《关于加强数据资产管理的指导意见》提出，应当明晰数据资产权责关系。适应数据多种属性和经济社会发展要求，与数据分类分级、确权授权使用要求相衔接，落实数据资源持有权、数据加工使用权和数据产品经营权权利分置要求，加快构建分类科学的数据资产产权体系。明晰公共数据资产权责边界，促进公共数据资产流通应用安全可追溯。此外，公共数据授权运营所需签订的公共数据资源授权运营协议也应当明确权利义务、违约责任等条款内容，防范因权责不清引发的风险或争议。

53. 如何编制公共数据资源授权运营实施方案？

《公共数据授权运营规范》第三章专章规定了公共数据授权运营实施方案的编制要求。

（1）编制主体

就编制主体而言，根据《公共数据授权运营规范》第八条规定①，公共数据授权运营实施方案编制机构有两类，第一类是数据管理机构，即县级以上地方各级数据管理部门、国家行业主管部门数据管理机构牵头组织编制；第二类是实施机构，即在数据管理部门的指导下，由本地区、本部门各类实施机构编制。

（2）编制要求

就编制要求而言，公共数据授权运营实施方案应兼顾经济和社会效益，确保可实施可落地。根据各地实操做法，公共数据授权运营实施方案一般要结合当地实际情况，细化工作举措，做到可操作、能落地、有特点。

---

① 《公共数据资源授权运营实施规范》第八条规定："县级以上地方各级数据管理部门、国家行业主管部门数据管理机构应牵头组织编制或指导本地区、本部门各类实施机构编制公共数据资源授权运营实施方案。实施方案应兼顾经济和社会效益，确保可实施可落地。"

（3）方案内容

就方案内容而言，根据《公共数据授权运营规范》第九、第十条规定，公共数据授权运营实施方案应包括以下内容：

一是授权运营名称；

二是授权运营的必要性和可行性论证（可行性论证内容应包括但不限于授权运营数据全生命周期管理服务、社会需求、市场规模、预期成效、风险防控等）；

三是运营机构的选择条件，包括资金、管理、技术、服务、安全能力等；

四是授权运营模式，包括整体授权、分领域授权或依场景授权等；

五是授权运营的数据资源范围、数据资源目录、数据更新频率及数据质量情况等；

六是授权运营期限、建设内容、技术保障、实施进度、评价标准、退出机制、资产管理等；

七是拟提供的公共数据产品和服务清单，应包括支持公共治理、公益事业和产业发展、行业发展两大类，以及预期产品和服务形式等；

八是运营机构授权范围内经营成本和收入等核算机制、收益分配机制等；

九是数据安全、个人信息保护措施和应急处置措施；

十是实施机构、运营机构及相关参与方权利义务；

十一是授权运营的监督管理及考核评价要求；

十二是应当明确的其他事项。

（4）方案审议

就方案审议而言，根据《公共数据授权运营规范》第十一条规定，公共数据资源授权运营实施方案应按照"三重一大"决策机制要求，审议通过后实施。

（5）参考案例

当前，浙江杭州、舟山、湖北武汉等地区开始探索出台公共数据授权运营实施方案，进一步规范和促进公共数据开发利用[①]。以浙江省杭州市为例，浙江杭州市于 2023 年 9 月发布《杭州市公共数据授权运营实施方案(试行)》。《杭州市公共数据授权运营实施方案（试行）》提出以下五大主要任务。

一是构建公共数据授权运营管理体系。首先，建立工作协调机制，主要职责包括：负责本市公共数据授权运营工作的统筹管理、安全监管和监督评价，健全完善授权运营相关制度规范和工作机制；受市政府委托，审议给予、终止或撤销市级授权运营等重大事项；统筹协调解决授权运营工作中遇到的重大问题。市政府设置公共数据授权运营合同专用章，委托公共数据主管部门依法管理使用。其次，建立专家咨询委员会，为公共数据授权运营相关政策制度制定、应用场景评审、数据产品和服务审核等提供业务和技术咨询服务。最后，确定授权运营平台运营主体，经市政府同意，具体承担授权运营平台的建设运营、数据管理、运行维护及安全保障等工作。

二是加强公共数据资源高质量供给。探索建立公共数据资源调查制度，绘制公共数据资源图谱，持续完善公共数据资源目录体系，加强数据要素规范化、标准化采集与动态更新，完善数据分类分级。健全常态化公共数据供需对接和异议处理机制，推进公共数据全量全要素归集，推动国家和省级数据按需回流，逐步构建高质量公共数据资源体系。

三是建设公共数据授权运营平台。确定授权运营平台是杭州市公共数据授权运营的统一通道。

四是建立公共数据授权运营准入与退出机制。方案明确准入要求、退出情形以及准入退出流程。准入退出流程包括发布通告、提交申请、审核申请、公开结果、签订协议、结束退出六大环节。

[①] 参见《杭州市公共数据授权运营实施方案（试行)》《舟山市公共数据授权运营实施方案（试行)》等文件。

五是加强公共数据授权运营科学管理。方案强调科学合规开展授权运营主体人员培训、公共数据申请审核、公共数据加工处理、数据产品和服务审核、运营收益及分配、数据安全管理、运营监督管理、运营年度评估，在收益分配方面按照"谁投入、谁贡献、谁受益"原则，保护公共数据授权运营各参与方的投入产出收益，依法依规维护数据资源资产权益。鼓励多方合作开展数据产品和服务市场化运营，探索成本分摊、利润分成、股权参股、知识产权共享等多元化利益分配机制。

此外，《杭州市公共数据授权运营实施方案（试行）》明确授权运营重点领域。在授权的公共数据范围方面，优先支持与民生紧密相关、行业增值潜力显著和产业战略意义重大的信用、交通、医疗、卫生、就业、社保、地理、文化、教育、科技、资源、农业、环境、应急、金融、质量、统计、气象、企业登记监管、医保、住建、公积金、商贸、物流、工业、体育、旅游、公共安全等领域开展公共数据授权运营，由领域主管部门牵头推进。禁止开放的公共数据不得授权运营。在授权运营的场景领域方面，重点支持金融保险、医疗健康、交通运输、商贸服务、市场监管、文化旅游等场景领域的公共数据授权运营。

各地可根据《公共数据授权运营规范》等公共数据授权运营相关最新国家指导政策，借鉴全国各地公共数据授权运营有益实践经验，结合当地实践情况出台当地的公共数据授权运营实施方案，促进公共数据合规高效流通使用。

54. 如何将公共数据授权运营纳入"三重一大"决策范围?

"三重一大"，是指重大事项决策、重要干部任免、重大项目投资决策、大额资金使用。将公共数据授权运营纳入"三重一大"决策范围，是一个公共数据管理、运营和监管的重要决策过程。这一过程需要结合"三重一大"

决策事项的具体要求，以及各地在公共数据授权运营方面的政策规范来实施。根据《公共数据授权运营规范》第十一条、第十三条规定，落实将公共数据授权运营纳入"三重一大"决策范围有两大要点，一是公共数据资源授权运营实施方案应按照"三重一大"决策机制要求，审议通过后实施；二是"三重一大"决策机制审议通过后，方可与依法选定的运营机构签订公共数据资源授权运营协议。

一方面，根据《公共数据授权运营规范》第十一条规定，公共数据资源授权运营实施方案应按照"三重一大"决策机制要求，审议通过后实施，经审定同意的实施方案，原则上不得随意变更，确需作较大变更的，应按原流程重新报请审议同意。县级以上地方各级数据管理部门应负责或协助将本地区实施方案报请本级人民政府审议。国家行业主管部门数据管理机构应负责或协助将本部门实施方案报请本部门的部（委、局）务会审议。根据上述规定，公共数据授权运营实施方案的"三重一大"审议分为两大条线，一是数据管理部门管理机制下开展的公共数据授权运营工作中，公共数据授权运营实施方案由县级以上地方各级数据管理部门应负责或协助将本地区实施方案报请本级人民政府审议；二是行业主管部门数据管理机制下开展的公共数据授权运营审议工作中，公共数据授权运营实施方案则由国家行业主管部门数据管理机构应负责或协助将本部门实施方案报请本部门的部（委、局）务会审议。

另一方面，根据《公共数据授权运营规范》第十三条规定，实施机构应独立或会同本级有关业务主管部门，经实施机构"三重一大"决策机制审议通过后，与依法选定的运营机构签订公共数据资源授权运营协议。

就将公共数据授权运营纳入"三重一大"决策范围的具体原则、程序而言，根据中共中央办公厅、国务院办公厅发布的《关于进一步推进国有企业贯彻落实"三重一大"决策制度的意见》等政策规范，公共数据授权运营纳入"三重一大"决策范围需坚持集体决策原则，由集体讨论决定"三重一大"事项，防止个人或少数人专断。要坚持务实高效，保证决策的科学性；充分发扬民主，广泛听取意见，保证决策的民主性；遵守国家法律法规、党内法规和有关政策，保证决策合法合规。公共数据授权运营实施方案与公共数据授权运营协议在提交会议集体决策前一般应当认真调查研究，经过必要的研究论证程序，充分吸收各方面意见，并且关于是否通过实施方案或授权运营协议的决策事项应当提前告知所有参与决策人员，并为所有参与决策人员提供相关材料。与会人员要充分讨论并分别发表意见，主要负责人应当最后发表结论性意见。会议决定的事项、过程、参与人及其意见、结论等内容，应当完整、详细记录并存档备查。

55. 在公共数据授权运营中，实施机构应通过何种方式选择运营机构？

根据《公共数据授权运营规范》，实施机构应当根据审定同意后的实施方案，按照法律法规要求，以公开招标、邀请招标、谈判等公平竞争方式选择运营机构，招标、采购、谈判文件有关授权运营协议内容应充分征求各方意见。运营机构应具备数据资源加工、运营所需的管理和技术服务能力，经营状况和信用状况良好，符合国家数据安全保护要求。上述选择运营机构相关要求，一方面是通过公开招标、拍卖等市场手段优化公共数据资源配置的体现；另一方面，贯彻落实了公共数据授权运营的公平公正原则，公共数据授权运营过程保证公平公正，通过公平竞争方式选择运营机构是保障公共数据授权运营公开公正的关键。

多地也出台了选择公共数据授权运营的运营机构乃至运营机构的数据开发利用合作对象的相关规范要求，例如《福建省政务数据管理办法》第三十四条规定"省、设区市数据管理机构可以授权有关企业以数据资产形式吸收社会资本合作进行数据开发利用；授权企业应当通过公开招标等竞争性方式确定合作开发对象"。

实践中，各地开展了公开招标等形式的运营机构遴选工作，例如襄阳市樊城区开展公共数据授权运营试点项目，招标人襄阳市樊城区城市运营投资集团有限公司进行招标，湖北数据集团有限公司最终中标，中标金额为 39.5

万元人民币。① 除了招标形式外，多地还采用了公开征集形式选择公共数据授权运营的运营机构。例如，山东省东营市 2024 年 12 月 4 日发布《关于征集东营市第一批公共数据运营场景的公告》征集一批公共数据运营场景，获得公共数据授权运营的单位须在东营市大数据局的统筹、指导、监督下，在授权运营范围内运营。杭州市数据资源管理局在 2024 年 8 月 20 日已经发布《关于征集第三批领域公共数据授权运营主体的通告》公开征集杭州市公共数据授权运营主体。

至于为何多地采用公开征集形式确定公共数据授权运营的运营机构，原因可能有以下几点。一是开放性和包容性。征集方式更加开放，能够吸引更多潜在主体参与，扩大选择范围，增加竞争性和多样性。这种开放性有助于挖掘具有创新能力和资源优势的合作伙伴，为项目提供更优质的选择。二是灵活性和适应性。相比招标的严格程序，征集方式具有更大的灵活性。它允许根据具体项目特点调整评估标准，从而更全面地考量候选机构的运营能力、技术水平和创新潜力。三是激励创新和定制化服务。征集方式鼓励候选机构提交创新性方案，并提出更贴合项目需求的定制化服务模式。这为公共数据运营提供了更多的解决思路，推动项目更好地满足实际需求。四是资源和时间的高效利用。在资源有限或时间紧迫的情况下，征集是一种更加高效的方式，能够迅速吸引到适合的候选机构，满足项目快速推进的需求。五是透明性与公平性。科学设计的征集流程可以保证选择过程的公开透明，所有参与机构都能在平等的基础上参与竞争。这种公平性提高了选择过程的公信力和透明度。六是市场调研的辅助功能。征集过程不仅是筛选合作伙伴的过程，也是一次了解市场现状和需求的机会。通过征集，政府可以获取关于行业发展、技术水平和市场主体能力的关键信息。综上，公开征集方式因其开放性、灵活性和创新性，成为多地选择公共数据授权运营机构的一种高效且务实的路径。

需要注意的是，虽然法规目前尚未明确规定确定公共数据授权运营机构

---

① 采招网：《襄阳市樊城区公共数据授权运营试点项目中标结果公告》，2024 年 9 月 26 日，见 https://www.bidcenter.com.cn/newscontent-311696413-4.html。

的必需途径，但根据前述法律规范，地方人民政府"在开展授权运营活动中，不得滥用行政权力或市场支配地位排除、限制竞争，不得利用数据和算法、技术、资本优势等从事垄断行为"。

56. 公共数据授权运营协议的性质是什么？

目前，学术界与实务界对于公共数据授权运营协议的性质都尚无定论，虽然各界关于公共数据授权运营协议的性质众说纷纭，但基本认可其属于一种行政协议，只是具体是何种行政协议仍有较多争议，主要包括特许经营协议、政府采购合同、新型行政协议等观点。

有观点认为，公共数据授权运营包括了政府采购模式与特许经营模式两大类型。[①] 那么据此，公共数据授权运营协议在这两种不同的公共数据授权运营模式下也具有不同的性质与定位，即公共数据授权运营协议在政府采购模式下为政府采购合同，而在特许经营模式下则为特许经营协议。

具体而言，政府采购模式属于典型的委托模式，这种委托模式的法律本质是行政委托，此时的"授权运营"是一种"委托运营"，能最大程度保留公共服务公私合作中政府的主导性，政府是公共数据资源的管理者和经营者，对授权运营的全流程负有监管职责，即使以购买服务的方式将数据运营职责委托给第三方，授权者也要为公共数据的运营对外承担责任。为了提供狭义公共服务，费用由公共财政整体负担也具有较强的正当性。根据我国《中华人民共和国政府采购法》第二条规定，"政府采购是指各级国家机关、事业单位和团体组织，使用财政性资金采购依法制定的集中采购目录以内的或者采购限额标准以上的货物、工程和服务的行为"。对于政府采购数据服务的行为，可以在政府采购法的体系框架下进行规制。在特许经营模式下，政府的公共资产增值职能通过特许模式的经营性业务公私合作实现，此时的"授权运营"授予的是"特许经营权"。现有法律法规并未明确将公共数据列

[①] 马颜昕：《公共数据授权运营的类型构建与制度展开》，《中外法学》2023 年第 2 期。

入基础设施和公用事业特许经营范围中。现有公共数据特许经营模式可以以《中华人民共和国行政许可法》第十二条第二项为概括性依据，即行政机关可以对"有限自然资源开发利用、公共资源配置以及直接关系公共利益的特定行业的市场准入等，需要赋予特定权利的事项"设立特许。公共数据特许经营模式在具体制度层面可以参考《基础设施和公用事业特许经营管理办法》等规定中关于特许经营制度的一些成熟经验。在上述公共数据授权运营模式的分类中，政府采购模式侧重于政府的狭义公共服务职能，涉及事业性业务，属于行政委托；而特许经营模式侧重于政府的公共资产增值职能，涉及经营性业务，属于特许经营。[①]

另外，还有观点认为，公共数据授权运营协议属于新型行政协议。各地公共数据授权经营试点中普遍采取授权运营协议作为规制方式，用以明确数据提供方与数据运营方的权利义务。公共数据授权运营协议具有民事与行政的双重属性，宜归属为行政协议。在民事属性层面，授权运营协议是在市场交易场景下，双方聚焦于运营政府数据集，以平等关系表达各自利益诉求的合同。合同内容对双方的权利义务都进行了规定，并非只对某一方或者明显侧重于对某一方进行义务约束。在行政属性层面，行政机关与公共数据运营方存在行政管理与被管理的关系。[②]

总体而言，公共数据授权运营协议的一方必然有代表公权力的行政管理主体，因此具备一定的行政性质，而其性质的认定与各界对于公共数据授权运营的认识还有重要关联，有待实践的进一步探索。

57. 公共数据资源授权运营协议应包括哪些内容？

根据《公共数据授权运营规范》第十四条规定，公共数据资源授权运营

---

① 马颜昕：《公共数据授权运营的类型构建与制度展开》，《中外法学》2023 年第 2 期。

② 孙浩：《政府数据授权运营：内涵界定、行政许可属性与规制方式》，《法学（汉斯）》2023 年第 4 期。

协议应包括以下内容：

（1）授权运营的公共数据资源范围及数据资源目录；

（2）运营期限，原则上最长不超过 5 年；

（3）拟提供的公共数据产品和服务清单及其技术标准、安全审核要求、业务规范性审核要求；

（4）公共数据资源授权运营工作的技术支撑平台；

（5）资产权属，包括软硬件设备、公共数据产品和服务的权属；

（6）授权运营情况信息披露要求，运营机构不得直接或间接参与再开发要求；

（7）运营机构授权范围内经营成本和收入等核算要求、收益分配机制；

（8）数据安全、个人信息保护要求和风险监测、应急处置措施；

（9）运营成效评价，续约或退出机制；

（10）违约责任；

（11）争议解决方式；

（12）协议变更、终止条件；

（13）需要明确的其他事项。

目前，虽然公共数据授权运营协议的统一模板尚未在国家层面统一发布，但各地在实践中已形成了一些参考范本或是协议内容条款要求。2025 年 1 月发布的《贵州省公共数据授权运营管理办法（试行）》第九条规定：协议内容包含但不限于授权运营的公共数据资源范围、数据资源目录、运营期限、合规性审核要求、技术支撑平台、资产权属、数据安全要求和权利义务、风险监测和成效评价标准、数据保密要求、信息披露、成本收入核算、收益分配、违约责任、续约或退出机制及需要明确的其他事项。该规定内容与《公共数据授权运营规范》第十三条规定的协议内容要素基本一致，还进一步明确了协议应当包括风险监测与成效评价标准、数据保密要求。例如 2024 年 12 月发布的《广州市公共数据授权运营管理暂行办法》第十八条规定：公共数据运营机构应当制定公共数据开发利用格式协议，并报送市公共数据主管部门审核同意后实施。公共数据开发利用格式协议内容应明确双方权利义务、应用场景、公共数据范围、开发利用期限、开发利用条件、数据安全要求、服务费用、进入数据交易场所交易条件、终止情形、违约责任等。

各地可以依照中央顶层设计针对公共数据授权运营最新的制度安排与当地的政策规范，制定当地的公共数据授权运营格式协议，便于公共数据授权运营活动的顺利高效开展。

58. 公共数据授权运营是否可以收费？

公共数据授权运营在一定条件下可以进行收费。《关于加快公共数据资源开发利用的意见》提出，指导推动用于公共治理、公益事业的公共数据产品和服务有条件无偿使用。用于产业发展、行业发展的公共数据经营性产品和服务，确需收费的，实行政府指导定价管理。国家发展改革委、国家数据局 2025 年 1 月发布的《关于建立公共数据资源授权运营价格形成机制的通知》进一步明确：授权主体指导运营机构建立各类应用场景下可提供的数据产品和服务项目清单，对用于公共治理、公益事业的，免费提供；用于产业发展、行业发展的，可收取公共数据运营服务费。因此，公益性仍然是公共数据授权运营价格形成的核心原则，只有部分公共数据可进行收费——公共数据授权运营用于产业发展、行业发展的公共数据经营性产品和服务的，可以进行收费，从而更好地平衡平台服务费、数据使用成本费等支出，在一定程度上可以激励数源单位、公共数据授权运营实施机构、运营机构参与公共数据资源价值释放与转化的实践。而在地方实践中，大部分地区仍处于公共数据授权运营探索初期阶段，目前大部分公共数据授权运营场景以免费的形式向企业供给数据。

无论如何，利用公共数据授权运营进行收费必须依法依规进行，严格规范收益分配活动，避免公共数据的滥用和不当牟利行为发生。目前，已有公共数据授权运营不当收费相关警示案例。审计署 2024 年 6 月在《国务院关于 2023 年度中央预算执行和其他财政收支的审计工作报告》中指出，利用政务数据牟利成为新苗头。按要求，部门应有序开放所掌握的全国性政务和公共数据，降低社会公众获取成本。但一些部门监管不严，所属系统运维单位利用政务数据违规经营收费。4 个部门所属 7 家运维单位未经审批自定数据内容、服务形式和收费标准，依托 13 个系统数据对外收费 2.48 亿元。根据《国务院关于 2023 年度中央预算执行和其他财政收支审计查出问题整改情况的报告》，相关部门利用政务数据牟利行为已进行整改，3 个部门已停止利用 5 个系统数据违规对外收费行为，涉及金额 8101.29 万元；2 个部门修订 3 项数据管理制度，完善数据业务审批流程。这不仅对不当收费违规行为进行了纠正，还从制度层面对于政务数据管理、审批流程进行了优化，防止类似问题重现，为政务数据的规范使用提供了程序保障。

对于公共数据授权运营收费行为的规范，国家已经从顶层设计政策层面作出相关规定。《政务信息资源共享管理暂行办法》明确规定"以共享为原则，不共享为例外"。按要求，政务部门应有序开放所掌握的全国性政务和公共数据，降低社会公众获取成本。若违规利用此类应当无条件公开的公共数据营利，则属于不当获利。[①] 此外，财政部《关于加强行政事业单位数据资产管理的通知》强调，不得利用数据资产进行担保，新增政府隐性债务。严禁借授权有偿使用数据资产的名义，变相虚增财政收入。除国家另有规定外，行政事业单位数据资产的处置收入按照政府非税收入和国库集中收缴制度的有关规定管理。任何行政事业单位及个人不得违反国家规定，多收、少收、不收、少缴、不缴、侵占、私分、截留、占用、挪用、隐匿、坐支数据资产相关收入。

59. 如何确定公共数据产品和服务价格？

根据国家发展改革委、国家数据局《关于建立公共数据资源授权运营价格形成机制的通知》，我国对公共数据运营服务费实行政府指导价（上限价格）管理，既保障运营机构健康可持续发展，又防止其形成垄断利润。

从公共数据定价的政策规范来看，《关于建立公共数据资源授权运营价

---

① 胡萍：《有序稳妥推进数据资产化》，《金融时报》2024 年 8 月 13 日。

格形成机制的通知》对定价范围、管理形式、定价程序、最高准许收入和上限收费标准、定期评估调整、监督管理等方面作出了规定。第一，在定价范围和管理形式方面，对于运营机构提供用于公共治理、公益事业的数据产品和服务，不收取费用；用于产业发展、行业发展的，可收取公共数据运营服务费，实行政府指导价管理。其中，国家数据管理部门设立或指定登记机构登记的数据产品和服务，按程序纳入中央定价目录；地方数据管理部门设立或指定登记机构登记的，按程序纳入地方定价目录，原则上由省级发展改革部门会同数据管理等部门制定收费标准，确有必要的，可授权地级及以上人民政府制定。第二，在定价程序方面，明确制定公共数据运营服务费标准的程序要求和责任主体。要求制定公共数据运营服务费标准，由发展改革部门会同数据管理部门核定运营机构最高准许收入；在最高准许收入范围内，由授权主体制定各类产品和服务的上限收费标准，并书面报告发展改革部门、数据管理部门；运营机构在不高于上限收费标准的范围内，确定具体收费标准。第三，在最高准许收入和上限收费标准制定方面，提出按照"补偿成本、合理盈利"的原则核定运营机构最高准许收入，在不超过最高准许收入范围内，统筹考虑不同应用场景下各类产品和服务的资源使用以及销售规模等因素制定上限收费标准。第四，在建立定期评估调整制度方面，提出对运营机构收入情况开展定期评估，实际收入超过最高准许收入的部分，在核定下一周期最高准许收入时予以扣减，并提出评估调整上限收费标准的工作要求。第五，在监督管理方面，提出要加强指导监督，强化收费公示和违规行为查处，建立运营机构年度经营情况报告制度。

从公共数据定价的域外实践来看，目前美国未对定价进行特定的规定，未进行统一的定价，美国不同的州在公共数据收费机制上也有所差异。美国多数州要求大部分公共数据免费供给，或只收取数据复制、传输的成本费用；也有部分州允许在设定成本费用时包括政府数据运营或维护成本，尤其对商业用户，允许收取更高的费用。欧盟则制定了公共部门数据再利用政策，提出开放数据应当免费，但也允许政府机构拥有相关数据的版权。如果无政府授权，任何社会机构都不得利用政府数据进行商业性开发。其中，欧盟《开放数据指令》第6条规定，公共部门信息的再利用可以允许公共部门收取适当费用，包括因复制、提供、传播这些信息以及对个人信息进行匿名化处理、对保密商业信息采取保护措施等所产生的边际成本。此外，如果公共部门自愿或按照国家法律的规定需要对数据进行特别广泛的搜索或对数据进行高成本的修改，公共部门可以收取高于边际成本的费用。在此种情况下，欧盟《开放数据指令》允许公共部门获取"合理投资回报"，就不仅是"收集、生产、复制和传播的成本"。在此基础上，欧盟各成员国积极探索政府数据有偿使用，以弥补政府经费的不足。英国标准协会（BSI）和德国标准化协会（DIN）制定了政府数据分级收费机制，一方面对科学研究或公益活动实行减免费用甚至免费，另一方面要求社会主体（如企业）必须通过支付一定费用来获取国家标准数据。相比于美国，欧盟和英国在公共数据适度营利或可收取合理投资回报方面更进一步，同时还积极创新实践运营模式，为政府部门开展有偿使用公共数据的探索留足了空间。①

　　从公共数据定价的国内地方实践来看，各地公共数据相关的收费模式基本分为"无条件无偿""有条件无偿""有条件有偿"三种模式，具体做法也各有特色。各地实践基本遵循国家政策规定，对用于公共治理、公益事业的公共数据产品或服务定价收费通常采用有条件无偿使用或公益性收费的方式，其中公益性收费依据成本补偿原则进行费用收取。对用于产业发展、行业发展的公共数据产品或服务定价收费实行有条件有偿使用，大多是由运营机构采用市场化定价方式进行收费。常见的计费方法包括采用服务年包合同／年服务费进行计费、按资源占用或提供的服务计量进行计费、综合考虑各类成本（例如数据获取成本、加工成本、储存成本、安全成本及维护／更新成本等）之后进行计费、按照合理收益比例测算后进行计费等。②

---

① 欧阳日辉、王宇奇、傅腾宇：《公共数据授权运营中收费的理论逻辑与实践探索》，《延边大学学报（社会科学版）》2025 年第 1 期。

② 国家信息中心大数据发展部、中国软件评测中心、开放群岛开源社区公共数据运营小组、中国科学院科技战略咨询研究院、清华大学计算社会科学与国家治理实验室、数字中国研究院（福建）：《全国公共数据运营年度发展报告（2023 年）》，2024 年 7 月 12 日，湖州市数据局公众号，见 https://mp.weixin.qq.com/s/zXv4Gg5wvPwRlc0-weCSRg。

需要注意的是，公共数据定价应当采用合规、科学的评估方法，而不能"漫天要价"，以虚高价格定价转让。目前部分地方政府以上亿元的挂牌或转让底价开展的数据资产转让、政务数据资源特许经营权出让项目被叫停，这给各地开展公共数据授权运营的定价机制探索提供了警示。虽然目前监管侧尚未正式出台相关政策规范，各地数据要素市场实践已经探索了两大类公共数据定价方法。

第一类公共数据定价方法是基于成本的数据资源定价法。这种方法适用于经过采集、清洗、脱敏等处理的原始数据。其核心成本主要来源于对软硬件资源和人工成本的消耗，而非根据市场需求定制开发，对数据价值挖掘较少。这种方法以"保本微利"为原则，突出数据的公益属性。然而，成本法难以精确评估数据的实际价值，尤其是在识别和估算建设、运维成本时存在挑战。而且，数据的多样性和市场需求的差异性使得难以制定统一的定价标准。例如，福建省通过"基准价＋浮动价"定价，其中，基准价格在一定程度上依靠专家经验根据各相关项目政府投资金额进行评估，浮动价依据数据质量等因素进行调整。基于成本的数据资源定价法充分考虑了数据资源化各环节涉及的成本因素，但同时也存在数据质量和价值难以量化、运维成本依赖专家判断、低投入和大数据量导致使用费过低等问题，增加了后续公共数据授权运营实施与价值实现的不确定性。[1]

第二类公共数据定价方法是基于市场收益的数据产品定价法。市场收益定价法适用于深加工后的公共数据产品，通常结合实际业务场景采用收益分成模式。当前，公共数据产品定价多采用"分润"方式，依据模型或算法生成的应用成果来分配收益。此方法能够准确反映数据产品的价值，但数据交易通常具有高场景依赖性、固定成本高、边际成本低等特点，容易引发价格歧视和监管困难。贵州和成都已建立较为成熟的市场收益定价模式。贵阳大数据交易所以开发成本为基准，综合考虑数据成本、质量和隐私等因素，推出了"数据产品交易价格计算器"，逐步建立了"报价—估价—议价"的定价体系。成都市则通过政府与数据使用单位的多轮协商，确定数据服务价

---

① 欧阳日辉：《建立健全公共数据定价机制》，《中国财政》2024 年第 21 期。

格，确保服务的针对性和数据的稀缺性。总体而言，市场收益定价法适合交易量较大的成熟市场，如气象、金融等领域，能让数据源单位参与市场定价并获得收益。[①]

对于公共数据产品和服务价格的确定，我国适用政府指导价管理模式，同时，允许运营机构在不突破上限收费标准的前提下，根据自身的运营成本、市场竞争情况等因素灵活确定具体的收费价格，赋予运营机构一定自主定价权，有利于其充分调动积极性。各地应当遵循公共数据资源授权运营价格形成相关国家政策与地方规范，合理适用公共数据定价方法，合规开展公共数据定价活动，促进公共数据资源合规高效流通使用。

60. 公共数据授权运营的收益分配模式有哪些？

关于公共数据收益分配的典型做法，各地方政府及运营机构进行了多样化的探索与实践，形成了各具特色的收益分配模式。根据《全国公共数据运营年度发展报告(2023 年)》与相关文献研究[②]，各地实践基本遵循"谁投入、谁贡献、谁受益"的原则进行收益分配探索，开展了收益上缴、绩效激励、补偿服务等多种做法（见表 5-6），保护公共数据运营各参与方的投入产出收益，[③] 同时也有地区在顶层设计尚未明朗的情况下选择无偿授权运营，也就暂时没有收益可分配，但无论如何，收益分配机制都是当下与未来公共数据授权运营必不可少的重要部分。

---

① 欧阳日辉：《建立健全公共数据定价机制》，《中国财政》2024 年第 21 期。

② 门理想、张瑶瑶、张会平等：《公共数据授权运营的收益分配体系研究》，《电子政务》2023 年第 11 期。

③ 国家信息中心大数据发展部、中国软件评测中心、开放群岛开源社区公共数据运营小组、中国科学院科技战略咨询研究院、清华大学计算社会科学与国家治理实验室、数字中国研究院（福建）：《全国公共数据运营年度发展报告（2023 年）》，2024 年 7 月 12 日，湖州市数据局公众号，见 https://mp.weixin.qq.com/s/zXv4Gg5wvPwRlc0-weCSRg。

表 5-6　各地公共数据授权运营收益分配模式

序号	地区	做法	评析
1	四川省成都市	公共数据授权运营机构成都数据集团以磋商和市场定价等方式向数据使用主体收取费用，形成公共数据运营收益并上缴地方财政。其收益按比例上交成都产业集团，再由成都产业集团向市国资委和市财政局申报并纳入市级国有资本经营收入预算	运营收益作为国有资产收入进入地方财政，有助于推动数字经济发展，同时，通过引入数据和技术服务，提升政府数字治理和公共服务能力，实现数据惠民
2	海南省	海南电信负责海南数据产品超市的初期建设和特许期内（6 年）的独家运营，特许期满后将资产和运营权无偿移交海南省数据管理机构；在此期间，海南省数据管理机构提供运营监管服务，海南电信按照一定比例从运营收益中拨付资金给海南省数据管理机构，用于支付运营管理服务费	海南省基于特许经营模式，形成了以"分成"为特点的收益分配模式，一方面，发挥了运营主体在数据运营方面的资源和技术优势，规避了政府投资建设模式效率低、周期长等问题；另一方面，直接拨付运营管理费的收益分配模式充分调动了数据主管部门的积极性，有利于进一步开展数据平台建设、数据治理、数据开放共享等相关工作
3	贵州省	遵循"数据开发利用反哺信息化建设"的原则。具体做法是，授权运营机构在获取公共数据授权运营相关市场化收益后，按照一定比例上缴财政。上缴后的收益主要用于反哺数据提供部门的信息化项目建设、数据治理服务等相关能力提升	不仅保证了政府部门的长期投入得到回报，还促进了数据资源的持续优化和高效利用，形成了数据归集、流通、应用的良性循环
4	内蒙古自治区包头市	按照"谁投入、谁贡献、谁受益"的原则进行收益分配。市属国有企业作为公共数据运营单位与数商公司按照约定比例进行收入分配，后续可根据市场实际发展情况调整分配比例。公共数据运营单位获取的收益，通过为数据供给单位及数据主管部门提供大数据服务、数据处理服务、云计算服务、信息化建设等方式进行反哺	这种灵活的收益分配机制既考虑了市场主体的投入与贡献，又促进了数据资源的共享和高效利用

序号	地区	做法	评析
5	吉林省长春市	长春市公共数据授权运营主体通过向市场提供数据产品或服务以获取收益，并按照专家评审结果及协议要求将部分收益返还给数源单位、财政部门和市政数局。具体做法是，市财政局成立专项基金，将获得收益按比例返还。一是收益返还给数据提供单位用于其数据归集、采集成本；二是收益用于公共数据授权运营域建设及运营；三是财政留存为全市其他单位信息化建设提供支持	这种收益分配方式确保了数据提供方的利益，同时促进了数据运营体系的可持续发展
6	江苏省无锡市	无锡市按照"谁投入、谁贡献、谁受益"的原则，保护公共数据运营各参与方的投入产出收益。公共数据有偿使用产生的收入作为国有资源有偿使用收入纳入非税收入管理。公共数据授权运营实现的非税收入可统筹用于公共管理服务机构数字化发展	这种做法确保了公共数据收益的合法合规使用，同时促进了政府部门数字化转型的经费保障
7	江苏省盐城市	盐城市大数据集团将数据加工使用权授予给数据需求方，允许其对数据资源进行加工形成产品交易，产生的收益以收益返还或税收等形式反哺至政府	这种做法既促进了数据资源的市场化利用，又确保了政府作为数据资源所有者的收益权，实现了公共利益与市场化运营的有机结合
8	浙江省宁波市	宁波市公共数据授权运营采用"政府监管、国企建设、市场化运营"的方式。市财政局以"拨改投"方式按照项目投资概算向市属国企注入资本金。在运营期间，考虑前期盈利难问题按年度发放一定财政补贴，并对减亏部分按一定比例给予激励。市场化运营实现收益后，年度盈利部分按宁波市属企业的国有资本经营收益管理要求执行，留存部分应用于政府信息化项目建设	这种做法既发挥了政府的引导和支持作用，又确保了国企的市场化运营效率和收益回报

序号	地区	做法	评析
9	浙江省温州市	温州市公共数据主管部门探索建立数据供给激励机制，从数据提供数量、数据质量、数据应用等维度对公共数据提供单位的数据贡献情况进行评估。评估结果作为部门信息化项目预算安排、试点示范申请、优秀案例评选等重要参考	这种做法通过正向激励机制促进了数据提供方的积极性和数据质量提升，推动了公共数据资源的有效供给和高效利用
10	河南省新乡市	新乡市将公共数据授权给运营主体，运营主体向市场提供数据产品或服务以获取收益，并将部分收益返还给数源单位、财政部门等有关部门。具体做法包括运营主体上缴税后利润至市财政、根据数源单位数据归集和治理工作的绩效评估给予财政资金补助以及提供数据和技术服务进行补偿激励	这种做法确保了数据提供方和政府部门在公共数据运营中的合理收益和持续投入动力

总体而言，在公共数据授权运营的收益分配方面，顶层设计尚不明确，实践中公共数据授权运营的成本投入与收益分配又具有一定复杂性，大部分地方的收益总体规模不大，各地关于公共数据授权运营的收益分配和资金管理机制建设也相对模糊，目前部分公共数据产品和服务收费，主要是在弥补成本的基础上，支持运营机构等相关方按投入和贡献取得合理的回报，公共数据授权运营收益分配尚处于探索阶段。

61. 怎样建设公共数据授权运营收益分配机制？

我国目前在多层面已经开始构建公共数据授权运营收益分配相关的制度框架，各地进行公共数据授权运营收益分配机制建设应当在国家顶层设计确定的制度框架内展开。

公共数据运营授权与相关收益分配的政策规范依据体现在《数据二十条》、地方公共数据授权运营相关管理办法等规范性文件中。《数据二十条》提出"谁投入、谁贡献、谁受益"的收益分配原则以及提出"推动用于公共治理、公益事业的公共数据有条件无偿使用，探索用于产业发展、行业发展的公共数据有条件有偿使用"；财政部《关于加强数据资产管理的指导意见》指出探索公共数据资产收益按授权许可约定向提供方等进行比例分成，保障公共数据资产提供方享有收益的权利；财政部《数据资产全过程管理试点方案》提出健全收益分配机制。积极探索以协议形式约定各方从收益分配中获取合理比例等机制，实现在分配方式、激励措施等方面的灵活配置，保障各权利主体依法依规享有收益权利。数据资产各权利主体依法纳税并按国家规定上缴相关收益，由本级财政部门按规定纳入预算管理。试点期间，行政事业单位数据资产有偿使用和处置收入，按照本级国有资产和预算管理的相关规定执行。另外，也有不少地方规范性文件尝试对公共数据授权运营的收益分配机制进行规定，如《温州市公共数据授权运营管理实施细则（试行）》规定"通过授权运营加工形成的数据产品和服务，授权运营单位可以向用户收取成本费用或者获取合理收益，并承担相应风险"，《江苏省公共数据授权运营管理暂行办法》中也明确规定"充分发挥数据要素报酬递增、低成本复用等特点，创新成本分摊、利润分配、知识产权共享等多元化收益分配机制"。

上述政策文件与地方规范为公共数据授权运营、收益分配提供了一定的规范依据，但基于实践中公共数据授权运营的成本投入与收益分配的复杂性，如何推动政策的细化与落地并确保政策得到正确执行，仍然是需要重点关注和解决的问题。未来，公共数据授权运营收益分配机制的探索还应该重点考虑以下内容。

（1）建立贡献核算分配机制

当前，各主体在公共数据授权运营与开发利用中的参与环节和资源投入类型各不相同，缺乏统一的贡献核算标准。一般而言，在公共数据授权运营中，政府部门、企事业单位、数据管理机构、运营机构、经营主体、国有资产出资机构等多方主体需要联动合作。由于各主体在角色、权利、责任和义务上存在差异，明确收益分配的对象及其具体贡献是实现共享的核心。针对不同收益形式和主体特点，可综合各主体投入的人力、物力、技术等多方面因素确定贡献核算标准，灵活采用多种分配方式，例如经济性收益可以按要素贡献进行分配，而非经济性收益（如社会认可、声誉提升、政策激励等）则更适合通过考核、社会评价或协议协商来分配，确保收益分配机制更具针对性和公平性。[①]

（2）建立收益分配激励机制

现阶段公共数据授权运营收益整体规模不大，公共数据授权运营大多数还处于无偿使用阶段，为保护公共数据运营各参与方的投入产出收益，应当在收益分配层面考虑重点面向数源单位探索建立数据供给激励机制。例如，探索数源单位可享有数据产品免费试用权利，试用期由数源单位、一级运营主体等相关单位协商确定。公共数据有偿使用产生的收入作为国有资源有偿使用收入纳入非税收入管理，实现的非税收入优先用于数源单位数字化建设发展。

（3）建立收益分配动态调整机制

数据要素具有易变性，数据的数量、规模、质量、价值等都会随着时间、空间、场景以及应用目的的不同而变化。[②] 由于公共数据授权运营中，数据价值和各方贡献会因场景变化、技术进步、需求更改因素等发生改变，未来可探索公共数据授权运营收益分配的灵活调整机制，如数据价值提升或新主体加入公共数据授权运营，及时重新协商分配方案，并规范协商流程和争议解决办法，确保分配机制灵活适应变化，保障各方合理权益，但收益分配的动态调整也必须遵循公共数据授权运营的公平透明原则，确保

---

① 孟庆国、王友奎、王理达：《公共数据开放利用与授权运营：内涵、模式与机制方法》，《中国行政管理》2024 年第 9 期。

② 高新民：《树立数据发展观》，《新型工业化》2023 年第 11 期。

收益分配动态调整公平公正。

62. 实施机构、运营机构分别如何开展公共数据运营管理活动？

《公共数据授权运营规范》第六章专章规定了公共数据授权运营管理规范。

就实施机构而言，根据《公共数据授权运营规范》及各地一般实践做法，实施机构应建立健全管理制度，健全数据脱敏、安全审查、风险评估、监测预警、应急处置等工作机制，确保公共数据在开放、共享和使用过程中的保密性、完整性和可用性，强化数据治理，提升数据质量，管控未依法依规公开落实数据分类分级保护制度要求。加强技术支撑保障和数据安全管理，严格管控未依法依规公开的原始公共数据直接进入市场，强化对运营机构涉及公共数据资源授权运营的内控审计，确保可以系统性地追踪、记录、审查和评估公共数据处理和使用活动。并且，实施机构应通过管理和技术措施，加强数据关联汇聚风险识别和管控，保障数据安全。例如，根据财政部《关于加强数据资产管理的指导意见》，公共数据运营主体应建立公共数据资产安全可信的运营环境，在授权范围内推动可开发利用的公共数据资产向区域或国家级大数据平台和交易平台汇聚。公共数据授权运营的平台建设宜采用隐私计算、可信执行环境等先进技术支持公共数据授权运营的多个环节，如数据共享与发布、流通授权和验证、数据加工和分析、产品和服务发布、运营和监督管理等过程，通过物理和逻辑隔离技术实现网络隔离、租户隔离、开发与生产环境隔离，在公共数据流转过程中具备数据访问验证、加密脱敏、出域核验、安全审计等能力，确保全流程操作记录可追踪、数据出域可溯源，实现"数据不动、算法移动"，实现数据安全和数据应用的平衡。

就运营机构而言，根据《公共数据授权运营规范》及各地一般实践做法，运营机构应履行数据安全主体责任，加强内控管理、技术管理和人员管理，不得超授权范围使用公共数据资源，严防数据加工、处理、运营、服务等环节数据安全风险。运营机构应加强公共数据产品和服务相关的成本、收入和支出的内部管理，对公共数据产品和服务相关的财务收支按照现有财务管理制度进行管理，依法接受监督。除此之外，运营机构也应与实施机构一样通过管理和技术措施，加强数据关联汇聚风险识别和管控，保障数据安全，运营机构可以在实施机构的组织安排下积极配合实施机构构建。实践中，部分地区适用两级授权运营模式，即政府公共数据管理部门先整体授权同一主体（一般是国有公司）承担该地区所有公共数据运营工作，再由该主体依据不同行业/领域/场景分散授权给不同行业运营主体。在两级授权运营模式场景下，一级运营主体（运营机构）一般还应对二级运营主体的公共数据授权运营活动进行持续性的动态监管和定期评估，确保运营活动始终符合法律法规和政策要求，包括对二级运营主体获取数据、开发利用、发布产品等数据运营与开发利用进行审核与评估，保障运营工作高效顺畅开展。

不论是实施机构还是运营机构，都应当加强公共数据流通安全管理，根据国家发展改革委等部门发布的《关于完善数据流通安全治理　更好促进数据要素市场化价值化的实施方案》，政务数据共享过程中，数据提供方按照"谁主管、谁提供、谁负责"的原则，明确政务数据共享范围、用途、条件，承担数据提供前的安全管理责任，探索建立数据接收方数据安全管理风险评估制度，确保数据在安全前提下有序共享。数据接收方按照"谁经手、谁使用、谁管理、谁负责"的原则，承担数据接收后的安全管理责任。有关地方和部门开展公共数据授权运营的，应依据有关要求明确公共数据授权运营机构的安全管理责任，建立健全数据安全管理制度，采取必要安全措施，加强关联风险识别和管控，保护公共数据安全。此外，根据《公共数据授权运营规范》，在公共数据授权运营管理中，应积极鼓励和保护干部担当作为，营造鼓励创新、包容创新的干事创业氛围，同时坚决防止"以数谋私"，包括在公共数据授权运营收益分配中多收、少收、不收、少缴、不缴、侵占、私分、截留、占用、挪用、隐匿、坐支数据资产相关收入等行为。开展授权运营应有效识别和管控数据资产化、数据资产资本化不当操作带来的安全隐患，切实防范化解金融风险。

63. 国有企业公共数据授权运营应遵守哪些合规要求？

公共数据不仅承载着促进经济社会发展的重任，更因其具有国有或者公共属性①，在授权运营过程中的安全合规性显得尤为重要。国有企业作为公共数据授权运营中的重要角色，在推动自身数字化转型的同时，如何确保公共数据授权运营合规，防范国有资产流失，促进公共数据的合规利用和价值最大化，成为国有资产监管领域亟待解决的重要课题。

根据政策监管要求以及数据要素市场一般实践做法，公共数据授权运营须格外注意防范国有资产流失风险。基于公共数据资产具有国有或公共属性，多数观点认为公共数据应当纳入国有资产管理范畴。而国有企业在积极推动公共数据运营管理与开发利用过程中，可能由于数据管理不当甚至是数据资产评估造假，导致国有资产价值被夸大或低估，引发国有资产流失的风险，不仅影响国有资产有序流通，也容易滋生腐败与权力寻租问题。2024年8月，《中国纪检监察报》发表了一篇题为《深挖彻查资产评估造假》的文章②，其中特别提到一例资产评估机构提供虚假证明文件，致使评估标的被溢价征收，导致国有资产严重损失的案件。文章对国有资产评估造假提出警示，国有资产评估无论是"高估"还是"低估"，都存在一定的牟利空间，影响国有产权有序流转，可能带来腐败问题。目前，彻查国有资产评估造假呈现从传统资产转向数据资产的趋势，公共数据作为国有资产的一部分，其评估流程任何环节的不规范都有可能造成国有资产流失，致使国家利益遭受损失。此外，国有资产的监管经历从"管资产"到"管资本"的发展历程，当公共数据流通深入到数据资本化的环节，公共数据资产评估造假行为可能

---

① 中华人民共和国中央人民政府：《财政部资产管理司有关负责人就印发〈关于加强数据资产管理的指导意见〉答记者问》，2024年1月11日，见 https://www.gov.cn/zhengce/202401/content_6925484.htm。

② 李灵娜：《深挖彻查资产评估造假》，《中国纪检监察报》2024年8月6日。

掩盖其真正的风险敞口，导致公共数据金融产品的风险管理和定价机制失效，进而增加金融市场的不稳定性，带来广泛的金融安全风险隐患。

结合财政部《关于加强数据资产管理的指导意见》、国务院国有资产监督管理委员会《关于优化中央企业资产评估管理有关事项的通知》等规范以及各地实践中的典型做法，为防范国有资产流失，国有企业在公共数据授权运营过程中应当注意以下要点。

（1）完善数据资产信息披露和报告

国有企业所持有或控制的数据资产应纳入本级政府国有资产报告工作，接受同级人大常委会监督。

（2）遵循数据资产评估定价规定

国有企业进行数据资产等资产转让、作价出资、收购等经济行为时，应当依据评估或估值结果作为定价参考依据。经咨询 3 家及以上专业机构，确难通过评估或估值方式对标的价值进行评定估算的，依照相关法律和企业章程履行决策程序后，可以通过挂牌交易、拍卖、询价、协议等方式确定交易价格，其中挂牌或拍卖底价可以参照其账面价值、历史投入成本等因素合理确定。通过询价方式确定数据资产转让、作价出资等交易价格的，企业应当组成询价小组，结合资产特点编写询价书，采用询价公告或报价邀请函的方式通知有意向的交易方，对报价文件进行审阅评定，综合考虑交易方意图、实力、价格等因素确定最终交易方。通过协议方式确定数据资产转让、作价出资或收购等交易价格的，应当结合其账面价值、历史投入成本等因素，邀请法律专家、财务专家、技术专家、行业专家在充分论证其法律价值、技术价值和经济价值的基础上综合确定，并在适当范围内进行公示。对于一次定价确有难度的，交易双方可以参照实际应用效果，约定价格调整原则、调整周期、重大事项节点等。

（3）建立数据资产价值应用风险防控机制

国有企业应建立协同管理的风险防控机制，细化操作流程，联合多方力量识别并管控数据资产化、资本化及证券化风险。在交易或并购中,需谨慎论证、尽职调查、规范评估,避免虚增公共数据资产价值。加强审计监督,特别是对公共数据资产运营的重大事项,聚焦溢价和高减值项目,及时发现管理漏洞,动态监控价值变动并审慎调整。

(4)利用数据资产管理平台等技术设施

国有企业可以利用数据资产管理平台作为辅助工具,进行数据资源管理、归集治理、资产识别、质量评估、价值评估,并应用身份认证、访问控制、数据加密、数据脱敏、数据溯源、数据备份、隐私计算等安全技术能力,保证系统数据、日志数据的可靠备份与实时监控,保障公共数据的安全可控。

64. 公共数据授权运营存在哪些风险?

随着数字经济新业态的不断发展,公共数据授权运营并非在一个孤立的场景与领域内完成数据流转,其涉及领域往往是多元化与复杂化的,公共数据授权运营实践所引发的国家利益、社会利益、企业利益与个人利益也通常处于错综复杂的交织状态,这可能诱发数据安全风险、网络安全风险、市场垄断风险、金融安全风险等多重风险叠加,特定场景的局部性风险甚至可能扩散为引起国家安全忧虑的全局性风险。

(1)数据安全风险

在数据安全风险层面,当前我国公共数据授权运营处于"中央顶层设计,地方先试先行"的发展阶段,各地公共数据授权运营的模式有所不同,在多种公共数据授权运营模式下,难免出现公共数据流通交易不规范、不透明等问题,不规范的授权运营机制可能诱发数据滥用、泄露等数据安全隐患,对个人隐私乃至国家安全构成威胁。一方面,由于目前公共数据授权运营乃至公共数据开发利用都尚未建立全国统一机制,各地在相关领域的探索实践呈现出层次不齐、进度各异的态势。与此同时，各级机构对于公共数据授权运营的具体内涵、操作流程等的理解和执行标准也存在显著差异，这种差异性在一定程度上可能引发潜在的安全隐患与合规风险；另一方面，在公共数据授权流通交易的具体环节中，一般存在数据多次转授权的情况，例如，公民个人将自己的个人医疗信息授权给地方政府使用，地方政府通过地方政务平台将公民个人医疗信息整合汇总形成地方医疗领域数据，授权给公共数据运营一级开发主体公司对上述医疗数据进行开发，公共数据运营主体公司还有可能再次授权给公共数据运营二级开发主体形成医疗数据产品等，最后向社会公众提供医疗数据产品服务。一旦公共数据通过开放、授权等途径离开组织，其跟踪和溯源将变得复杂与困难。在公共数据权属认定本身就较为模糊的基础上，如出现某一授权链条中数据未脱敏处理，或数据泄露，又或是授权范围过于宽泛、不明确以及超出授权范围使用数据等问题，容易引发公共数据被非法授权和使用的数据失控风险，导致数据提供方的权益受到损害。具体而言，如果公共数据授权运营中，实施机构未能明确授权范围、期限和条件等，例如实施机构允许数据需求方进行转授权，但未事先征得数据提供方的同意，或未要求第三方对数据提供方的权利以及对数据产品或服务安全承担同等的义务和保护责任，则可能引发数据非法授权、非法获取、非法使用的法律风险，导致数据被滥用，容易引发数据侵权责任或侵犯公民个人信息罪、非法侵入计算机信息系统罪等法律风险。公共数据授权范围、期限、条件等不明确造成数据安全风险成因主要有以下方面：一是合同条款不明确。数据授权协议中的授权范围、期限和条件等关键条款可能未能明确界定，导致数据使用方和提供方对授权范围存在误解或争议。二是法律法规缺失。目前关于公共数据授权运营的法律法规还不够完善，缺乏明确的授权范围和条件规定，使得平台在运营过程中难以遵循明确的法律指引。三是授权链条不清晰。在数据授权过程中，可能存在多次转授权的情况，导致授权链条变得复杂且难以追踪，容易引发数据非法授权和使用的风险。四是权利保护不足。在转授权过程中，一旦第三方对数据提供方的权利和数据安全责任缺乏应有的重视，极有可能让数据提供方面临数据泄露、滥用等风险，损害其合法权益。

（2）网络安全风险

在网络安全风险层面，公共数据授权运营中技术应用的广泛性与复杂性带来了多方面的网络安全风险。海量公共数据往往是网络攻击的目标对象，公共数据流通交易平台作为公共数据流通的核心载体，如果在网络安全管理方面存在漏洞，极有可能引发数据泄露、数据篡改、服务中断等一系列安全风险，从而威胁到公共数据流通交易的效率与安全，给整个数据要素市场的运转带来负面影响。首先，部分公共数据汇聚平台依赖的算法系统，算法自身的安全性本身就相对难以控制，还有可能会随着算法迭代更新暴露出一定的脆弱性和安全风险，包括数据被篡改或降级，从而对平台的稳定运行乃至公共数据运营流通的整体网络环境安全构成威胁。其次，如果未对存储在公共数据流通交易平台上的数据采取足够安全措施，也可能遭受黑客攻击，造成数据丢失或损坏。再次，加密技术不足或密钥管理缺陷可能使得公共数据在传输过程中面临被截获和破解的风险，导致公共数据中的敏感信息、重要数据被泄露。最后，新技术的引入也有可能带来网络安全的不稳定性。目前各界正在探索云计算、边缘计算、分布式计算、大数据处理、AI 分析等新技术在数据要素市场领域的应用[1]，以期助力提升包括公共数据在内的数据处理和流通能力。但是，新兴技术的应用是一把双刃剑，它在提高公共数据流通效率的同时也可能给网络安全带来不确定性风险，一方面是新技术与现有系统的兼容性问题，这不仅可能导致系统运行故障，还可能为攻击者提供新的攻击途径；另一方面是新技术的监管问题，例如以区块链技术为基础的加密货币、以人工智能技术为基础的语料管理等都对现有的网络安全与数据安全技术和监管体系提出了挑战，持续追踪新兴技术对网络安全带来的风险不可回避。此外，公共数据授权运营平台的操作不规范可能引发一系列网络安全风险。首先，如果公共数据授权运营平台在数据管理操作上缺乏规范，比如数据分类、标识和存储不当，就可能导致敏感数据的泄露或滥用。其

---

[1]　欧阳日辉：《数字基础设施促进电子商务创新发展的机理与路径》，《广西社会科学》2024年第 1 期。

次，如果公共数据授权运营平台权限控制和访问管理的不规范可能使得未授权用户获得对敏感数据的访问权限，增加了数据被滥用的风险。最后，不规范的操作流程可能导致平台的配置错误，比如错误的网络设置或服务参数，这些错误可能被攻击者利用来实施攻击。如果公共授权运营平台在应对安全事件时反应迟缓或处理不当，将扩大安全事件的影响范围和损害程度。

（3）市场垄断风险

在市场垄断风险层面，随着数据立法的加强和公共数据授权运营模式的推广，一些地区在加大公共数据开发利用力度的同时，也显现出了垄断倾向。部分地区将公共数据界定为国有资产，而部分国资背景的大数据公司/集团所运营公共数据平台逐渐形成了半封闭、垄断化的趋势。这种趋势不仅提高了民营企业公平利用公共数据的门槛和难度，还限制了数据资源的广泛流通与共享。公共服务机构、大型数字平台及行业垄断企业等"数据大户"固守现有数据价值，形成数据割据，严重阻碍了全国数据流通的顺畅进行，最终制约了整个数据要素市场的发展潜力。此外，在省市一体化公共数据平台的运营过程中可能出现数据流通不畅和公共资源闲置的问题。一方面，治理平台数据淤塞现象严重，上下级政府部门之间的数据流动呈现单向性，数据往往只从基层政府上报至上级部门，却未能形成有效的回流机制。这种单向度的数据流动导致基层政府缺乏必要的社会治理数据支持，不得不重新投入资源进行数据采集，造成了资源浪费和效率低下。另一方面，数据应用层面的资源闲置问题同样突出。许多省级部门虽然建设了数据平台并汇聚了海量数据，但这些数据却未能得到充分利用，形成了"数据孤岛"。这主要是由于纵向数据贯通的制度设计缺失以及体制性障碍的存在，使得数据难以在不同层级和部门之间自由流通和共享。①

（4）金融安全风险

在金融安全风险层面，公共数据授权运营之后的重要步骤是公共数据开

---

① 杜伟泉：《治理平台数据流通的"权力结构失衡"与应对》，《江苏社会科学》2024年第4期。

发利用，数据资产评估是公共数据开发利用中不可或缺的一大环节，公共数据进入数据要素市场同样需要进行数据资产评估这一步骤，最终的评估价值结果相当于开启公共数据开发利用进程的"门票"，它将成为公共数据资产定价乃至后续公共数据金融化环节中以公共数据资产进行融资信贷的重要依据。如果公共数据资产评估存在欺诈、造假等行为，导致评估结果失真、不合理或产生误导，这将在数据要素市场领域乃至金融领域触发一系列连锁反应，其对金融安全构成的风险具有复杂性和累积效应。当公共数据资产的评估结果被蓄意地夸大或低估时，首当其冲的是数据流通交易市场及资本市场的透明度和公正性。失真的公共数据资产评估结果将导致投资者难以准确评估资产的实际价值，进而可能作出不恰当的投资决策，增加投资损失的风险。其次，金融机构在提供融资服务时，若基于不实的公共数据资产评估报告，可能错误地降低信贷门槛，导致不良贷款的快速积累，最终威胁金融机构的财务稳定性。再次，当公共数据资产作为抵押或担保品时，公共数据资产评估造假行为可能掩盖其真正的风险敞口，导致金融产品的风险管理和定价机制失效，进而增加金融市场的不稳定性。最后，在数据资产证券化的过程中，若底层数据资产价值被虚报，可能导致金融产品产生市场泡沫，加剧金融市场的波动，最终影响宏观经济的稳定，带来广泛的金融安全风险隐患。

因此，公共数据授权运营领域面临着更加复杂和多变的安全环境，基于公共数据的公共属性及其重要价值，必然要全方位贯彻落实总体国家安全观的价值与理论要求，才能更有效应对数字时代公共数据授权运营面临的安全风险和挑战。

65. 如何理解公共数据资源化、资产化与资本化？

数据资源化、资产化、资本化三大阶段是数据从基础的信息记录逐渐转变为推动经济发展的关键生产要素的必经之路，是数据价值逐步提升与深度挖掘的发展历程。公共数据作为数据类型的一种，其价值深化过程也是遵循数据资源化、资产化、资本化的演变路径。

具体而言，数据资源化指将无序、混乱的原始数据开发为有序、有使用价值的数据资源的过程，包括数据采集、整理、分析等行为，最终形成可用、可信、标准的高质量数据资源；数据资产化指基于既定的应用场景及商业目的，将数据资源进行一系列加工，形成可供应用或交易的数据产品的过程，数据资产在该阶段拥有了场景赋能，预期可产生经济利益，形成数据交换价值；数据资本化指数据资产化阶段发展后期，数据资产被进一步赋予金融属性，拓展数据价值途径的过程。数据资本化主要方式包括数据信贷融资、数据证券化、数据信托等，其本质是实现数据要素的社会化配置。在数据资源化、资产化、资本化的演变历程中，数据价值遵循"价值源泉—潜在价值—实现价值—价值倍增"的路径进行转化，演变转化历程如图5-2所示。首先，数据资源化是运用劳动、技术等要素资源，将原始数据全息化重构为可识别的结构化数据，激发原始数据潜在价值的过程。其次，数据资产化是将数据资源与具体业务场景融合，运用数据分析和数据挖掘来把握市场运行机制，合理配置数据资源，推动发现价值、创造价值乃至实现价值的过程。数据资本化是通过市场让数据实现跨企业、跨行业和跨地域流通，将多源数据进行融合并在多场景应用进而实现价值倍增的阶段，其实质是通过市场实现数据要素社会化配置。数据资源化与资产化主要体现在包括政府机关、企事业单位等的机构主体层面，而数据资本化则是在社会层面实现。①

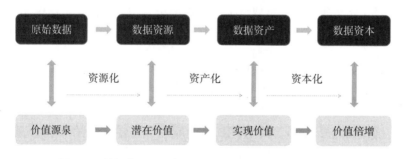

图 5-2　数据资源化、资产化与资本化演进及价值转化过程

---

① 胡伟：《企业数据资源资产化：理论机制、实践基础与政策选择》，《财会通讯》2024年第3期。

当前，数据资源化到资产化，再到资本化的探索如火如荼。特别是国家市场监管总局发布的《公司登记管理实施办法》于 2025 年 2 月 10 日实施，该办法第六条规定："法律对数据、网络虚拟财产的权属等有规定的，股东可以按照规定用数据、网络虚拟财产作价出资。但是，法律、行政法规规定不得作为出资的财产除外"，这为数据资本化探索进一步增加了政策规范支持。

数据资本化中的数据资产信贷业务、数据信托业务和数据证券化等新兴模式，为金融服务提供了全新的路径和可能性。

数据资产信贷是企业将拥有或控制的数据资源，通过登记、核验、评估等实现资产化，把数字资产作为标的物抵押给银行进行融资。以全国首笔无质押数据资产增信贷款为例，深圳微言科技有限责任公司通过光大银行深圳分行授信审批并成功获得 1000 万元授信额度，并于 2023 年 3 月 30 日顺利放款。2024 年 2 月，南方财经全媒体集团利用南财金融终端"资讯通"数据资产完成数据资源入表，在此基础上，在广州数据交易所落地融资对接服务的支持下，获得了中国工商银行广东自由贸易试验区南沙分行授信的 500 万元。① 数据资产信贷这一基于数据资产的信贷模式，不仅为企业提供了一条新的融资途径，也为金融行业的创新和发展提供了新的动力。

数据信托是数据资产、信托服务、数字金融的深度结合，金融机构依法依规对数据主体（政府部门 / 企业 / 社会组织等）合法采集、汇总形成的数据委托设立财产权信托，按照合同约定保管数据并提供相应的托管服务。数据信托业务的开展，有助于数据资产的合理流动和有效配置，促进数字经济的发展。例如，2016 年 11 月，中航信托与数据堂公司合作发行全国首单数据信托产品。数据堂公司以其所持有的一个数据资产包作为信托财产设立信托，并将信托受益权转让给中航信托以获得现金收入，中航信托通过委托数据服务商对特定数据资产进行运营而产生收益，并向社会投资者分配信托利

---

① 欧阳日辉：《数据资产化与金融化融合发展的理论机理和实现路径》，《延边大学学报（社会科学版）》2024 年第 3 期。

益。① 这一创新模式不仅拓宽了数据资产的金融化应用模式，也为信托行业在数字金融领域的探索树立了新的标杆。

数据证券化是以数据资产未来所产生的现金流为偿付支持，通过结构化设计进行信用增级，发行可出售流通的权利凭证，从而获得融资的过程。通俗而言，数据资产证券化就是通过将数据资产转化为可交易的证券产品，实现数据资产的变现和流通②。数据证券化不仅拓宽了企业的融资渠道，也为金融市场带来了创新的金融产品。例如，2023 年 7 月 5 日，杭州高新金投控股集团有限公司 2023 年度第一期杭州高新区（滨江）数据知识产权定向资产支持票据（ABN）在中国银行间市场交易商协会成功簿记，发行金额1.02 亿元，票面利率 2.80%，发行期限 358 天。③ 该项目作为全国首单包含数据知识产权的证券化项目，打破了传统融资方式，在实操层面形成了数据资产变现的有效新路径，不仅为数据知识产权的证券化探索了新路径，也为数字金融与实体经济的深度融合树立了典范，有望激发更多企业探索数据资产的价值挖掘和资本化运作，推动数字经济的高质量发展。

需要注意的是，《公共数据授权运营规范》提出，开展授权运营应有效识别和管控数据资产化、数据资产资本化不当操作带来的安全隐患，切实防范化解金融风险。由此可见，目前政策鼓励合规开展公共数据资产化及资本化。但在推动公共数据资源化、资产化，特别是公共数据资本化的进程中，伴随着数据资产抵押业务发展，公共数据资源入表的过程中可能会出现"泡沫化"的问题，炒作数据资产概念，导致金融"数据"化。④ 如前文所述，公共数据授权运营乃至后续开发利用过程中可能因公共数据资产评估造假、失真等原因带来金融风险，实践中应当谨慎对待，有序稳妥推进公共数据资产化与资本化，防范公共数据资产化及资本化可能带来的金融风险。未来，在公共数据资产化与资本化的过程中，针对公共数据资产所面临的数据泄

---

① 黄中翔、骆橙橙、谭中：《加快数据信托创新探索》，《中国金融》2024 年第 11 期。

② 欧阳日辉：《数据资产化与金融化融合发展的理论机理和实现路径》，《延边大学学报（社会科学版）》2024 年第 3 期。

③ 马梅若：《科技金融助力"知产"变"资产"》，《金融时报》2024 年 3 月 14 日。

④ 胡萍：《有序稳妥推进数据资产化》，《金融时报》2024 年 8 月 13 日。

露、合规风险、市场垄断等风险，各参与方需要建立相应的风险评估模型，量化风险水平，提供及时的风险预警与风险控制策略，从而确保公共数据资产化、资本化过程的稳健进行。①

66. 公共数据授权运营可以开展哪些创新的激励举措？

目前从国家政策层面积极鼓励公共数据授权运营的创新激励实践。《关于加快公共数据资源开发利用的意见》提出，明确公共数据管理和运营的责任边界，围绕强化管理职责优化机构编制资源配置。在有条件的地区和部门，按照管运适度分离的原则，在保障政务应用和公共服务的前提下，承担数据运营职责的事业单位可按照国家有关规定转企改制，试点成立行业性、区域性运营机构，并按照国有资产有关法律法规进行管理，符合要求的纳入经营性国有资产集中统一监管。研究制定支持运营机构发展的激励政策。《公共数据授权运营规范》也提出，营造鼓励创新、包容创新的干事创业氛围。

当前，各地正在积极探索创新激励公共数据授权运营的举措。

（1）运营模式

在运营模式方面，广州市创新公共数据运营的"运商分离"模式，激励数据商积极参与公共数据的开发利用。具体而言，为充分释放公共数据价值，吸引更多市场主体参与数据产品开发，丰富产品应用，广州市公共数据授权运营采用"运商分离"模式。承担公共数据运营工作的机构不参与数据产品开发，数据产品经营权 100% 归属于数据商，避免出现利用运营优势参与数据产品经营而导致市场竞争不公平的问题。广州市政务服务和数据管理局相

---

① 付岩岩：《公共数据资源证券化的风险识别与法治保障研究》，《价格理论与实践》2024 年第 10 期。

关负责人介绍，公共数据运营机构要承担保障公共数据安全的"守门者"、数据要素生态的"培育者"以及数据流通机制的"探路者"角色，打造安全可信的数据开发利用环境和基础性数据加工、算力支持、合规支持等配套服务，发挥"中央厨房"的作用，凸显其公益属性和定位。广州公共数据运营制度的设计，就是要更好发挥市场机制作用，创造更加公平、更有活力的市场环境，实现公共数据资源配置效率最优化和效益最大化，既"放得活"又"管得住"，保证各种市场主体依法平等使用公共数据、公平参与市场竞争。①

（2）数据激励

在数据激励方面，多地开始建设数据贡献激励机制，将数据贡献情况作为年度考核或是政务信息化项目审核与验收、新技术试点应用、优秀应用案例评选的重要参考，鼓励公共数据相关成果的推广应用。例如，2023年4月发布的《青岛市公共数据运营试点管理暂行办法》第二十五条提出，建立数据贡献激励机制。市大数据主管部门建立数据贡献评价指标，从数据质量、应用情况、变现量等情况，对公共数据运营试点参与单位数据贡献情况进行评价，强化基于数据价值创造和价值实现的激励导向。《青岛市公共数据运营试点管理暂行办法》第二十七条提出，鼓励将开发利用公共数据形成的各类成果，用于公共服务、行政管理和社会治理等领域，支持通过标杆示范、现场观摩、新闻宣传等方式推广应用。2023年12月发布的《厦门市公共数据开发利用管理暂行办法》第二十五条提出，市大数据主管部门建立公共数据贡献评价指标，从数据质量、应用情况等维度，对公共数据授权运营相关单位数据贡献情况进行评价，强化基于数据价值创造和价值实现的激励导向。评价结果纳入相关单位的公共数据管理和发展年度考核。

（3）资金扶持

在资金扶持方面，2024年10月，杭州市人民政府发布的《杭州市促

---

① 广州市政务服务和数据管理局：《首创"运商分离"，广州公共数据运营平台上线！》，2024年8月6日，见 https://zsj.gz.gov.cn/ztgz/mtbd/content/post_9906251.html。

进生产性服务业高质量发展若干举措的通知》提出建立公共数据开放清单制度，支持企业参与公共数据授权运营。对开展公共数据授权运营的数商，每年可享受公共数据授权域不超过 20% 的算力补贴，同一企业年度最高不超过 100 万元。加大对中小企业数据产品和服务采购力度，引导社会力量积极提供数据资源和数据服务。支持企业、高校、科研院所等各类创新主体建立高质量数据集，每年按规定择优评选后，给予最高 100 万元补助奖励。

从各地推动、落实公共数据授权运营的创新激励举措来看，各地已经初步探索出一些创新激励公共数据授权运营与开发利用的有益经验。这些经验不仅体现了政策层面的创新，也展现了实际操作中的有效性，各地可以根据政策规范的基本要求参考其他地区的有益经验，推动本地公共数据授权运营的创新发展，激发公共数据开发利用活力。

67. 数据资源入表的会计路径是什么？

从财务会计和财税合规角度出发，数据资源入表是企业或组织将各种数据资源按照会计、财务或管理的规定标准，系统化地录入到相应的账簿、报表或数据库中，以确保数据的完整性、合规性、可追溯性和可操作性。数据资源入表涵盖了从数据的采集、加工、治理到最终入表的全过程，涉及对数据质量、格式、规范等方面的控制。

数据在被收集、处理、存储或使用之前，需要经过系统的登记、审核、归类等步骤，以便符合数据治理标准、保护数据隐私，并满足监管要求。在大多数情况下，数据资源入表流程涉及数据盘点、数据目录建设、元数据管理、数据质量监控等多个维度。

如表 5-7 所示，世界各国的法律框架虽然有所不同，但在数据资源入表和数据治理方面有许多相似之处，都强调数据的合法采集、清晰归类和合规管理。随着数据治理的日益重要，各国也在不断完善相关法律，以确保数据的安全性、透明性和合规性。

表 5-7　世界各国在数据资源入表的相关做法

国家／地区	相关法律	背景	数据资源入表	数据盘点
欧盟	《通用数据保护条例》（GDPR）	全球最为严格的数据保护法律之一，规定个人数据的采集、存储、处理和传输要求	数据控制者需建立数据目录，确保数据合法性、透明度和可追溯性。要求数据分类、记录数据处理活动，确保数据入表合法性及定期审核	定期盘点和审查数据，确保合法存储和使用，并根据风险等级实施保护措施
美国	《儿童在线隐私保护法》（COPPA）《加州消费者隐私法案》（CCPA）《健康保险可携带性与责任法案》（HIPAA）	数据治理法律分散，涵盖健康数据、消费者隐私数据等	强调数据分类和归档。CCPA 要求企业维护消费者数据目录，确保访问和删除数据；HIPAA 要求医疗机构建立数据管理系统，确保患者数据的隐私性和安全性	定期审查和更新数据目录，确保数据安全和合规性
中国	《数据安全法》《个人信息保护法》	近年来逐步完善数据保护法律框架	企业和政府在处理个人数据时需履行数据入表、备案等义务，特别是数据目录建设，要求明确数据类型、存储位置和使用目的等	定期盘点个人数据，确保合法性并采取措施防止数据泄露、滥用
加拿大	《个人信息保护与电子文档法案》（PIPEDA）	适用于商业机构收集和使用个人数据	组织需要确保个人数据合法收集，并保持清晰的记录，进行分类管理，确保数据入表过程透明和可追溯	定期审查和更新数据目录，确保数据使用符合规定，存储和访问符合保护要求
澳大利亚	《隐私法案》（Privacy Act 1988）	设立个人隐私数据管理要求	数据采集必须有明确目的，确保授权处理。组织需建立和维护数据目录，确保数据合规处理	定期审查和分类个人数据，确保数据采集和处理活动符合法律要求
日本	《个人信息保护法》（APPI）	详细规定个人信息的处理要求	企业需建立数据目录，标明数据种类、用途和存储位置，确保个人信息合法使用	定期进行数据盘点，更新数据目录，确保数据处理符合规定

将数据资源正式计入企业的资产负债表，作为企业的一项重要资产进行管理和核算。数据资源入表这一做法有助于提升企业的财务透明度，增强投资者信心，并为企业创造新的财务机会。

（1）数据资源入表的合规要求

①会计处理：根据《企业数据资源相关会计处理暂行规定》，企业需在资产负债表中增设"数据资源"项目，反映存货、无形资产和开发支出中的数据资源。

②数据确权：企业需证明对数据资源的合法控制，可通过自证或他证（如评估、登记）方式。

③数据来源合规：数据来源需合法，包括自行收集、爬虫爬取、第三方获取等，需遵守相关法律法规。

④数据处理合规：数据处理需合法、正当、必要，保障数据主体权利，采用技术手段降低数据泄露风险。

⑤信息披露：企业须强制披露无形资产和存货相关信息，自愿披露数据资源应用场景、加工维护等信息。

⑥数据安全管理：企业须建立数据安全管理制度，确保数据分类分级管理、人员安全管理等。

（2）数据资源入表的挑战与对策

①挑战：包括数据资源范围及规模较大，入表无从下手；数据资源入表相关会计核算存在多项难点；数据质量影响数据资源价值释放；数据资源的安全合规难把控；数据资产化管理体系不完备；数据权属不清影响数据资源入表。

②对策：包括分析数据资源应用场景，进行试点场景入表；规范数据资源入表的会计处理等核算事项；健全数据管理体系，持续提升数据质量；进行数据安全合规评估，及时发现风险项并制定整改措施；将数据资源入表纳入企业数据全生命周期管理体系；建立和完善数据确权管理机制，破解数据确权困境。

数据资源入表的会计路径，是企业在会计处理中，如何将数据资源纳入财务报表，并确定其相应的会计处理方法的过程。随着数字化时代的到来，数据成为企业日益重要的资源之一，如何准确反映数据资源在会计报表中的地位和价值，已经成为会计准则和财务管理中的重要议题。

数据资源入表的会计路径如表 5-8 所示，包括对数据的确认、计量、分类、摊销 / 折旧等过程的详细处理。（目前，针对数据资源入表，企业多采用无形资产进行会计处理，故表 5-8 仅就无形资产会计处理路径进行描述）

表 5-8　数据资源入表会计路径

会计路径	具体内容
一、数据资源的确认	
数据资源	数据资源指能够为企业带来经济利益、企业拥有或控制的数据资产，包括：采集、处理、分析的数据；数据知识产权（如数据库、算法、软件等）；与数据相关的许可、许可证、使用权等
确认标准	根据《国际财务报告准则》（IFRS）和中国会计准则，数据资源必须满足以下条件： 控制性：企业需要拥有对数据资源的控制权； 未来经济利益：数据资源能够为企业带来经济利益； 可靠计量：能够合理估算数据资源的成本或价值
确认条件	企业拥有或合法获取数据资源，且能够预见其为企业带来持续的经济利益时，数据资源可以入表。如果数据资源的费用较低或无法合理计量，可能不会单独确认，而作为费用处理
二、数据资源的计量	
初始计量	数据资源的初始计量可以采用以下两种方法： 1. 成本法：历史成本（包括采购成本、存储成本、许可费用等）； 2. 公允价值法：如果数据资源的公允价值可以可靠计量，可以使用公允价值进行初始计量。这种情况通常适用于数据资产被交易市场定价的场景，例如上市公司的数据许可等

续表

会计路径	具体内容
后续计量	后续计量方法包括： 1. 摊销法（对有限使用年限的无形资产）：对无形资产按预期使用年限进行摊销； 2. 减值测试（对具有长期使用价值的资产）：定期减值测试，减值损失计入当期损益
三、数据资源的分类	
无形资产	数据资源通常视为无形资产。处理方式包括： 1. 确认与计量：符合无形资产定义的数据资源须按初始计量和后续计量规则处理； 2. 摊销处理：根据预期使用年限摊销，无年限时进行减值测试
长期待摊费用	对于某些数据资源，如购买的大型数据库许可，其摊销期较长，可视为长期待摊费用并按年摊销。其会计处理类似无形资产，但摊销期较长
四、数据资源的摊销与折旧	
摊销	对无形数据资产（如数据库、软件、许可证等）进行摊销，方法包括直线法或加速摊销法。 会计处理： 借：无形资产摊销（费用类科目） 贷：无形资产（资产类科目）
折旧	对硬件设备（如存储设备、服务器等）进行折旧，方法包括直线法、双倍余额递减法等。 会计处理： 借：折旧费用（费用类科目） 贷：累计折旧（资产类科目）
五、数据资源的资本化与费用化	
资本化	如果数据资源为企业带来长期经济利益，应进行资本化处理，将其确认为资产并进行摊销或折旧
费用化	如果数据资源的价值难以确定或使用期限较短，可直接费用化，适用于采购成本较低且使用期较短的数据资源。 会计处理： 借：管理费用 / 研发费用 / 销售费用等（费用类科目） 贷：现金 / 应付账款等（负债类或资产类科目）

续表

会计路径	具体内容
	六、数据资源的减值与处置
减值测试	企业须定期对数据资源进行减值测试，确保资产账面价值不超过可回收金额。减值损失计入当期损益。 会计处理： 借：资产减值损失（费用类科目） 贷：无形资产（资产类科目）
处置与出售	如果企业处置与出售数据资源，应确认其处置时的账面价值并进行相应会计处理。 会计处理： 借：现金／应收账款（资产类科目） 借／贷：无形资产（资产类科目） 贷：处置收益（损益类科目）

68. 关于数据资源入表的实操做法有哪些？

随着数据成为企业的重要资产，企业越来越重视数据资源入表（即数据资产化），并通过合理的会计处理方式对其进行财务管理和披露。数据资源入表不仅涉及数据本身的价值确认，还需要遵循会计准则、税务规定和合规性要求。本部分内容通过某上市公司 A 数据资源入表实操案例，分析涵盖数据资产的会计处理方式、会计准则及披露要求等内容。

案例概述：假设某上市公司 A 经营大数据分析和人工智能业务，收集并处理大量客户数据用于商业智能分析、产品推荐等。公司 A 决定将其所拥有的数据资源进行资产化入表，以便更好地管理数据资源、提升数据利用效率并提高其市场估值。

（1）数据资源概况

公司 A 收集了大量的用户行为数据（包括点击流数据、购买数据、社交媒体数据等），并通过数据清洗、加工、存储和分析，形成了大数据分析平台。公司 A 已经通过技术手段使这些数据资源具备了一定的商业化潜力，计划将其评估并入账。

数据资源的具体内容包括：

①用户行为数据：数百万条的消费者交易数据、浏览记录等；

②第三方数据：从合作伙伴、开放数据平台等渠道获得的市场研究数据；

③内部生成数据：公司自有产品产生的用户反馈、搜索记录等。

（2）会计处理方式

根据中国会计准则及国际财务报告准则（IFRS），数据资源的会计处理方式需依赖于数据的性质及其所带来的经济利益。以下是公司 A 的数据资产入账的会计处理方案：

①确定数据资源的分类

公司 A 首先对其所拥有的数据资源进行了分类。

一是数据库存：用户行为数据和市场研究数据将被分类为长期资产，主要是因为这些数据具备长期使用和变现的潜力；

二是数据产品：通过数据分析技术，形成的算法模型、数据产品（如预测模型、定制报告等）将被视为无形资产。

②数据库存的会计处理

公司 A 将数据库存视为长期资产，需按照其成本进行入账。此类数据资源通常会涉及以下几种会计处理方法：

一是资本化成本：包括数据采集、存储、清洗、加工等所需的成本。公司 A 需要在资产负债表中将这些费用视为数据库存资产，并摊销其使用期限。例如，数据清洗和存储费用可能需要按照摊销期（如 5 年）分期确认。

二是摊销与减值：数据库存按照其预计经济使用年限进行摊销。如果数据资源出现过时或价值减损（例如因数据过时或技术不再适用），公司 A 需要对该数据资源进行减值处理。

③数据产品的会计处理

数据产品（如通过数据分析形成的模型、预测工具等）属于无形资产，需按照以下方式入账：

一是无形资产确认：数据产品通过专门的数据分析技术生成，符合无形资产的确认标准。公司A需要将其开发成本（包括数据分析工具的开发费用、人工成本等）资本化为无形资产。

二是摊销：无形资产按照其预计使用寿命进行摊销。例如，某个数据分析工具预计可使用5年，摊销期为5年。

④税务合规性处理

数据资产的税务处理同样至关重要，特别是在数据资产的资本化过程中。公司A在资本化数据资产时，必须确保符合增值税、所得税等相关税务规定：

一是增值税处理：公司A在购买数据资源或支付数据分析费用时，需确认增值税可抵扣项。如果公司A出售或授权数据资源，相关的增值税收入应按销售价格计算。

二是所得税处理：公司A通过数据资产获得的收益（如通过数据产品销售或授权许可）需要按相关所得税法进行税务申报。需要明确数据资产的使用方式，以确定相关税务负担。

（3）数据资源入表的具体会计分录

以下是公司A在数据资源入表时的一些典型会计分录示例：

①示例1：资本化数据清洗和存储费用

假设公司A为其用户行为数据的清洗和存储支付了100万元，这部分费用应当资本化为数据库存资产。

借方：数据库存资产100万元

贷方：银行存款100万元

②示例2：摊销数据库存资产

假设公司A将数据库存资产分5年摊销，每年摊销20万元。

借方：管理费用（摊销费用）20万元

贷方：数据库存资产 20 万元

③示例 3：数据产品的资本化与摊销

假设公司 A 开发了一个数据分析工具，开发成本为 80 万元，预计使用寿命为 5 年。

借方：无形资产（数据产品）80 万元

贷方：银行存款 80 万元

每年摊销 16 万元：

借方：管理费用（摊销费用）16 万元

贷方：无形资产 16 万元

（4）数据资源入表的财务报告披露要求

根据会计准则和上市公司披露要求，数据资产的入表与披露应符合以下要求：

①资产负债表：数据库存作为长期资产需在资产负债表中列示，并根据数据的摊销期进行相应的摊销和减值处理。无形资产（如数据分析工具）也需要单独列示，并按摊销方式确认相关费用。

②利润表：摊销费用将影响利润表中的管理费用，具体摊销金额需要在财务报告中详细列示。

③附注披露：上市公司需要在财务报表附注中详细披露数据资产的确认、计量、摊销政策，以及是否存在减值等情况。

（5）风险与合规性分析

在数据资源入表的过程中，上市公司 A 应注意以下风险和合规性问题：

①数据合法性问题：公司 A 需确保所有数据资源都合法获取，符合《数据安全法》和《个人信息保护法》的要求，否则可能面临法律风险。

②估值方法的合理性：数据资产的价值评估必须合理，并且应由专业的第三方评估机构进行验证，避免因评估不准确而导致的财务风险。

③税务合规性：数据交易或许可的税务处理需符合税法要求，避免因税

务问题影响公司的财务状况。

目前，各行业数据入表的目的多为融资、提升企业技术能力、优化资源管理、增加市场竞争力等。通过资本化数据，企业能够更好地向外界展示其核心竞争力，并吸引更多的投资和资源支持。

69. 怎样推进公共数据入表相关工作？

数据资源入表是数字经济时代企业财务管理的必然趋势。通过将数据资源纳入企业资产负债表，企业不仅能够优化资产结构，提升盈利能力，还能够提高财务透明度。这一举措为企业在激烈的市场竞争中提供了更多的机会和优势。

随着数据成为新型生产要素，尤其是在数字经济背景下，公共数据的管理、价值体现和合规性问题逐渐成为社会各界关注的焦点。推进公共数据的入表工作，意味着要在会计和财务报表中确认、计量、披露和管理公共数据的价值。这一工作对于提升数据资源的利用效率、加强数据资产的保护和管理至关重要。公共数据入表不仅涉及会计处理的规范，也关乎如何通过合适的管理框架，使得公共数据能够被充分开发利用，同时遵守相关法律和政策的规定。

（1）推进公共数据入表的意义

推进公共数据入表的意义有以下几个方面：

①增强数据价值体现

公共数据作为一种新兴资源，其市场价值和使用价值正逐步被认可。通过入表，能够更好地反映数据资源在经济活动中的实际价值，促进企业、政府等主体对数据资源的重视，推动数据资源的更好开发和利用。

②提升公共数据管理的透明度和规范性

公共数据入表有助于提升数据管理的透明度，明确数据资源的所有权、使用权和管理责任。对于政府和企业来说，公共数据入表能够规范数据的流通与使用，避免资源浪费和滥用。

③优化数据资产的管理与决策

在会计报表中明确列示公共数据资源，有助于加强数据资产的管理，通过规范的会计处理反映数据资源的增值、贬值等情况，优化资源配置和决策过程。

④符合国家相关政策要求

随着政府对数字经济和数据资源管理的重视，出台了一系列法律法规和政策，要求公共数据资源逐步纳入规范管理体系。公共数据入表可以确保企业和政府机构符合这些政策要求，提高合规性。

（2）推进公共数据入表的挑战

目前我国的数据资产的确认与评估仍面临一系列挑战。缺乏统一的标准与方法，如何科学、准确地评估其价值并进行合理定价，是亟待解决的核心问题。在数据资产管理过程中，企业面临着严格的数据安全与隐私保护合规要求，涉及数据的采集、存储、处理及流通等环节，均存在潜在的法律风险。此外，数据资产的入账可能引发财务报表的波动性，因其价值易受市场动态和技术变革的影响，估值的不稳定性可能增加财务不确定性。

（3）推进公共数据入表的步骤

推进公共数据入表是一个涉及政策理解、合规评估、数据管理、会计处理和信息披露的复杂过程。公共数据入表的步骤和策略如表5-9所示。

表 5-9　公共数据入表步骤及策略

步骤/策略	描述
1.政策解读与合规评估	解读《企业数据资源相关会计处理暂行规定》等政策文件，企业应根据这些规定确认数据资源为无形资产或存货，并进行后续的会计处理

续表

步骤／策略	描述
2.数据识别与分类	数据识别：确认数据来源（如政府、公共服务机构等），并对数据进行类型分析（结构化、非结构化、开放数据等）； 数据分类：根据数据类型，将其归类为无形资产、长期待摊费用或存货，以便后续会计处理。同时还需要根据数据敏感性进行分类分级管理，实施严格的安全保护措施，确保重要数据的合规性和安全性
3.数据盘点与质量评估	开展数据盘点与质量评估，梳理数据来源、类型、质量和使用情况，明确哪些数据资源可作为资产入表
4.数据资源确认与初始计量	确认标准：遵循会计准则确认数据资源是否满足入表条件，重点考察控制权、未来经济利益和可计量性； 初始计量：购买数据确认支付费用为初始成本；自主研发数据将研发费用资本化并转为无形资产
5.数据资源价值评估	进行数据资源的价值评估，拟定初步价值意见并出具评估报告，明确数据的经济价值与入表依据
6.数据产品上架与交易	将数据产品上架至数据交易所，获取产品证书，推动数据资源流通和商业化
7.授信增信	提交价值评估报告至金融机构，进行授信增信，支持融资并实现数据资源的商业价值
8.会计处理与入表	制定数据资产的会计管理制度，确保数据资源的确认、计量、披露等符合会计准则与法规要求
9.数据安全与合规性管理	进行数据安全合规评估，识别潜在风险并制定整改措施，确保数据确权、分类分级管理及存储传输安全
10.数据全生命周期管理	将数据资源纳入全生命周期管理体系，涵盖数据治理、确权、清洗整合、存储、评估和安全合规等环节
11.数据确权管理	明确数据所有权、使用权、转让权等，确保数据资产的合法、安全流转
12.风险管理与应对策略	分析数据资源的应用场景，规范会计处理，完善数据管理体系，规避数据质量、合规、权属等风险
13.数据后续计量	摊销与折旧：无形资产按使用年限摊销； 减值测试：定期评估数据是否减值，如减值则调整账面价值并计提减值准备

步骤／策略	描述
14. 数据披露与报告	披露要求：披露数据类型、账面价值、摊销情况及减值信息； 审计与合规检查：确保数据入表过程符合财务审计要求
15. 数据管理与后续操作	数据管理：建立数据合规使用和保护体系，实施访问控制和授权使用； 持续评估与优化：定期评估数据资源的经济效益和市场价值，并根据变化进行调整
16. 持续合规审查与改进	建立持续合规审查机制，定期更新数据管理策略和流程，确保符合新法规要求，保障数据安全和合法性

70. 如何开展数据资产评估？

数据资产评估是一个复杂的过程，涉及多种评估方法和考虑因素。通过准确的评估，企业可以更好地管理和利用数据资源，提升其市场竞争力。评估过程中需要结合数据的质量、市场需求、应用前景等多重因素，选择合适的评估方法，并确保评估结果具有客观性、准确性和可操作性。随着数据经济的不断发展，数据资产的评估将愈加重要，成为数字化企业和机构管理的重要工具。

数据资产评估流程涉及多个环节，从数据的收集、准备，到评估模型的选择和结果的分析，确保评估结果的准确性、客观性和合理性。数据资产评估的基本流程如表 5-10 所示。

表 5-10 数据资产评估的基本流程

阶段	步骤	具体内容
准备阶段	明确评估目标	1. 企业内部价值评估：用于资产管理、战略规划、技术优化等； 2. 融资或并购中的数据估值：用于确定数据资源的市场价值； 3. 合规性或审计目的：评估数据是否符合会计、法律和税务要求。 4. 数据交易或转让：评估数据的价格或转让价值

续表

阶段	步骤	具体内容
准备阶段	明确法律框架	1.《数据安全法》：关于数据的收集、处理、存储和使用的法律规定； 2.《个人信息保护法》：评估数据涉及个人信息的，必须遵守个人信息的保护要求； 3.《中华人民共和国会计法》及国际财务报告准则（IFRS）或中国会计准则：明确数据作为资产的确认、计量、摊销及减值处理方式； 4.《中华人民共和国电子商务法》：与数据交易、使用相关的合规性要求； 5.税务合规要求：涉及数据资产的收入确认、税务处理和报税的相关规定
	确定评估对象	1.结构化数据（客户信息、交易记录、库存数据等）； 2.非结构化数据（文本、图像、视频等）； 3.半结构化数据（日志文件、XML 数据等）； 4.数据产品（数据模型、分析报告等）
	数据收集与准备	1.数据来源和所有权确认：确保数据合法性和所有权； 2.数据质量评估：完整性、准确性、时效性、一致性检查； 3.数据存储与安全性：数据存储环境（如数据库、云存储）和安全性（如加密保护）
价值评估阶段	确定评估方法	1.市场法：通过市场上类似数据资产的交易价格评估价值； 2.收益法：基于数据资产未来的经济收益进行评估； 3.成本法：通过估算获取、创建、处理和维护的成本评估价值； 4.收入法：通过数据的直接或间接收入推算其价值
	评估过程中的关键因素	1.数据质量（完整性、准确性、时效性、相关性等）； 2.数据的稀缺性与独特性（独特或稀缺数据如专有技术数据）； 3.数据应用前景（跨领域应用的潜力）； 4.数据安全性与合规性（隐私保护、合规问题）

续表

阶段	步骤	具体内容
报告生成与应用阶段	生成评估报告	1. 评估目的和背景：明确评估目标、方法和使用场景； 2. 评估方法和假设：详细说明评估方法及假设； 3. 评估依据：明确数据来源、评估方法、假设条件等内容，确保评估过程的透明性； 4. 数据质量分析：评估数据的完整性、准确性、时效性等关键因素； 5. 法律审查：在进行数据资产评估前后，确保相关合同、协议、授权书等法律文件的完整性和合法性； 6. 合规审计与审批：评估报告提交内部或外部审计，确保符合所有相关的会计、法律和税务标准； 7. 评估结果出具：列出评估结果和估算值，进行风险分析； 8. 评估结果披露：将评估结果与相关合规性报告进行披露，确保在财务报告、税务报告或公开披露中数据资产的价值和合法性得到充分体现； 9. 建议和结论：基于评估结果提出战略建议和行动计划
	应用评估结果	1. 企业决策：支持数据投资、数据购买或数据出售等决策； 2. 资产管理：帮助优化数据资源管理，制定更合理的数据管理策略； 3. 融资与并购：作为资产定价和交易依据； 4. 合规性报告：展示数据资产的价值和合法性

数据资产评估的核心在于选择合适的评估方法。常见的评估方法有以下几种。

（1）市场法

市场法是通过比较市场上类似数据资产的交易价格来推算数据资产的价值。该方法适用于市场上有类似数据资源交易、数据价格透明且可以获得交易数据的情况。

①适用情境：例如，有相似数据集的买卖记录，可以通过这些记录来估算数据的市场价值。

②优点：方法简单直观，依赖市场数据，具有较高的可比性。

③缺点：市场上同类数据资源较少，可能会导致数据不充分，难以得出准确评估结果。

（2）收益法

收益法通过分析数据资产的未来经济收益来评估其价值。此方法基于预测数据资产能为企业带来的经济回报（如通过销售数据、授权使用数据、数据应用等）。

①适用情境：适用于数据资源能够带来持续性收益的情况（例如，通过数据产品的销售、数据使用授权等）。

②步骤：确定数据资产的未来收入流（如数据授权费、服务费用等）；预测未来的收入流，并根据适当的折现率计算净现值（NPV）；考虑风险调整和时间价值。

③优点：适合长期拥有或经营的数据资源。

④缺点：预测未来收益的不确定性较高，容易受到市场变动的影响。

（3）成本法

成本法通过估算数据资产的获取、创建、处理和维护的成本来评估数据资产的价值。此方法适用于无法通过市场法或收益法评估的数据资源。

①适用情境：适用于数据资源未在市场上进行交易，或未来收益较难预测的情境。

②步骤：计算数据资产的创建和维护成本，如数据采集、清洗、存储、处理等成本；在成本基础上加上一个合理的溢价（如创造价值的能力）。

③优点：简单，易于计算，适用于没有市场交易记录的情形。

④缺点：没有考虑数据资产的市场需求和未来收益，可能低估其价值。

（4）收入法

收入法侧重于数据资产带来的收入流，其核心在于通过数据的直接收入流（如数据销售收入）或间接收入流（如通过数据推动业务增长而产生的收入）来推算其价值。

①适用情境：适用于那些能够带来直接收入的数据资源。

②步骤：计算通过数据交易、许可或销售等形式获得的直接收入；如果数据资产推动了企业其他产品或服务的收入，也可以考虑间接收入；对未来收入进行折现。

③优点：适合数据驱动型商业模式。

④缺点：需要准确的收入预测，风险较大。

（5）注意要点

在数据资产评估过程中，合规性是确保评估结果准确、合法并能在未来防范法律和税务风险的关键。以下是数据资产评估合规过程中的一些重要注意事项：

①遵循法律法规的要求

一是隐私保护和数据安全。在进行数据资产评估时，必须特别关注数据的隐私和安全问题。对于涉及个人信息或敏感信息的评估，必须符合《个人信息保护法》和《数据安全法》的规定。

二是合规授权。确保所有的数据资源均已获得合法授权，包括数据的使用权、交易权及处置权等，避免未经授权的数据使用可能带来的法律纠纷。

②避免估值偏差

一是确保评估方法的合规性。不同的评估方法可能会影响资产的价值计算，因此在选择方法时应确保其符合相关法律和行业标准。

二是合规审查。任何估值偏差都可能导致评估结果被质疑，因此在进行评估时，要特别关注方法、假设条件和数据源的合法性，避免因不当操作引发合规风险。

③数据的质量和完整性问题

一是数据质量审核。确保数据的准确性、完整性和时效性。如果数据存在缺失或错误，必须进行数据清洗和修正，避免因数据质量问题影响评估结果。

二是合理的数据假设。在评估过程中，如果使用了假设（如未来收益预测），必须确保这些假设具有合理性和可依据性，避免不切实际的假设导致法律和财务风险。

④评估报告的透明性和可验证性

一是文档化评估过程。确保整个评估过程具有充分的文档记录，并能被外部审计机构、监管部门等验证。

二是避免利益冲突。在数据评估过程中，评估人员应保持独立性，避免出现利益冲突或评估偏见，确保评估结果的客观性和公正性。

⑤加强内外部审计和合规性检查

一是内部审计机制。确保评估过程符合企业内部的合规要求和标准。特别是在跨部门合作时，必须制定明确的合规标准。

二是外部审计检查。引入外部独立审计机构，对评估过程和结果进行审核，以确保其合法性和合规性，降低法律风险。

⑥税务合规性处理

一是税务处理的合规性。数据资产的评估与交易可能涉及税务问题（如增值税、企业所得税等）。确保评估报告在税务处理上符合国家税法要求，避免未来可能的税务纠纷。

二是国际税务合规性。如果涉及跨境数据转让或交易，需特别注意国际税务合规性，避免因不遵循跨国税务规定而产生的税务风险。

数据资产评估不仅仅是对数据价值的简单估算，它还涉及法律、税务、会计等多个领域的合规性要求。在整个评估过程中，必须关注法律框架、评估方法、数据的合法性和合规性审查，确保每个环节都符合法律和行业标准，以避免未来可能的法律、财务和税务风险。通过严格遵守合规流程，企业和机构能够确保数据资产的合法性和透明度，从而有效推动数据资产的管理与利用，提升整体商业价值。

71. 数据资源入表的税收征管挑战与应对方案是什么？

随着数据逐渐成为数字经济的核心要素，各国在推动数据资产化、数字化转型的过程中，纷纷出台相关政策，推动数据资源的入表，即将数据纳入会计核算体系，以实现数据的市场化、资本化。这一举措不仅为企业带来了新的发展机遇，也对税收征管提出了新的挑战。本书将分析数据资源入表对税收征管所带来的挑战，并探讨相应的应对方案。

（1）数据资源入表的背景与实践

数据作为新型生产要素，在国家战略层面得到了高度重视。近年来，中央政府陆续发布了多项政策文件，2022 年 12 月中共中央、国务院印发《数据二十条》、财政部发布《企业数据资源相关会计处理暂行规定》、2023 年 9 月中国资产评估协会印发《中国资产评估协会数据资产评估指导意见》，旨在为数据资源入表提供指导和规范。这些举措推动数据资源逐渐从无形资产、存货等传统经济范畴中独立出来，成为独立的经济要素。然而，数据作为一种非传统的资源，其入表过程中存在诸多特殊性，尤其是在税收征管领域，现有税法体系的滞后性给征管工作带来了巨大挑战。

（2）数据资源入表对税收征管的挑战

①数据资源初始计量的挑战

一是数据资源类型的界定。数据资源入表的首要问题是如何准确识别数据资源的类型。现有的《企业数据资源相关会计处理暂行规定》将数据资源分为两类：一类是可以认定为无形资产或存货的资源，另一类是虽能预期为企业带来经济利益但其价值无法可靠计量的资源。然而，数据资源在生命周期中的多变性和复杂性，特别是涉及所有权、使用权等多重权利的分配，使得税务机关在初步确认其属性时面临较大的困难。例如，如何界定某项数据是无形资产还是存货。数据资源在实际业务中的多重用途和转化，往往使其分类更加模糊，税务机关如何进行准确分类，成为征管中的一个重要难点。

二是公允评估价值的困难。数据资源的价值评估同样存在困难。数据的时效性、易变性和可复制性使得传统的资产评估方法难以适用。企业可能会面临如何合理确认数据的初始计量，以及如何处理数据资源的研发成本、购买成本等问题。此外，如何对企业内部研发的数据资源进行成本核算，如何界定其资本化条件，也依赖于税法的进一步细化和明确。

②数据资源后续计量的挑战

一是摊销周期的界定。根据现有的税法规定，确定为无形资产的数据资源需要按照规定的期限进行摊销。然而，由于数据资源的生命周期较短且更新迭代快速，其摊销周期往往难以界定。例如，数据资源在没有明确使用年限的情况下，税法规定的摊销年限可能与实际价值周期严重不符，这就导致了摊销期限与数据实际受益期的不匹配，影响了企业的税务处理。

二是摊销方法的选择。无形资产摊销方法通常要求采用直线法或产量法，但对于数据资源这一新型无形资产，如何选择适当的摊销方法并确保其与数据资源的经济利益预期相匹配，是税务机关面临的又一挑战。数据资源的价值受技术变革、市场变化等多重因素的影响，如何确定摊销方法，并与税务会计差异相协调，是当前税收征管中的关键问题。

三是减值损失的处理。数据资源可能出现减值或跌价现象，但现行税法对数据资源的减值损失处理尚不明确。根据税法规定，无形资产和存货的跌价损失不可在税前扣除，这种规则可能会与数据资源的特性产生冲突。税务机关需要对减值准备、损失处理等问题进行明确规范，以避免企业滥用减值准备进行税收规避。

③数据资源处置的挑战

一是收入确认的困难。数据资源的收入确认是税收征管中的另一大难题。企业通过出售或提供数据服务获得的收入，涉及数据使用权、许可权的转让等复杂交易形式。如何准确识别这些收入，尤其是在跨境交易和复杂合约中，如何确定收入的确认时间、金额等，都是税务机关在征管过程中需解决的难题。

二是关联交易的识别与调整。由于数据资源可能涉及大量的关联交易，企业可能通过数据资源交易在关联方之间进行不正当税收安排，影响税基的准确性。在这种背景下，税务机关需要加强对数据资源交易的监管，确保关联交易的公平性，避免出现通过数据资源的低估或高估来转移利润，规避税收。

三是增值税税目和税率的适用问题。当前增值税法对数据资源的销售并未明确规定税目和税率，导致在实际操作中出现不同解释。企业出售数据资源时可能涉及软件、技术服务等混合交易，如何合理界定其增值税适用范围，决定税率，并确保税收的公平性和合规性，是税务部门亟须解决的问题。

（3）应对数据资源入表的税收征管挑战

①明确数据资源的法律地位与会计处理规范

一是数据资源与数据资产的界定。对数据资源与数据资产的内涵与边界进行明确界定是应对税收征管挑战的第一步。通过细化数据资源的概念，明确数据资源从数据转化为具有法律效力的资产的标准，税务机关可以在实际操作中更加准确地识别和评估数据资源，从而减少税务处理的复杂性。

二是优化企业数据资源会计处理规则。企业在进行数据资源会计处理时，仍需进一步完善相关规则。通过规范数据资源的确认、计量、摊销及收入确认等环节，减少税务机关在实际征管过程中的操作难度，并通过明确的标准化规则，避免会计与税务处理的不一致。

②完善与数据资源入表相关的税收规则

一是健全税务处理规则。财税部门应尽快出台与数据资源入表相衔接的专门税务处理规范，明确数据资源交易、处置、持有等各环节的税务处理原则。具体而言，应规定数据资源的价值确认方法、扣除与摊销规则、减值损失处理等，以提高税收处理的确定性和准确性。

二是推动税法的数字化转型。随着数据资源的日益重要，税法应加速数字化转型，关注数据资源交易的特殊性和快速变化特点。通过引入大数据、人工智能等现代技术手段，提升税务机关在征管中的精准度与效率。

③探索跨境数据资源交易的税收规则

一是加强国际合作与信息共享。数据资源的跨境交易日益增多，税务机关需要加强与国际税务部门的合作与信息共享，以便准确掌握跨境数据交易的相关信息，确保税收的公平性和合规性。

二是构建数据资源税收征管机制。税务机关应建立数据资源税收征管的长效机制，探索数据资源税收的监测、稽查和风险防控机制，确保数据资源税收征管的有效性与公正性。

（4）税务处理方案

①初始计量的应对方案

一是明确资源类型和价值评估方法。明确数据资源与传统资产的区别，并制定专门的税务处理规则，确保企业数据资源的确认、摊销、减值等处理方法符合税务要求。

二是对外购数据的成本、研发数据的资本化标准进行规定，确保税务处理与会计处理一致。

②后续计量的应对方案

一是灵活制定摊销周期和方法。针对数据资源的生命周期及其受技术和市场影响的特点，灵活制定摊销周期和摊销方法，确保税务处理与数据资源的经济价值变化匹配。

二是建立动态摊销与减值准备机制，确保数据资源的税务处理及时更新。

③处置环节的应对方案

一是明确收入确认标准。针对数据资源的销售、许可、转让等不同交易形式，规定准确的收入确认标准。

二是完善关联交易规则。通过明确关联交易的定价标准和税务处理规则，确保数据资源交易的税收合规性，防止税收规避。

④增值税税目税率的应对方案

一是明确数据资源的增值税税目归属，并根据不同交易类型设定适当的税率，确保税务处理的透明性和一致性。

二是制定混合交易的增值税处理规则，确保数据资源交易的税务处理符合现行税法规定。

（5）未来的税收政策建议

①制定税收优惠政策

对企业在数据采集、存储、处理等环节的投资提供税收减免或抵免，鼓励企业加大对数据资源的投入，推动数字经济的发展。

在数据资源研发、技术创新等方面给予税收优惠，支持企业提升数据资源的利用价值。

②建设数字税法体系

建立完善的税法体系，涵盖数据资源的收集、存储、加工、销售等环节的税务处理规则，确保税法能够适应数字经济快速发展的需求。

数据资源入表带来了新的会计和税务挑战，尤其在税收征管中涉及资源识别、价值评估、收入确认及税目归属等复杂问题。为应对这些挑战，需要完善税收处理规则、优化数据资源的会计处理方案，并推动税法的数字化转型。同时，加强跨境数据资源交易的监管，建立完善的税收征管机制，将为数字经济的发展提供有力保障。

72. 关于数据资源入表的税务处理实操经验有哪些?

在数字经济和数据成为新生产要素的背景下，企业数据资源入表成为财务和税务处理的重要议题。数据资源的会计核算、价值计量、税收处理等内容对企业和税务机关提出了新的挑战。以下是一个关于数据入表的税务处理实操案例，旨在帮助企业和税务机关更好地理解和应用相关的会计与税收处理规则。

案例概述：假设一家科技公司"XZ 科技"正在进行数字化转型，收集、整理和加工大量的用户数据并将其用于提高产品服务的精准度和市场竞争力。为规范数据资源的管理与税务处理，公司决定将其拥有的部分数据资源入表，并在会计与税务处理上作出合规安排。

（1）数据资源的确认与分类

根据《企业数据资源相关会计处理暂行规定》和现行会计准则，XZ 科技对其持有的数据资源进行了分类：

①无形资产：公司购买并拥有的某些数据集，预期能够带来长期经济利

益，符合无形资产确认标准。

②存货：公司收集、加工的部分数据，准备在短期内出售或者转让，符合存货确认条件。

③内部研发数据：公司内部研发过程中产生的原始数据，尚未开发和商品化，但预计未来将产生经济利益。

（2）初始计量和价值确认

对于不同类型的数据资源，公司的初始计量和价值确认分别遵循不同的会计处理标准。

①无形资产的初始计量：公司购买外部数据集的费用包括数据购买费用、相关税费、技术处理和存储费用等。这些费用合计计入无形资产。

例如，公司购买了一项关于消费者行为的数据集，价格为 500 万元。购买时支付了相关税费 20 万元、存储费用 10 万元。最终确认该数据的初始成本为 530 万元，按无形资产进行入表。

②存货的初始计量：对于计划在一年内出售的商业数据，XZ 科技将其视为存货。假设公司自行收集并加工的消费者市场数据，其初始成本为 300 万元，并预计在 6 个月内售出。

存货的价值为购买成本和数据加工成本的总和。在销售时，数据的价值会被转为收入，并根据收入准则确认税务处理。

③内部研发数据：内部研发数据不直接计入无形资产，而是按研发支出进行会计处理。假设公司投入 100 万元用于用户数据的收集和处理，这部分支出首先列入研发费用，等研发项目达到预定的技术标准并具有市场价值时，转为无形资产进行资本化。

（3）后续计量与摊销

根据《企业数据资源相关会计处理暂行规定》及相关税法要求，公司需要对数据资源的后续摊销进行管理。

①无形资产摊销：由于购买的消费者行为数据集具有明确的使用年限，假设该数据集的使用寿命为 5 年。根据会计准则，公司按直线法进行摊销。

每年摊销费用为 530 万元 /5 年 =106 万元。

该摊销费用将在公司财务报表中体现，并对所得税申报产生影响。假设公司在每年确认摊销费用后，按税法要求计算应纳税所得额。

②存货的销售确认：数据销售收入应当按照销售合同约定的条款确认收入。如果数据的转让方式是通过技术许可，公司需要确认转让的时点、金额和适用的增值税税目。假设数据的销售收入为 500 万元。

在增值税处理上，若数据转让涉及技术服务或无形资产的转让，增值税可能适用"信息技术服务"或"无形资产转让"类别。公司需要根据实际交易情况确认增值税纳税义务。

（4）税收处理

在进行数据资源的会计处理时，公司还需要根据税法进行相应的税务处理。

①企业所得税：公司依据无形资产摊销和研发费用资本化进行企业所得税申报。如果数据作为无形资产进行摊销，摊销费用将影响应纳税所得额，从而影响应纳税额的计算。

例如，如果公司确认摊销 106 万元的无形资产，则可以在所得税申报时减除这笔摊销费用，减轻税负。

②增值税：根据数据资源的销售模式，增值税处理可能涉及不同的税目。假设公司将数据以技术许可的形式转让，增值税税目应适用"无形资产转让"或"信息技术服务"，具体税率根据相关法律规定来适用。

在这种情况下，公司应当根据具体的销售方式和合同条款确定增值税税目，并按期申报增值税。

（5）关联交易与税务调整

由于数据资源的交易可能发生在关联方之间，XZ 科技需要特别注意关联交易的定价问题。假设公司向关联公司提供了数据资源，价格为 150 万元，而市场参考价格为 200 万元。

①转让定价审查：公司需确保数据资源转让价格符合市场原则，避免低

价转让以规避税款。税务机关可能会对关联交易进行审查，要求公司按照市场价格进行调整。

②转让定价调整：如果税务机关认为交易价格低于市场价，可能要求公司按市场价格调整相关收入并重新计算应纳税所得额。公司应加强转让定价文档管理，以应对税务审查。

数据资源入表在财务和税务处理上涉及多个方面，包括数据资源的确认、初始计量、后续摊销、税收处理等。企业需要根据《企业数据资源相关会计处理暂行规定》以及现行会计和税法的相关规定，灵活调整其财务核算和税务处理方式，以确保合规并最大限度地优化税务负担。此外，随着数字经济的发展和数据资源的不断变化，税务机关和企业都需要密切关注相关税收政策和会计准则的更新，及时调整处理方法，以适应新的税收征管环境。

如表 5-11 所示，目前国内外在数据资产确认与税务处理方面均作了相应的规范。

表 5-11　国内外数据资产确认与税务处理相关规范

国家 / 地区	数据分类	税务处理	税务处理的法律法规依据	会计处理	会计处理的法律法规依据
中国	无形资产 存货 研发支出	1. 数据作为无形资产时，可以摊销，符合企业所得税法； 2. 数据销售时按增值税"无形资产转让"类别征税	《企业所得税法》《增值税暂行条例》《企业会计准则第 6 号——无形资产》	1. 数据购买及研发支出资本化为无形资产或研发费用； 2. 存货的价值按数据成本计量	《企业会计准则第 6 号——无形资产》《企业会计准则第 1 号——存货》《企业数据资源相关会计处理暂行规定》
美国	无形资产 商誉	1. 数据作为无形资产摊销，符合 IRS 对无形资产摊销的规定； 2. 数据销售涉及的增值税以各州规定为准	*Internal Revenue Code (IRC)* 《美国增值税法》（根据州法）	1. 数据作为无形资产进行摊销； 2. 存货按销售数据成本计量	《FASB ASC 350：无形资产》《FASB ASC 330：存货》

续表

国家/地区	数据分类	税务处理	税务处理的法律法规依据	会计处理	会计处理的法律法规依据
欧盟	无形资产商业数据	1. 数据销售按增值税法征税； 2. 数据作为无形资产摊销时，适用相应的企业所得税政策	《欧盟增值税指令2006/112/EC》 《欧洲经济区税务处理法》	1. 数据作为无形资产摊销； 2. 存货按市场价值计量	《国际财务报告准则（IFRS）》 《欧洲会计准则第38号：无形资产》
日本	无形资产商誉	1. 数据作为无形资产摊销，适用企业所得税； 2. 数据销售的增值税按具体交易类型征税	《企业所得税法》 《消费税法》	1. 数据作为无形资产摊销； 2. 存货按公允价值计量	《日本会计准则（J-GAAP）：无形资产》 《日本会计准则（J-GAAP）：存货》
澳大利亚	无形资产存货	1. 数据作为无形资产摊销，符合税法规定； 2. 数据销售按增值税（GST）征税	《商品与服务税法案1999年》 《税务局指导意见：无形资产税务处理》	1. 数据作为无形资产摊销； 2. 存货按成本法或公允价值法计量	《澳大利亚会计准则AASB 138：无形资产》 《澳大利亚会计准则AASB 102：存货》
加拿大	无形资产商业数据	1. 数据作为无形资产摊销，符合《加拿大税法》规定； 2. 销售数据按商品与服务税（GST）征税	《加拿大税法》 《商品与服务税法（GST）》	1. 数据作为无形资产摊销； 2. 存货按成本法进行处理	《国际财务报告准则（IFRS）》 《加拿大会计准则：无形资产》
新加坡	无形资产研发支出	1 数据作为无形资产时摊销，适用企业所得税规定； 2. 数据销售按增值税征税	《新加坡所得税法》 《商品与服务税法》	1. 数据作为无形资产摊销； 2. 研发数据计入费用	《新加坡财务报告准则（FRS）》 《FRS 138：无形资产》

国家/地区	数据分类	税务处理	税务处理的法律法规依据	会计处理	会计处理的法律法规依据
韩国	无形资产存货研发数据	1. 数据作为无形资产时摊销，符合企业所得税法； 2. 数据销售按增值税法征税	《韩国税法》《增值税法》	1. 数据作为无形资产摊销； 2. 存货按市场价计量	《韩国会计准则》《国际财务报告准则（IFRS）》

第六篇

安全篇

随着数字化进程的加速，公共数据资源的开发与利用为社会带来了巨大的创新潜力和经济价值。然而，公共数据开放的同时，隐私泄露、滥用风险、黑客攻击等安全隐患也随之而来，特别是在跨境数据流通日益频繁的背景下，数据安全问题变得更加复杂和严峻，如何平衡数据自由流通与隐私保护、国家安全，是全球范围内亟待解决的难题。

安全篇聚焦公共数据开发利用中的安全挑战，深入分析数据全生命周期治理、分类分级管理以及敏感数据保护等关键措施，强调通过法律监管、制度保障和技术手段，有效防范数据泄露与滥用的风险；全面探讨怎样在数据收集、存储、使用、共享和传输等环节确保安全，怎样建立全面的安全评估、应急响应和合规审核机制及时发现潜在风险，防范数据安全事件，保护公民隐私和国家安全。

本篇旨在探讨各类主体如何通过全方位的安全保障，在推动数据资源高效利用的同时，有效应对复杂的安全风险，确保公共数据开发与利用的可持续发展。

73. 公共数据资源开发利用可能对公民的个人信息和隐私安全带来什么影响？可以采取哪些应对方案？

随着公共数据资源的广泛开发和利用，个人信息和隐私安全问题日益突出。这些问题涉及数据收集、存储、传输、处理和共享多个环节，可能对公民隐私、自由和安全构成威胁。

（1）负面影响

下面本书从几个方面详细探讨公共数据资源开发利用对公民个人信息和隐私安全带来的影响。

①个人隐私泄露的风险

公共数据资源的开发利用通常会涉及大量个人数据。政府、企业等机构在收集和共享公共数据时，可能在不经意间公开或暴露个人信息，导致隐私泄露。

一是数据泄露的途径：公共数据开放平台、在线政府服务、社交媒体数据等都可能成为泄露个人隐私的途径。一旦数据存储、传输或处理过程中出现安全漏洞，可能会导致大量个人敏感信息的外泄。

二是潜在影响：泄露的个人信息可能包括身份证号码、住址、电话、医疗信息等，这些信息如果被不法分子获取，可能会导致身份盗窃、诈骗、骚扰等问题，严重侵犯公民隐私权。

②数据滥用的风险

除了合法使用外，公共数据资源也可能存在滥用风险。一些机构或个人可能会为了商业利益或其他目的，利用公共数据资源开展不正当操作。

一是数据滥用的方式：企业利用公共数据资源进行精准营销，过度收集、分析个人行为数据，甚至将数据转卖给第三方，侵犯个人隐私。此外，某些政府部门或机构在没有充分合法授权的情况下，可能会过度收集个人信息，造成数据滥用。

二是潜在影响：这种滥用行为会破坏隐私保护的原则，导致个人信息过度暴露，进而影响个人自由、尊严和生活质量。

③数据泄露和黑客攻击

数据安全性问题也随公共数据开放而增加。如果数据没有得到有效保护，可能遭遇黑客攻击，导致敏感数据被盗取或篡改。

一是黑客攻击风险：随着公共数据的在线交换增加，为黑客攻击提供了可乘之机。通过网络攻击手段，黑客可能会非法访问公共数据系统，获取个人信息或篡改数据。

二是潜在影响：数据泄露或篡改可能影响公共安全、经济秩序，甚至威胁国家安全。被盗信息可能被用于诈骗、银行账户盗用等违法行为。

④个人信息过度收集

在开发利用公共数据时，部分数据采集者可能收集超出实际需求的个人信息，甚至涉及与服务无关的敏感数据。过度收集会增加隐私泄露和滥用的风险。

一是过度收集的风险：公共数据平台或商业公司在提供公共服务时，可能会要求公民提供与服务无关的个人信息，如工作经历、家庭状况、消费行为等。

二是潜在影响：过度收集个人信息会增加泄露和滥用的可能，也可能在无形中侵犯公民的隐私权。

⑤数据共享和跨境流动的隐私问题

公共数据资源的开放和利用常常需要跨部门、跨地区甚至跨国界的数据共享。跨境流动的数据可能面临不同国家或地区的隐私保护标准和法规差异，增加了个人信息泄露和滥用的风险。

一是跨境流动的风险：随着全球化发展，许多公共数据平台和大数据公司会将数据存储在海外服务器，或将数据流转至其他国家。这些国家隐私保护法律与国内存在的差异可能导致公民隐私保护的漏洞。

二是潜在影响：跨境流动的数据没有得到妥善保护时，可能导致数据暴露在隐私保护标准较低的国家或地区，造成数据滥用、监控等问题。

⑥数据去标识化和匿名化的挑战

为了保障公民隐私，许多公共数据平台会采取去标识化或匿名化处理，减少泄露风险。然而，这些技术手段也并非绝对安全，可能存在技术漏洞，导致数据被重新识别或还原。

一是去标识化的局限性：即使对数据作了去标识化处理，依然可能通过其他数据源进行关联分析，重新识别个人身份。

二是潜在影响：随着数据分析技术的发展，脱敏的数据也可能被破解，重新暴露个人信息。

⑦法律和监管的不足

尽管我国在数据保护领域已经制定了《个人信息保护法》《数据安全法》等相关法律法规，但在公共数据资源的开发和利用中，法律的适用性、及时性和执行力度仍然存在不足，可能导致个人信息的保护漏洞。

一是法律执行的难度：由于公共数据资源的开发和利用涉及多个领域和主体，部分数据主体规避监管，进行不正当的数据收集和利用。

二是潜在影响：法律法规的滞后或执行不到位，容易发生隐私泄露和数据滥用等问题，危害公民信息安全。

（2）应对方案

①监管侧应对方案

为了减轻公共数据资源开发利用对个人信息和隐私安全可能造成的影

响，可以采取以下措施：

一是加强法律法规建设：完善数据保护相关法律法规，明确数据收集、存储、共享、使用等环节中的隐私保护要求，严厉打击数据滥用行为。

二是提高数据安全性：采用严格的数据加密和安全防护措施，确保数据在存储、传输和处理过程中的安全性，防止数据泄露。

三是强化隐私保护意识：增强公共数据资源开发者和使用者的隐私保护意识，严格按照合法、必要、最小化原则收集和使用数据。

四是提高透明度和公民参与：提高公共数据开发利用的透明度，公民有权知晓其个人数据如何被收集、存储和使用，并有权控制和管理自己的数据。

五是国际合作与跨境监管：针对跨境数据流动，加强国际合作，建立统一的隐私保护标准和机制，避免数据跨境流动带来的隐私保护漏洞。

②企业侧应对方案

要保障公共数据资源开发利用对公民的个人信息和隐私安全不造成影响，可以从以下几个方面进行严格管理：

一是数据分类与分级保护。按照《数据安全法》等监管要求实施数据分类分级管理，对敏感信息采取加密和脱敏等技术保护。

二是数据最小化原则。遵循《个人信息保护法》最小化原则，仅收集开发所需的必要数据，并通过去标识化、匿名化减少可识别个人的数据暴露。

三是透明度与同意机制。确保数据收集和使用过程的透明性，明确告知公民收集、使用目的及相关风险。获取公民知情同意或合法授权，不得随意收集或滥用个人数据。

四是严格的数据存储与传输安全。使用加密和安全协议，确保数据在存储和传输中的安全，限制数据访问权限，仅授权必要人员访问。

五是数据共享和公开的管控。在公共数据共享和公开时对数据进行脱敏处理，避免公开可识别个人身份的信息。特别是跨境数据流动时要遵守 GDPR 等国际法规。

六是合规监测与风险评估。定期进行数据安全审计和风险评估，识别和处理潜在的隐私保护漏洞。设立专门的监管机构对数据处理活动进行持续监督，确保数据安全措施得到有效执行。

七是应急响应机制。建立数据安全事件应急响应机制，一旦发现数据泄露，及时处理并向监管部门报告。

八是隐私保护培训。加强隐私保护培训，提高数据安全的保护意识。

公共数据资源的开发和利用为社会带来了便利和创新，但也伴随着个人信息泄露、数据滥用、黑客攻击、跨境数据流动等问题对公民隐私和安全带来的威胁。因此，必须在开发和利用公共数据的同时，充分考虑隐私保护，制定健全的法律法规，采取强有力的技术措施，确保公民个人信息的安全和隐私的保护。

74. 怎样保障公共数据资源开发利用的安全？

数据全生命周期治理涵盖了数据从产生、存储、使用、共享、维护到销毁的各个阶段。每个阶段都需要严格的管理和规范，以确保数据的质量、安全性、隐私保护和合规性。通过这一过程，不仅可以提升数据利用效率，还能在数据共享与开放的过程中保证数据的合法性和安全性，从而推动数据在各行各业中的有效利用和价值创造。数据全生命周期治理要求技术、制度、流程和人员的紧密配合，才能实现高效、安全的公共数据管理。数据全生命周期治理各阶段核心内容及关键要点内涵如表 6-1 和表 6-2 所示。

表 6-1 数据全生命周期治理

阶段	目标	主要活动	关键要点
数据规划与采集阶段	确保数据采集的合法性、必要性和合规性	需求评估：明确数据使用目的；合规审查：符合法律法规；数据采集设计：确定采集方式、范围、频率；同意与告知：获取数据主体同意并告知目的；隐私保护：采取数据脱敏、匿名化等措施保护个人隐私；数据共享合规：在共享数据时遵循法规，防止滥用	数据采集合规性审核；合理的数据采集范围；保护敏感数据，避免过度收集数据

阶段	目标	主要活动	关键要点
数据存储与管理阶段	确保数据的安全性、完整性和可用性	数据盘点：识别数据源，评估数据质量，删除无效或重复数据，优化数据存储空间；数据目录制定：建立数据分类、标签系统，帮助数据管理和查询，记录数据生命周期，确保数据可追溯；数据分类与分级管理：根据敏感性分级；数据加密与访问控制：确保数据安全；数据备份与冗余：确保数据恢复；数据质量管理：定期检查数据质量	数据盘点、数据分类、分级和标识；数据加密技术与访问控制；定期备份与冗余；数据质量保证措施
数据处理与分析阶段	确保数据处理的合规性和有效性	数据处理合规性审查：符合法律规定；数据脱敏与匿名化：处理敏感数据；数据分析监控：监控数据分析过程；合规性评估：确保符合数据保护法规	数据处理活动的合规性；数据脱敏与匿名化；数据分析的透明性和问责机制；监控与审计数据使用过程
数据共享与开放阶段	合理开放数据促进资源共享保障数据安全	数据共享政策：制定共享策略；数据开放平台建设：构建共享平台；授权与许可管理：控制数据访问权限；数据去标识化：避免泄露敏感信息	数据共享政策与规则；数据去标识化处理；开放平台的技术保障与监管；数据共享的授权管理
数据使用阶段	确保数据使用符合法律、道德和社会规范，避免滥用	使用目的明确：确保合法使用；使用审核与监控：定期监控使用情况；数据使用反馈：收集反馈调整使用策略	数据使用的合法性与透明性；使用过程中的监控和审计；数据使用反馈机制
数据维护与更新阶段	确保数据的持续有效性、完整性和时效性	数据清理与更新：定期更新过时数据，确保数据的实时性；数据修正与完善：修正错误数据；数据过期管理：进行归档或销毁	数据的及时更新与修正；数据清理和过期管理；数据完整性维护
数据审计与监控阶段	确保数据合规性、提高数据质量、加强数据安全风险管理、优化数据管理流程	数据采集和输入监控：检查数据来源和采集规范；数据存储监控：确保数据存储安全；数据使用审计：监控数据访问、修改、删除等行为；数据共享与交换审计：确保合法共享；数据质量监控：检查数据的准确性和完整性；日志审计：记录操作日志；合规性审计：确保符合相关法律法规	数据访问权限管理；审计日志记录；异常检测与响应；确保敏感数据加密；定期检查数据合规性与安全性；使用自动化工具和技术应用提高效率和精度

续表

阶段	目标	主要活动	关键要点
数据销毁与归档阶段	确保数据销毁不泄露敏感信息、确保销毁过程合规	数据销毁流程：确保安全销毁；销毁记录与审计：记录销毁过程；数据归档管理：长期保存需要的归档数据	安全数据销毁机制；销毁操作记录与审计；数据归档和长期保存

表 6-2　数据全生命周期治理关键要点的内涵

关键要点	内涵
合规性管理	确保数据全生命周期中的每个阶段遵守相关法律法规，如《网络安全法》《个人信息保护法》《数据安全法》等
安全性保障	通过加密、访问控制、身份验证等技术保障数据的安全性，防止数据泄露或篡改
透明性和问责机制	数据处理和使用过程需要保持透明，相关部门和人员必须承担责任，确保合规性
数据分类与分级管理	对不同类型的数据进行分类和分级管理，确保敏感数据得到适当的保护
数据主体权益保护	保障数据主体（特别是个人信息主体）的权利，确保知情权、同意权、删除权、访问权等
技术保障	利用加密、脱敏、区块链等技术确保数据的安全性、隐私性和可追溯性
数据可持续发展	在保障数据安全的前提下推动数据资源的有效利用，同时保护公民的隐私和个人信息

同时，数据全生命周期安全治理有助于解决经济社会发展对高质量、高价值数据需求与数据供给不平衡之间的矛盾。提升数据全生命周期安全治理能力，不仅能提高数据质量，还能促进数据在不同主体间的有序流通，尤其是经过标准化治理的高质量数据，有助于降低流通成本。为提升数据质量，一方面需提升各参与主体的数据安全治理能力，以满足市场对数据质量的要求；另一方面，需要优化数据安全治理与技术之间的关系。数据的高效治理与质量提升离不开完善的数据基础设施建设，它是底层支撑。因此，推动数据基础设施建设，确保数据安全"动"起来，成为确保数据全生命周期安全的关键。

此外，还应建立健全的数据安全制度与管理体系，强化数据安全技术保障与应用水平，完善数据安全预警与应急机制，以最大程度地降低数据安全事件发生的概率及其影响。

数据安全治理围绕数据全生命周期开展管控活动，遵循"风险可控、运营合规、价值实现"的原则，从组织建设、制度建设、标准建设、基础设施建设、数据全生命周期安全管理（包括数据分类分级管理）、人员安全管理、应急响应及技术保护（包括网络安全管理）等多维度进行系统性治理。

目前全国各省各地在数据质量建设方面均出台了相关政策，推动数据安全治理管理能力成熟度评估（Data management Capability Maturity Model，DCMM），为数据质量管理工作提供了目标指引和标准遵循。数据要素参与主体可从数据分类分级保护与管理、数据全生命周期安全管理、数据安全事件及应急响应机制管理、合作方安全管理、数据安全人员要求、数据安全技术保护体系等维度评估、完善数据安全治理能力，降低各省级地方数据质量指数集中分布数值，缩小数据质量差异，切实有效地提升数据流通效率。

数据安全治理管理能力成熟度评估内容如表 6-3 所示。

表 6-3　数据安全治理管理能力成熟度评估

评估内容	评估要点
数据分类分级保护及管理	1.是否根据国家、行业标准及自身业务情况制定数据分类分级管理规范，并形成数据分类分级清单； 2.是否落实分类分级保护要求，按照数据的敏感性、重要性及潜在风险对数据进行分级（如个人信息、商业秘密、国家秘密）； 3.是否具备分级管理、维护、更新机制
数据全生命周期安全管理	数据收集
	1.是否制定并执行数据收集的安全策略和规程； 2.是否根据数据收集目的和用途，制定操作流程； 3.是否对外部数据来源进行合规性、收集方式、范围、类型、目的的风险评估，并保留相关记录

续表

评估内容	评估要点
数据全生命周期安全管理	**数据存储**
	1. 是否制定并执行数据存储安全策略和规程； 2. 是否根据法律法规结合业务场景明确不同数据的存储期限、地点及加密要求； 3. 是否根据数据安全级别、重要性等因素将数据进行分域分级存储； 4. 是否明确数据存储系统的账号权限管理、访问控制、日志管理、数据备份等要求
	数据传输
	1. 是否制定并执行数据安全传输策略和规程； 2. 是否具备数据传输监控机制，能及时发现并处置异常； 3. 是否根据数据安全等级采取相应管控措施，确保数据传输的安全性与可靠性
	数据使用加工
	1. 是否制定数据使用加工安全策略和规程； 2. 是否明确不同数据使用限制、安全要求、合规要求； 3. 是否建立权限审批和安全审计机制
	数据提供和共享
	1. 是否制定并执行数据提供和共享安全策略； 2. 是否进行数据安全风险评估并实施审批机制； 3. 是否采用数字水印、脱敏或访问授权等保护措施； 4. 是否进行安全监控并按规定进行安全审计
	数据销毁
	1. 是否制定并执行数据销毁和审批机制； 2. 是否明确销毁对象、原因、方式及操作规程，并按相关法律法规及时销毁数据； 3. 是否对数据销毁过程进行记录并定期审计
数据安全事件应急响应机制	1. 是否制定数据安全事件应急响应机制，明确响应级别、处置策略、人员职责、事件上报等事项； 2. 是否定期开展数据安全应急演练并记录情况
合作方安全管理	1. 是否对合作方的数据安全能力制定核查标准，并进行事前安全评估，保留评估报告； 2. 是否对合作方外来人员在指定区域内进行业务活动时采取管理措施

评估内容	评估要点
数据安全 人员要求	1. 是否定期开展数据安全教育培训并进行考核； 2. 是否对关键岗位人员进行考核并建立问责机制
数据安全技术 保护体系	1. 是否通过技术工具建立数据管理台账，有效识别和管理数据； 2. 是否采取加密存储、身份鉴别、访问控制等技术措施保护数据安全； 3. 是否实施有效的网络入侵防护控制措施

75. 如何进行数据分类分级管理工作？

数据分类分级管理是保障公共数据资源开发利用安全的重要手段之一。通过对数据进行合理的分类和分级，可以有效地制定不同的数据保护措施，确保敏感数据的安全，提高数据使用的效率，减少数据泄露或滥用的风险。同时，数据分类分级管理还应符合现行的法律法规，为公共数据开发利用的合规性和安全性提供保障。

公共数据分类分级是确保公共数据安全、规范化管理的重要手段。通过对数据进行科学分类和分级，可以合理安排数据的使用、存储、共享与保护，确保敏感数据得到有效保护。公共数据分类分级的原则包括以下几个方面。

（1）法律合规原则

数据的分类和分级应符合相关法律法规的要求。例如，《数据安全法》要求对涉及国家安全、公共利益的敏感数据进行严格管理。分类分级过程中，考虑到数据的合规性，合理设计公开与限制访问的范围，确保数据在不同环境下的使用符合相关法律法规的要求。

（2）就高从严原则

在公共数据的分类分级过程中，应遵循"就高从严"的原则。即如果一个数据集包含多个数据项，且不同数据项的级别不同，整个数据集应按照其包含数据项的最高级别来进行定级。这种做法可以确保数据集在处理和保护过程中能够采取最严格的安全控制措施，避免由于低级别数据项的存在而导致整体数据的泄露或滥用风险。例如，若某个数据集包含敏感数据和公开数据，数据集的级别应定为敏感数据级别，而非公开级别。

（3）功能性原则

根据数据的用途和功能将数据进行分类。主要根据公共服务、行政管理、社会管理等方面的数据，区分不同的应用场景。例如，公共服务数据、政府管理数据、社会治理数据等。

（4）重要性原则

根据数据的重要性和敏感性进行分类。例如，涉及国家安全、经济安全、社会稳定等领域的数据应当被视为重要数据。数据的重要性通常与其对决策支持、社会管理、法律遵循等方面的影响程度相关。

（5）敏感性原则

根据数据是否包含敏感信息、个人隐私或者社会安全等问题，划分不同的保护级别。数据分级管理可以有效避免信息泄露、滥用等风险。常见的敏感数据包括个人信息、商业机密、政府政策等。

（6）分级管控原则

数据分类分级后，应根据不同级别的安全要求实施分级管控措施。各级别数据的保护措施应适应其敏感性和使用需求，确保数据的安全性和合规性。分级管控措施包括但不限于：

①数据加密：对高级别数据进行加密处理。

②权限控制：根据数据的级别，严格控制访问权限，确保只有授权用户才能访问敏感数据。

③审计追踪：对高级别数据的操作进行记录与审计，防止数据滥用和泄露。

④数据备份与恢复：对于重要级别的数据，应定期进行备份，并采取安

全措施确保数据恢复的可靠性。在数据的全生命周期（采集、存储、使用、共享、销毁等）中，应持续采取恰当的管控措施，确保数据的安全和合规。

（7）层次化管理原则

公共数据应按照数据的重要性、敏感性以及使用需求，构建多层次的数据管理架构。通过分级管理，将不同级别的数据归入不同的管理体系，避免低级别数据的管理方式影响高级别数据的保护。层次化管理不仅适用于数据本身，还应覆盖数据的处理流程、技术架构和人员管理等各个环节。

（8）动态更新原则

数据的敏感性和重要性可能随时间和环境的变化而发生变化，因此，分类分级工作应具备动态更新的机制。动态更新机制包括：

①定期评估：定期对已分类分级的数据进行重新评估，判断是否需要调整其分类或分级。评估可基于数据的实际使用情况、法律政策的变更、技术的发展等因素。

②应急调整：当出现新的安全风险或法律要求时，及时调整数据的分类分级，以应对新的挑战。例如，某些敏感数据可能因泄露事件被重新划为更高级别的保护数据。

③反馈机制：建立用户和管理者反馈机制，根据实际操作中发现的问题调整数据分类分级标准和实施细则。

（9）公开透明原则

公共数据的分类和分级应考虑到信息公开的原则。对于公共部门拥有的非敏感、非机密的基础性数据，应推动其公开共享，以促进政府透明度和公众参与。例如，政务公开数据、环境监测数据等，应当进行适当分类并推动开放使用。

（10）便于管理和利用原则

数据分类分级应便于数据的管理、存储、检索和利用。应根据数据的实际情况，制定合理的管理流程和技术措施，确保数据高效流转与利用。数据分级管理可以帮助政府和机构更高效地进行数据存储、备份、权限控制等工作。

（11）灵活性和可扩展性原则

数据分类分级体系应具有灵活性和可扩展性，以应对数据量不断增加和新类型数据的出现。分类标准和分级规则需要随着技术进步和管理需求变化进行适时调整。

数据分类分级保障公共数据资源开发利用安全的流程和关键要点如表6-4所示。

表 6-4　数据分类分级流程表

步骤	关键要点
数据盘点与识别	数据盘点：对数据资源进行清单化管理，确保每项数据都被正确记录、归类、审查，为数据管理和利用提供基础信息； 数据识别：识别和确定数据的来源、类型、用途和价值等信息，为后续的数据管理、分类、分级、保护等工作奠定基础
数据收集	将所有相关数据进行收集、整理、存储，确保数据在整个生命周期内都能进行追踪管理
数据分类	按照数据的性质进行分类： 结构化数据：数据按预定格式（如表格、数据库）进行存储，通常易于查询和分析。例如，政府统计数据、财政数据等； 非结构化数据：数据没有固定格式，通常以文本、图像、视频等形式存在。例如，社交媒体数据、新闻报道、音频记录等； 半结构化数据：介于结构化和非结构化数据之间，具有一定的格式和标签，但不完全符合传统数据库表格的规范。例如，XML、JSON 格式的数据
	按照敏感程度、使用范围、影响程度、共享程度进行分类： 公开数据：任何人均可访问，无需特殊保护； 低敏感数据或受限数据：需要授权访问，但泄露不会造成重大影响； 敏感数据：涉及个人隐私、商业利益等，需要采取适度保护措施； 高敏感数据：涉及国家安全或商业核心，需严格保护； 机密数据：极度敏感，泄露可能造成严重后果，必须进行最高级别的保护

续表

步骤	关键要点
数据分类	按照行业进行分类： 政府管理与公共服务：涵盖政府部门、社会管理、政策制定、预算及公共事务等； 经济与财政：涉及国家经济发展、财政管理、税务、市场运行等； 环境保护与资源管理：包括资源消耗、生态环境监测、废物管理等； 交通与基础设施：涉及道路、交通流量、城市基础设施建设等； 教育与科研：涵盖教育发展、学校、科研项目、学术成果等； 健康与社会保障：包括公共卫生、医疗服务、社会福利等； 农业与农村发展：涉及农业生产、农村经济、土地使用等； 科技与创新：包括科研技术、专利、创新企业等； 文化与旅游：涵盖文化项目、旅游数据、文艺产业等； 公共安全与应急管理：涉及公共安全、灾难应对、警务数据等； 能源与矿产资源：包括能源消费、生产、矿产资源等； 金融与保险：涉及金融市场、银行数据、保险等； 法律与司法：涵盖法律条文、司法判决、案件记录等； 国际合作与外交：涉及国际合作、外交事务、跨国协议等
数据分级	根据数据的重要性、影响程度及影响对象进行分级；制定公共数据分级标准
制定安全措施	根据分类分级，制定相应的安全措施，例如，对于公开数据，无需加密，但需要确保其真实性；对于敏感数据，应加密存储、使用访问控制，并进行脱敏处理；对于高敏感数据，除加密外，还需进行严格的身份认证和审计监控
执行与监控	执行分类分级管理措施：实施具体的数据保护措施，如访问控制、加密、数据脱敏等； 监控和审计：持续监控数据的使用情况，进行审计，以确保数据的使用符合规定
定期评估与更新	评估数据分类分级效果：定期评估数据分类分级实施的效果，确保安全措施有效； 更新数据分类分级标准：随着数据环境、法律法规及技术变化，定期更新数据分类分级标准和安全保障措施
安全风险评估和应急预案	定期开展安全风险评估，确保数据资源的安全性，及时发现潜在风险。制定并演练数据泄露等突发事件的应急预案，迅速处理数据安全问题

公共数据分类分级参考示例如表 6-5 所示。

表 6-5　公共数据分类分级参考示例

分类分级	定义	影响程度	特征	示例
公开数据	无需保护、广泛公开且可自由访问的数据	低	无敏感信息、可公开和共享、无需特殊保护措施、易于获取和使用	政府统计数据 公共交通时刻表 天气预报数据
低敏感数据	对组织或个人影响较小的数据，访问需一定授权，但不涉及重大隐私或商业风险	中低	受控访问、不涉及严重隐私或国家安全、公开时有一定限制、需保障数据准确性和保密性	企业年报 政府预算支出数据 普通行政审批信息
敏感数据	泄露可能对个人、组织或国家产生中度影响的数据，需采取较强的保护措施	中	涉及个人隐私或商业机密、需要加密存储和传输、存在中等风险，泄露可能造成名誉损害或经济损失	个人健康记录 社会保障数据 部分政府政策数据
高敏感数据	泄露可能导致重大损害或影响国家安全、个人安全、商业机密等领域的数据，必须严格管理和保护	高	涉及国家安全或重大商业机密、高级别加密保护、严格访问控制和审计、泄露可能对组织或国家安全造成重大损害	军事机密数据 核能数据 高级商业机密
机密数据	泄露将对国家、社会、企业或个人造成不可挽回的严重损害，访问和使用限制最严格	极高	极度敏感数据、需全程加密、严格控制访问权限、泄露后果极为严重，可能导致社会不稳定或国家安全风险	核军事技术数据 外交机密文件 高度敏感的情报数据

76. 怎样开展数据安全评估审计工作？

数据安全评估与审计是确保公共数据资源开发利用过程中的数据安全、

隐私保护、监管合规的重要手段。通过定期的安全评估与审计，能够及时发现并纠正数据流通过程中存在的安全漏洞或风险，确保数据开发和利用过程中的合规性。

公共数据资源开发利用的数据安全评估与审计内容如表 6-6 所示。

表 6-6　数据安全评估与审计内容

评估 / 审计项目	描述
数据流通主体合规审计	合规经营能力是数据流通各参与主体进行有效数据流通活动的重要考量因素，为保障数据开发利用的安全，数据流通主体除了要满足合规审查总体要求外，还需要根据自身特性、参与数据流通定位及作用的差异化履行合规审查要点
数据访问与权限控制审计	检查对公共数据的访问权限，确保只有授权人员可以访问敏感数据，审查权限设置的合理性及是否存在不当的权限授权
数据存储与传输安全审计	审核数据存储和传输过程中是否采用加密技术，是否符合安全存储的要求，数据传输是否采用安全协议，是否存在数据泄露的风险
数据处理与使用合规性审计	检查数据在开发和利用过程中是否遵守《数据安全法》《个人信息保护法》等法律法规要求，确保没有超范围使用或非法利用数据的行为
数据脱敏与匿名化处理审计	审核涉及个人信息或敏感数据时，是否采取了脱敏或匿名化措施，以防止数据被非法使用或泄露；审查脱敏技术和方法是否符合要求
数据共享与开放审计	审查政府和相关部门的数据共享和开放是否符合规定，是否遵循分类分级管理，是否保护了数据的敏感性和隐私，审查共享过程中的安全措施
数据备份与恢复能力审计	审查数据是否进行定期备份，备份是否安全存储，恢复能力是否符合要求，确保在数据丢失或损坏的情况下能够及时恢复，保障数据的长期安全性
数据安全风险评估	评估数据处理和存储过程中可能存在的风险，识别潜在的安全威胁和漏洞，提出改进方案，并对现有的安全防护措施进行有效性验证
审计日志与监控审计	检查数据处理系统是否记录所有的操作日志，确保对数据访问、修改、删除等行为有完整记录，且日志能够有效监控不正常的操作行为，并及时处理异常情况
合规性检查与法律责任审计	审查数据开发和利用过程中是否符合相关法律法规要求，检查是否存在违反法律法规的行为，如非法收集、处理个人信息等，确保数据的合规性并防范潜在的法律风险

续表

评估 / 审计项目	描述
第三方安全审计与认证	对涉及第三方的数据处理、存储或共享进行安全审计，确保第三方符合安全合规要求，获取必要的安全认证，防止因第三方合作不当造成数据泄露或损失

公共数据资源开发利用的数据安全评估与审计流程如表 6-7 所示。

表 6-7 数据安全评估与审计的流程

评估与审计流程	内容
计划阶段：评估目标的确定、范围的设定和审计团队的指定	
确定评估目标	明确评估的目标，如评估数据开发利用过程中的数据安全风险，审计数据访问和使用的合规性等
设定评估范围	定义数据种类、开发利用的流程、涉及的数据处理环节等
指定审计团队	组建数据安全审计团队，包含技术专家、法律顾问及合规人员
实施阶段：收集数据、审计数据流程，分析风险，检查合规性	
数据收集	收集数据处理、存储、传输、共享的相关文件、日志、报告等资料，确保了解数据生命周期的各个环节
安全审计	对数据开发利用过程中各环节进行审计，检查数据分类分级、访问控制、存储与传输安全等
风险识别与分析	识别数据开发利用中的安全风险，提出改进方案
脱敏与合规检查	审查数据脱敏、匿名化措施，确保敏感数据合规处理
分析阶段：识别问题并进行风险评估，确保数据合规性	
问题识别	识别数据安全管理中的漏洞、风险和不合规行为
风险评估	对问题进行风险评估，评估数据泄露、滥用等风险
合规性评估	确认数据开发利用过程是否符合《数据安全法》《个人信息保护法》等相关法律法规要求
报告阶段：撰写审计报告并提出改进措施，向管理层汇报审计结果	
制定改进措施	提出改进建议和防范措施，如加强权限管理、数据加密、审计监控等
撰写审计报告	撰写详细审计报告，包含问题发现、风险评估、整改建议等
向管理层汇报	汇报审计结果和改进建议，确保数据安全问题得到重视

续表

评估与审计流程	内容
整改与后续审计阶段：实施整改措施并进行后续审计，确保安全管理措施落地	
整改实施	根据审计报告实施整改措施，改进数据安全管理
后续审计	定期开展后续审计，确保整改措施有效落实，及时识别新出现的安全问题

　　公共数据资源开发利用以数据供需方、数据商、第三方专业机构、数据监管方等为主要数据要素参与主体，实现数据产权、定价、流通、交易、使用、分配、治理、安全的执行落地，促进数据供需双方的有效连接，在数据资源化、资产化、资本化的过程中释放数据价值。数据流通主体合规审查是确保公共数据开发利用的关键环节。不同国家和地区在数据流通主体合规审查的实践虽然存在差异，但都在逐步加强对数据流通主体的监管和保护。

　　数据流通主体的合规审查评估如表 6-8 和表 6-9 所示。

表 6-8　数据流通主体合规审查评估维度表

评估维度	审查要求	具体内容
合法维度	企业资质	数据流通主体应依法取得营业执照或相关登记证书，非中国大陆企业需提供等同合法证照
	行业资质	数据流通主体若经营业务属于需法律、行政法规规定的行业资质审批的，应依法获得批准或资质
	组织形式	数据流通主体的组织形式应符合国家及地方数据流通管理要求
	数据交易场所认证	数据供方进行场内交易应通过数据交易场所运营机构认证为数据商后，方可进行数据交易
安全维度	合规要求	数据流通主体应符合《网络安全法》《数据安全法》《个人信息保护法》等相关法律法规的要求
	技术与管理能力	根据业务特性、企业规模、数据类型等，符合安全管理要求，采取技术保护措施
	安全审查	在本书"问题：69.怎样保障公共数据资源开发利用的安全？"部分进行详细阐述

续表

评估维度	审查要求	具体内容
诚信维度	主体身份材料提交	数据流通主体应提交主体身份材料，经过数据交易场所运营机构审核登记
	数据商准入	数据商应提交数据商主体准入材料和适格的数据交易承诺函，通过数据交易场所运营机构审核认证
	交易经验与违规记录	数据流通主体应具备数据交易经验，近3年内无未整改完毕的重大刑事处罚、重大行政处罚及信用不良情况
	信用审查与合规记录	近3年内未违反数据交易承诺或业务规则，未有违反网络安全、数据安全、个人信息保护的记录
权益保障维度	权益保障机制	数据流通主体应建立数据主体权益保障机制，包括权利告知、请求响应和处理等
	合作协议保障义务与责任	与合作方在合作协议中约定数据处理的授权范围、权益保障义务和责任
	协议遵守与争议管理	应遵守与合作方签订的协议内容，确保不存在数据相关的未决争议
	合作方资质审核	应核验合作方的数据安全能力、资质证照、管理能力、法律遵守情况等，并留存资质审核资料
	个人信息保护	交易标的涉及个人信息时，交易主体应具备自动化响应个人信息主体权利请求的能力，例如通过隐私管理平台

表 6-9 数据流通主体合规审查评估要点

主体	合规审查要点	评估要求
数据交易所	设置数据合规管理部门及数据合规官； 制定数据流通交易制度规范； 提供数据交易基础设施和安全保障服务； 对数据合规评估报告进行审查并披露报告摘要； 建立统一身份管理机制和行为准则； 建设数据产品挂牌和交易安全的风控体系； 建立数据交易安全合规巡查制度	完善管理架构 安全保障和基础设施建设 风控体系和应急机制 交易合规审查和监管

主体	合规审查要点	评估要求
数据供方	网络安全等级保护备案； 依法取得相关资质证照； 履行数据处理者义务并明确安全负责人； 建立数据安全管理制度和技术保护机制； 安全数据存储和监测； 向交易所提供合法性证明和安全承诺； 处理敏感信息需获得同意并进行数据脱敏； 定期开展安全培训； 完整的数据安全事件处置流程	资质证照和合法性审查 数据安全管理和技术保护 合同义务履行和数据脱敏
数据需方	履行数据处理者义务并明确安全负责人； 建立数据安全管理制度和技术保护机制； 安全数据存储和监测； 严格按照协议使用数据、避免非法重新识别； 数据使用后按约定销毁数据； 完整的数据安全事件处置流程	严格数据使用规则 数据安全管理和监测 数据销毁与合规审查
数据商	拥有行业认可的专业服务资质； 财务状况良好、未有重大财务风险； 合法经营、具备数据服务专业人员； 严格遵守法律法规、确保报告真实准确； 完整的数据安全管理和技术保护机制； 履行保密义务、妥善存管客户资料； 完整保存交易服务资料、建立业务档案管理制度； 及时处置数据安全事件并报告主管部门	具备专业资质和合法经营 严格遵守行业规定 数据安全和报告合规性

为降低数据流通风险，数据流通各参与主体应积极履行数据安全保护义务，建立健全数据安全管理组织架构，制定全流程数据安全管理制度，设立数据安全管理部门，采取相应的技术措施和其他必要措施，确保数据在安全基础上有序流通。数据安全管理和技术保护能力合规审查评估要点在本书"问题69：怎样保障公共数据资源开发利用的安全？"中进行阐述，此处不再赘述。

数据开发利用合规风险包括在数据流通过程中的所有行为及相关数据产品带来的合规风险。合规风险评估的流程包括风险识别、风险分析、风险评价及风险处置。通过合规风险评估去确定合规风险的来源、可能性、后果性质、影响范围和风险优先级等，进而去支持风险处置的决策。

（1）风险识别

识别合规风险源、界定合规风险情形，涵盖交易前、交易中、交易后的全流程。数据流通各参与方应成立数据合规管理部门，设置首席数据官岗位，建立合规管理体系和数据合规风险管理办法，定期开展合规风险日常监测和评估，加强数据安全风险研判预警，及时发现数据流通过程中各参与方合规风险和过程合规风险，及时更新数据流通合规风险界定准则，完善数据安全事件应急响应机制。

（2）风险分析

风险分析包括合规风险性质分析、合规风险特征分析、合规风险等级分析。数据流通各参与方围绕不合规原因、风险类型、发生可能性、利益相关方、涉及流通交易环节、影响程度、控制能力、复杂程度等因素，运用定性、定量方法或者组合方法展开分析，界定合规风险等级。

（3）风险评价

比较风险分析中确定的合规风险等级与数据流通各参与方可接受的合规风险水平并设定优先级。数据流通各参与方在发生交易对手、数据产品、交易条件发生变更、合规义务发生变化、数据流通过程中出现己方或他方的不合规情形时，应开展对数据流通过程中的合规风险再评估。

（4）风险处置

数据流通各参与方根据不同风险等级设定相应处置机制，采取措施降低风险损失。

①数据交易所风险处置措施

数据交易所风险处置措施应以保证数据交易合法合规、安全可控为原则，根据风险事件对数据交易市场的影响程度采取具体措施，包括但不限于下列内容：轻微违规：纳入重点关注名单，书面警示或约谈，要求整改；违规影响市场：暂停新挂牌申请、中止已有挂牌、限制交付或结算业务；严重违规：取消服务资格、禁止交易、依法上报主管部门处理。

②数据供方风险处置措施

数据供方风险处置措施应根据风险类别和风险等级进行相应的风险处置，具体措施包括但不限于下列内容：风险应急预案：设立预防与纠正措施，规避或减轻风险；暂停机制：发现违法行为暂停相关业务，进行内部调查并上报数据监管部门；配合调查：积极配合调查，协助执法机构。

③数据需方风险处置措施

数据需方风险处置措施应根据不同的风险类别给予相应的风险处置，及时控制风险及降低风险影响。数据流通使用过程应全程监控防范风险发生，通过风险预警机制规避风险发生或减轻风险损失。若发生数据违法行为应及时上报所在地区的数据监管部门及向公安机关报案，主动积极配合执法机构开展相关调查。

④数据商风险处置措施

数据商在数据流通交易服务过程中，发现数据流通交易不合规的情形，应采取以下措施：停止不合规服务：发现不合规情形，立即停止提供服务并告知相关方；违法行为报告：涉及违法行为时，及时上报监管部门及公安机关，协助调查。

77.如何建立数据安全事件应急响应机制？

数据安全事件应急响应机制对保障公共数据资源的开发和利用安全具有至关重要的作用。它不仅有助于快速应对各种数据安全事件，保护数据的完整性、可用性和机密性，还能够避免由于数据泄露或滥用所带来的经济损失和社会影响。同时，它推动了法律法规的完善、提升了公众的安全意识，并通过跨部门的协作机制确保了公共数据资源的可持续、安全发展。数据安全事件应急响应机制对于保障公共数据资源开发利用安全的重要意义，具体表现在以下几个方面。

（1）确保数据资源的可用性和完整性

数据安全事件应急响应机制能够有效应对和处理数据泄露、篡改、丢失等安全事件，确保公共数据资源在发生安全事件时能迅速恢复，避免因事件导致的数据丢失或错误，保障数据的完整性和可用性。这对于政府决策、公共服务、社会管理等依赖公共数据的各项工作至关重要。

（2）防止公共数据资源被滥用或非法利用

公共数据资源可能包含大量敏感信息，若遭到泄露或非法利用，可能会对社会秩序、公众利益及国家安全带来极大威胁。应急响应机制通过实时监测和快速反应，能够及时发现数据滥用的风险，并通过有效的应急处置措施，减少数据安全事件的危害，防止数据资源被恶意利用。

（3）减少经济损失和社会影响

公共数据资源的安全事件若不及时应对，可能会导致严重的经济损失、名誉损害和社会信任危机。例如，重要的公共基础设施或政府服务系统因数据泄露或篡改而停滞不前，可能影响民众的日常生活和社会秩序。通过建立健全的应急响应机制，可以在第一时间采取措施，减少安全事件的持续时间和影响范围，从而有效降低经济损失和社会影响。

（4）提升公众信任和数据保护意识

一旦发生数据安全事件，快速有效的应急响应机制能及时处理问题，公开透明的应急处置过程和结果能够增强公众的信任感，表明政府和相关机构在数据保护方面有严格的监管和防护措施。通过处理好每一次数据安全事件，政府可以提升公众对公共数据资源安全的信心，并推动社会各界对数据保护的重视。

（5）推动法律法规和政策的完善

数据安全事件的应急响应机制还能够为制定和完善数据安全管理政策、

法规提供实践经验。在应急响应过程中，涉及数据保护的法律、合规性问题，能够及时反馈出现的漏洞和不足。通过总结这些经验教训，可以推动相关法律法规和技术规范的完善，进一步加强公共数据资源的保护。

（6）促进数据资源共享与利用的平衡

公共数据资源的开放和共享是推动社会进步和创新的重要动力。然而，过度开放和不规范的共享可能导致数据泄露和滥用。数据安全事件应急响应机制确保了数据资源在共享过程中的安全性，维护了数据共享与隐私保护之间的平衡，为促进数据资源的安全利用创造了有利环境。

（7）强化跨部门协同合作

数据安全事件的应急响应不仅仅是单一部门的责任，它需要政府各部门、行业监管部门、数据处理者等多方协调合作。应急响应机制通过加强跨部门的合作与沟通，确保在数据安全事件发生时，相关部门能够迅速响应、协同作战，形成合力处理问题。这种高效的合作机制为公共数据资源的安全提供了有力保障。

组织建立一套全面的数据安全应急响应计划，确保能够在数据安全事件发生时，迅速有效地应对，减少损失并恢复运营。公共数据应急响应处置与跟踪溯源措施包括：

①模拟演练

定期举行应急演练，检验预案的有效性，培训团队应对突发事件的能力，确保关键时刻能够迅速有效地作出反应。

②第三方协作

建立与网络安全服务商的合作关系，在危急时刻获得专业技术支持，弥补自身不足。

③法律援助准备

预先联系法律顾问，迅速处理涉及法律诉讼等问题，保护合法权益。

④公众沟通计划

制定信息发布策略，维护机构形象和社会信任。

⑤应急响应处置

制定并启动安全事件应急预案，控制事态、消除隐患、组织研判、保存证据并及时向相关部门报送信息。

⑥事件跟踪溯源

对安全事件的源头和成因进行分析，改进预案和技术策略。

建立数据安全应急响应计划的详细步骤和策略如表6-10所示。

表 6-10 数据安全应急响应计划

步骤	策略
步骤 1：审查现有安全状况	进行全面的安全状况审查，包括漏洞扫描、渗透测试、配置审查等，以评估现有的安全措施和潜在的安全威胁
步骤 2：确定关键资产	识别对组织至关重要的资产，如客户数据、财务信息、知识产权等，进行数据盘点，明确数据的结构、存储和访问方式
步骤 3：明确应急响应组织结构与职责	建立应急响应领导小组与工作小组，明确各组成员的职责和分工，确保快速响应与协调
步骤 4：制定风险管理策略与技术方案	针对不同类型的突发事件设计防护措施，更新风险评估结果，使用加密、访问控制等技术手段加强安全防护
步骤 5：设立预警机制和信息共享渠道	建立实时监控系统和预警平台，利用 IDS、SIEM 等工具加强监控和跨部门合作，以便及时发现潜在威胁
步骤 6：制定详细的应急响应流程	设计从事件发现、初步评估到恢复修复等全流程应急响应步骤，并定义每个环节的责任人和操作流程
步骤 7：组建应急响应团队	成立计算机安全应急响应团队（CSIRT），由网络安全专家、系统管理员等组成，负责事件的监测、响应与处置
步骤 8：准备应急响应工具和设备	准备必要的安全工具，如防病毒软件、入侵检测系统、日志分析工具等，确保能够迅速应对安全事件
步骤 9：进行应急响应培训和演练	定期进行应急响应演练，检验应急计划的有效性，并提高团队成员的响应能力和实际操作技能
步骤 10：风险评估与预案制定	进行数据安全风险评估，识别潜在威胁并制定应急预案，确保在数据泄露等事件发生时有应对措施

全国各省各地数据安全事件应急响应工作应具备的组织架构体系基本原则如下：一是统一领导、分级负责：数据安全事件应急工作需坚持统一领导，按事件级别分级负责。二是统一指挥、密切协同：各级部门需统一指挥、密切协同，确保高效快速反应。三是快速反应、科学处置：确保迅速响应并科学处理事件。四是责任落实：贯彻"谁管业务、谁管业务数据、谁管数据安全"的原则，落实数据处理者的主体责任。五是共同应对：充分发挥各方面力量，共同做好数据安全事件的应急处置工作。

数据安全事件应急响应组织体系如表 6-11 所示。

表 6-11　数据安全事件应急响应组织体系

机构	组织及职责
领导机构	在国家数据安全工作协调机制统筹协调下，统一领导数据安全事件应急管理工作，统筹指挥特别重大数据安全事件的应急处置
办事机构	负责数据安全应急处置工作，向领导机构报告事件情况，提出应对措施建议，并协调重大、较大、一般数据安全事件的处置工作
地方和数据处理者	各省、自治区、直辖市及计划单列市等主管部门，负责本地区数据安全事件的应急处置和预案制定；各数据处理单位负责预防、监测、应急处置及报告工作。中央企业应督促所属企业履行属地管理要求，向领导机构报送处置情况
应急支撑机构	行业监管部门遴选专业数据安全应急支撑机构，负责数据安全事件的预防保护、监测预警、应急处置、攻击溯源等工作
协同联动	行业监管部门与其他相关部门协同联动，依法配合开展数据安全事件应急处置工作

如表 6-12 所示，数据遭到篡改、破坏、泄露或者非法获取、非法利用等数据安全事件，根据对国家安全、企业网络设施和信息系统、生产运营、经济运行等造成的影响范围和危害程度，将数据安全事件分为特别重大、重大、较大和一般四个级别。

表 6-12　数据安全事件级别表

数据安全事件级别	影响范围及危害程度
特别重大	1. 对国家安全、社会秩序、经济建设和公众利益构成特别严重威胁； 2. 核心数据、重要数据遭到篡改、破坏、泄露或非法利用，构成特别严重威胁； 3. 对生产运营等造成特别重大损害，导致大范围停工停产或业务中断，或导致核心网络设施异常超过 24 小时，或导致重大干扰超过 24 小时； 4. 直接经济损失 ≥ 10 亿元； 5. 涉及 ≥ 1 亿人个人信息或 ≥ 1000 万人敏感个人信息； 6. 其他特别重大危害或影响
重大	1. 对国家安全、社会秩序、经济建设和公众利益构成严重威胁； 2. 重要数据遭到篡改、破坏、泄露或非法利用，构成严重威胁； 3. 对生产运营等造成重大损害，导致较大范围停工停产，或导致网络异常超过 12 小时，或导致干扰超过 12 小时； 4. 直接经济损失 1 亿元（含）—10 亿元； 5. 涉及 1000 万人（含）—1 亿人个人信息或 100 万人（含）—1000 万人敏感个人信息； 6. 其他重大危害
较大	1. 对国家安全、社会秩序、经济建设和公众利益构成较严重威胁； 2. 重要数据或一般数据遭到篡改、破坏、泄露或非法利用，构成较严重威胁； 3. 对生产运营造成较大损害，导致部分业务处理能力丧失，或导致网络异常超过 8 小时，或导致干扰超过 8 小时；
较大	4. 直接经济损失 5000 万元（含）—1 亿元； 5. 涉及 100 万人（含）—1000 万人个人信息或 10 万人（含）—100 万人敏感个人信息； 6. 其他较大危害
一般	1. 对社会秩序、经济建设和公众利益构成较轻威胁； 2. 数据遭到篡改、破坏、泄露或非法利用，构成较轻威胁； 3. 对生产运营造成损害较轻，或网络异常持续时间 8 小时以下； 4. 直接经济损失 5000 万元以下； 5. 涉及 100 万人以下个人信息或 10 万人以下敏感个人信息； 6. 其他一般危害

数据安全事件预警机制及响应措施如表 6-13 所示。

表 6-13　数据安全事件预警机制及响应措施表

预警级别	数据安全事件等级	预警等级描述	发布权限	预警发布内容	响应措施
红色	特别重大	可能发生特别重大数据安全事件，造成极其严重的危害和影响，事态紧急，需要立即采取应急响应	数据安全机构报部网信领导小组同意后发布，同步报国家数据安全工作协调机构办公室	包括预警等级、起始时间、影响范围、危害、警示事项、防范措施、处置时限要求、发布范围、发布机关等	1.数据处理者及时收集、报告信息，增强监测；2.数据安全应急支撑机构进行信息分析评估和事态跟踪，提出工作措施；3.专家进行风险研判，提出处置方法和整改建议；4.加强值班值守，确保通信畅通；5.制定防范措施和应急工作方案，协调资源，做好准备；6.数据安全应急支撑机构待命，检查设备和软件工具，确保状态良好
橙色	重大	可能发生重大数据安全事件，事态较为严重，需尽快应对，避免影响扩大	数据安全机构报部网信领导小组同意后发布		
黄色	较大	可能发生较大数据安全事件，具有一定影响和危害，需采取防范措施，但不急需立即响应	地方行业监管部门发布		1.数据处理者及时收集、报告信息，增强监测；2.数据安全应急支撑机构进行信息分析评估和事态跟踪，提出工作措施；3.专家进行风险研判，提出处置方法和整改建议
蓝色	一般	可能发生一般数据安全事件，影响较小，需密切关注	地方行业监管部门发布		

数据安全事件应急响应流程如表 6-14 所示。

表 6-14　数据安全事件应急响应流程表

应急响应流程	内容
响应级别	Ⅰ级：对应特别重大数据安全事件；Ⅱ级：对应重大数据安全事件；Ⅲ级：对应较大数据安全事件；Ⅳ级：对应一般数据安全事件
响应启动	Ⅰ级响应：根据国家数据安全工作协调机构决定或部网信领导小组批准后启动，数据安全机构统一指挥、协调，涉及严重危害，需紧急响应；Ⅱ级响应：数据安全机构决定启动，统一指挥、协调；Ⅲ级响应：地方行业监管部门决定启动，指挥协调；Ⅳ级响应：数据处理者依照行业标准自行启动，应急响应
响应步骤	1.事件监测和报告：数据处理者发现事件后立即判断并报告，较大及以上事件报告给地方行业监管部门，地方行业监管部门按照"电话10分钟、书面30分钟"报告数据安全机构； 2.先行处置：数据处理者启动应急响应，组织应急队伍采取处置措施，进行数据恢复和追溯，并保存相关痕迹和证据； 3.应急响应：行业监管部门组织数据安全应急支撑机构、专家等进行研判，确定事件级别和响应等级，启动应急响应
响应步骤	Ⅰ级响应：启动时，数据安全机构统一指挥，协调各方；20分钟内电话报告，40分钟内书面报告事件情况；加强值班值守，确保联络畅通；设立应急恢复、事件溯源、影响评估、信息发布等工作组；启动应急会议，研究应急措施，指导地方行业监管部门及数据处理者；根据需要评估是否进行现场检查 Ⅱ级响应：数据安全机构决定启动，统一指挥协调；同样要求20分钟电话报告、40分钟书面报告事件情况；加强值班值守，派员参与应急工作；召开紧急会议，研究应急处置措施，协调各方资源；根据事态严重性，视情况决定是否进行现场检查 Ⅲ级响应：由地方行业监管部门启动，应急响应由地方负责指挥协调；加强事态跟踪研判，及时报送进展信息；组织数据处理者加强监测分析，评估影响范围 Ⅳ级响应：数据处理者自行启动应急响应并采取措施，提升数据安全防护能力
响应级别调整	涉事数据处理者可根据事态发展向属地行业监管部门申请调整响应级别；地方行业监管部门可适时调整响应级别，Ⅰ、Ⅱ级的调整需报数据安全机构同意

续表

应急响应流程	内容
舆情监测	行业监管部门监测公开信息发布渠道，关注数据安全事件的舆情信息，跟踪事件影响范围和公众反应
结束响应	I级响应：由国家数据安全工作协调机构或部网信领导小组批准后结束；II级响应：由数据安全机构决定结束，并报部网信领导小组；III级响应：由地方行业监管部门决定结束，并报数据安全机构；IV级响应：由数据处理者决定结束

数据安全应急响应团队职能如表6-15所示。

表6-15 数据安全应急响应团队职能

功能小组	职责
应急响应领导小组	1.对应急响应工作的承诺和支持（发布正式文件、提供资源）；2.审核并批准应急响应策略和计划；3.批准和监督应急响应计划的执行；4.启动应急响应计划的评审与修订；5.负责组织内部和外部的协调工作
应急响应技术保障小组	1.制定信息安全事件技术应对表；2.制定角色和职责分工细则；3.制定应急响应协同调度方案；4.管理技术基础设施和资源
应急响应专家小组	1.对重大信息安全事件进行评估，提出启动应急响应的建议；2.分析事件情况及发展趋势，为响应提供咨询或建议；3.分析事件原因和造成的危害，为响应提供技术支持
应急响应实施小组	1.分析应急响应需求（风险评估、业务影响分析等）；2.确定应急响应策略和等级；3.实施应急响应策略；4.编制和实施应急响应计划；5.组织应急响应计划的测试、培训和演练；6.合理部署和使用应急响应资源；7.总结应急响应工作并提交报告；8.执行应急响应计划的评审与修订
应急响应日常运行小组	1.协助灾难恢复系统的实施；2.备份中心的日常管理和维护；3.维护应急监控系统；4.落实基础物质保障；5.维护和管理应急响应计划文档；6.进行损失控制和损害评估；7.协助应急响应计划的测试、培训和演练
外部协作小组	1.与相关管理部门、服务提供商（如通信、电力等）、利益相关方和新闻媒体等建立联系；2.确保在信息安全事件发生时及时通报准确情况并获得适当支持

78. 如何开展公共数据产品流通交易合规审核?

公共数据产品流通交易的合规审核,旨在确保数据产品的交易过程符合法律法规的要求,保护个人隐私、知识产权及其他相关权益,同时保障数据交易的透明度和安全性。此类审核不仅涉及数据交易的合规性,也包括数据本身的安全性、合法性和可用性。本书已在其他问题中详细描述了数据流通主体、数据来源、数据开发利用、数据安全治理等数据流通全生命周期的合规审查及风险评估内容,在本问题中仅就数据交易合规评估的流程进行阐述。

以下是公共数据产品流通交易合规审核的关键要点和审核步骤。

(1) 合规审核的目标和意义

①保障数据交易合法性:确保公共数据产品的交易符合国家法律法规、行业标准和相关政策,避免数据交易违法或违规。

②保护数据安全与隐私:防止数据泄露、滥用或非法利用,尤其是涉及个人敏感信息的公共数据产品。

③确保公平、公正的市场环境:保证数据交易过程中没有任何不公平或不正当竞争行为,如数据垄断、价格操控等。

④促进数据资源的可持续利用:通过合规审核,确保公共数据产品的流通交易不会妨碍数据资源的合理利用和开发。

公共数据流通交易的合规审核流程,结合了法律审查、技术评估和市场监管等多个方面,确保交易过程的合法性、数据产品的合规性和数据安全的保障。评估团队在其中起着核心作用,从评估准备、实施到报告编制,每一步都需要精确地执行和协作。通过这一系列严格的合规评估流程,可以确保公共数据交易的合规性,为数据资源的健康流通和可持续利用提供有力保障。

公共数据产品流通交易合规审核内容如表 6-16 所示。

表 6-16　公共数据产品流通交易合规审核内容表

审核内容	详细说明
1.数据来源合法性	审查数据是否来源于合法渠道，是否经过授权或合法采集；确认数据提供方是否拥有数据的所有权或使用权；检查数据产品是否包含未经授权的第三方数据
2.数据质量和完整性	确认数据产品的质量，包括准确性、完整性、及时性和一致性；评估数据是否符合行业标准和数据质量要求；检查数据是否已经过清洗、去重和纠正，确保数据无误
3.数据隐私与个人信息保护	检查是否遵循《个人信息保护法》和《数据安全法》等相关法律，确保数据交易过程中涉及的个人信息得到充分保护；对涉及个人信息的公共数据进行脱敏处理，避免泄露个人隐私；确认是否获取了用户的同意，特别是在数据采集阶段
4.数据用途和使用范围	明确数据产品的使用范围和目的，确保数据交易方在交易过程中不会超越原本授权的使用范围；确认数据使用方是否遵守合同约定的用途，防止数据被滥用
5.数据安全性	审查数据存储、传输和处理过程中是否采取了有效的数据加密、访问控制和其他安全措施；检查数据产品是否存在潜在的安全隐患，如数据泄露、病毒感染或恶意攻击的风险；确认数据的防护措施是否符合行业最佳实践和合规要求
6.知识产权保护	审查数据产品是否涉及第三方的知识产权，如专利、商标或版权等，确保在交易过程中不会侵犯他人的知识产权；确认数据交易合同中是否明确了各方的知识产权归属及使用权
7.合规审查与报告	数据交易各方应提交合规审查报告，包括数据来源、用途、隐私保护措施、安全措施等方面的合规性说明；对于涉及敏感数据的交易，应进行专门的合规性审查和风险评估
8.反洗钱和反恐怖融资	对公共数据交易中的金融交易进行反洗钱检查，确保交易的资金来源合法，防止数据交易被滥用用于非法活动
9.跨境数据流动合规	如果数据流通涉及跨境传输，应遵守各国的相关法律和跨境数据流动合规要求，特别是欧盟的《通用数据保护条例》（GDPR）；确认数据跨境流通是否遵循相关国家和地区的监管要求，并确保数据安全和隐私保护

公共数据产品流通交易合规审核流程如表6-17所示。

表6-17 公共数据产品流通交易合规审核流程

阶段	审核内容	详细说明
合规评估准备阶段	1.组建评估团队	交易主体或委托的第三方根据数据交易的复杂性组建评估团队,包括评估组长、管理评估员、技术评估员和质量控制员;团队成员需具备数据隐私保护、信息安全、法律合规等专业知识
	2.制定评估方案与计划	制定针对数据交易类型的评估方案,涵盖法律合规、技术安全等内容;确定评估的时间节点、所需资源、评估步骤以及评估过程中需要的各类支持
	3.收集交易相关文档	收集包括数据交易合同、数据来源证明、隐私保护措施等文档,分类并标记关键内容,便于后续审核
	4.确认申请文档	交易主体确认数据交易申请文档的完整性、准确性和一致性,为合规评估提供可靠信息
合规评估实施阶段	1.主体合规评估	审查交易主体的合法性、数据处理权、隐私保护合规性等;记录评估过程中的合规问题并及时反馈给交易主体
	2.标的合规评估	审核数据来源是否合法,数据是否符合标准,是否涉及敏感信息等,特别是个人数据;记录数据来源、处理方式、存储位置等关键信息,进行合规性评估
	3.流通合规评估	审查数据交易的合法性,确保符合数据流通法规,特别是跨境数据流动合规要求;检查数据交易合同是否明确,尤其是隐私保护、知识产权等条款
	4.评估问题反馈	汇总评估过程中发现的问题,及时反馈给交易主体;明确整改要求,确保数据交易符合法律和技术要求
	5.问题整改确认	交易主体落实整改措施,评估团队进行复核,确保问题妥善解决;确认整改结果,准备最终合规评估报告
合规评估报告阶段	1.评估报告的编制	整理评估记录、评估过程记录及整改情况等,编写评估报告,说明评估结果、问题和整改建议
	2.评估报告的出具	报告由评估组长及相关人员签署确认,并及时发送给交易主体,确保交易主体理解评估结果并采取必要行动
	3.评估材料的归档	评估过程中产生的所有材料进行归档,确保文件完整性和可追溯性;数据交易场所运营机构同步归档评估材料,确保过程透明和规范

（2）合规评估团队的职责

①评估组长：负责整个合规评估流程的组织和管理工作，确保评估活动按计划顺利进行；协调各部门和人员的合作，确保评估团队的工作效率和质量；确保评估报告的质量，最终决定是否发布评估报告。

②管理评估员：负责协调评估任务，分配任务并监督评估进度；保证所有评估工作按时间节点完成，确保评估过程的规范性。

③技术评估员：负责技术合规性审核，包括数据加密、数据存储安全、数据处理等技术方面的合规性检查；确保数据交易的技术流程符合数据安全法、信息安全标准等技术合规要求。

④质量控制员：负责对整个合规评估过程的质量进行监督，确保评估结果的公正性和准确性；审核评估过程中发现的问题是否被充分记录，问题整改是否到位，确保评估活动的高标准执行。

⑤交易主体与第三方：提供交易相关文档和信息，确保评估团队有足够的信息进行审核；根据评估反馈进行整改，并提供整改后的相关资料以供复审。

公共数据产品流通交易的合规审核，是保障数据交易安全、合法和有效的关键环节。通过全面的合规审核流程，能够确保数据资源的合法流通和安全利用，防止数据泄露、滥用等风险，保护个人隐私和企业权益。合规审核不仅是数据交易方的责任，也是数据监管部门的职责，只有建立起完善的合规体系，才能更好地促进公共数据资源的健康发展。

79. 在公共数据流通交易合规审核方面的实践探索有哪些？

随着数据成为新时代的关键生产要素，如何确保公共数据在流通交易过程中的合规性，成为各地政府与企业共同面临的重要课题。近年来，各省在推动数字经济和智慧城市建设的过程中，纷纷出台了一系列数据流通交易的政策，特别是加强了数据流通交易的合规性管理。数据合规审核机制不仅是防范数据泄露和滥用的基础，也是在激发数据资源市场活力、促进数据共享与流通的前提下，保障公共利益和个人隐私安全的关键环节。

本案例分析将聚焦于广东省、北京市、上海市、成都市、重庆市、南宁市六个省市的数据流通交易合规审核实践，总结其在数据来源合法性、数据合规性审核、数据保护措施等方面的经验与挑战。

（1）广东省公共数据流通合规审核实践案例：广州数据交易所

广东省作为数字经济发展领跑者，在公共数据流通交易合规性建设上采取了积极的探索。特别是在广州和深圳，数据交易市场的建设与发展速度较快，推动了包括数据资产管理、数据交易合规性和隐私保护等多方面的合规措施。

广州数据交易所成立于 2022 年 9 月 30 日，作为广东省委、省政府推动数据要素市场建设的重要平台，广州数据交易所致力于建立一个安全、合规、高效的数据交易体系。其经营理念包括"数实融合"，重点服务各类地方产业和市场主体，通过"省市共建"模式推动数据交易的规范化。交易所特别注重数据交易的合规性，严格遵循"无场景、不登记，无登记、不交易，不合规、不挂牌"的原则，确保每一笔数据交易都符合相关法规要求。

①广州数据交易所的合规审核体系

第一，通过"1+2+3+X"模式构建了一个系统的合规审核体系。其中，"1"指全省统一的监管框架；"2"指两级数据要素市场，分别以地方政府和市场主体为依托；"3"指数据交易、数据管理、数据安全三大枢纽建设；"X"指围绕行业场景赋能，推动数据资源的深度利用。

审核流程中涉及五大维度：数据来源、数据内容、数据处理、数据管理、数据经营。对于涉及公共数据、关键信息基础设施、个人信息等敏感数据的产品，审核标准更加严格。

第二，审核主体与职责。审核主体包括广东省政务服务和数据管理局、广州数据交易所以及广东省数据资产登记合规委员会。合规委员会由法律、行业、技术等领域的专家组成，负责对数据交易产品进行深度审核，并确保数据流通的合规性。

第三，审核程序。数据产品的合规审核分为普通程序和简易程序，针对不同类型的产品采用不同的审核流程。普通程序适用于涉及公共数据或敏感数据的产品，而简易程序则适用于标准数据产品。

②广州数据交易所的合规审核流程

第一，初审：广州数据交易所负责初步审查数据产品的合法性与合规性，检查数据来源的合法性、数据的三权（持有权、使用权、经营权）和产品安全保障措施。

第二，复审：合规委员会负责最终的复审。专家小组根据提交的材料进行答辩、审查，并根据实际情况作出审核结论。审核结果可能为通过、附条件通过或不通过。

第三，审查内容：合规审核涵盖数据来源与权属、数据内容的合法性、数据处理的合规性、数据管理与安全保障等方面。

（2）北京公共数据流通合规审核实践案例：北京国际大数据交易所

北京国际大数据交易所（以下简称"北数所"）于 2021 年成立，隶属于北京金融控股集团，致力于推动数据流通交易与跨境数据流动，构建数据要素市场核心枢纽。北数所通过创新的交易模式、技术平台、规则体系及生态服务体系，支持北京市在《数据二十条》政策框架下推进数据流通合规建设。

①北京国际大数据交易所公共数据流通合规审核实践情况

第一，数据资产登记与确权。在数据流通合规过程中，北数所采用数据资产登记机制，确保数据来源合法合规。登记前，北数所会对数据进行详细盘点，并通过自建审核体系对数据来源合规性进行审查。通过审核后，北数所会发放《数据资产登记凭证》，但该凭证仅作为登记工具，并不具备法律效力。该做法虽然在法律框架不完全明确的情况下为数据交易提供了初步合规保障，但尚未解决数据权益界定的问题。

第二，数据流通合规审核流程。北数所强调数据流通合规是一项多领域的全流程工作，涉及法律与技术的协同工作。在具体实施过程中，北数所联合第三方服务机构（如律师事务所）为数据商提供全流程服务，包括数据来源合规审查、数据质量评估等。通过这一合规审查体系，北数所帮助客户有效避免数据交易中的合规风险。

第三，数据流通交易的风险管理。在数据流通过程中，北数所注意到数据权属不明确可能引发数据交易纠纷。为了避免此类风险，北数所遵循合同约定处理纠纷，并建议通过诚信与标准化的审核机制减少场外数据交易的风险。此外，北数所强调，数据流通合规不仅仅依赖法律人才，还需技术人才的支持，以保障数据流通的安全性。

②北京国际大数据交易所数据流通平台建设与创新实践情况

第一，数据专区与行业定制化。北数所提出的数据专区概念，针对不同行业领域（如金融、医疗等）划分数据流通板块，与行业内领先数据商合作，形成专区联动。这种定制化的数据流通模式超越了简单的"分类标签"，推动行业数据流通交易的深入发展。

第二，动态数据基础设施建设。北数所的数据基础设施平台建设遵循"按需定制"原则，根据市场需求逐步扩展和完善。在不断发展的过程中，平台能够灵活应对新问题，为数据流通提供强有力的技术支撑。

③政策与监管支持

第一，国家与地方政策协同。北数所参与了北京市《数据二十条》的编写，并通过政策框架推动数据分类、分级、数据登记、跨境数据流通等重要举措。在国家数据局支持下，北数所还参与了数据交易机构的互认互通工作，推动了数据产品的"一地上架，全国互认"的发展趋势。

第二，数据交易所互认互通。随着国家数据局推进数据交易所互认互通，北数所认识到标准化审核机制的不足可能导致某些数据交易所未能严格把控数据质量，可能影响数据流通的合规性和安全性。北数所认为，数据交易机构应加强自身合规能力建设，并通过建立全国统一的数据流通标准，推动数据要素市场的健康发展。

北数所通过创新的数据流通模式、全流程的合规审核体系和政策支持，推动了北京市数据流通合规建设。其在数据资产登记、风险管理、行业专区建设等方面的经验，为其他地区及行业提供了有益的借鉴。随着政策与技术的不断完善，北数所将在推动数据流通合规及促进数字经济发展中发挥更加重要的作用。

（3）上海公共数据流通交易合规审核实践案例

①上海数据集团的合规实践

上海数据集团是上海市委、市政府批准成立的国有企业，主要负责公共数据的授权运营。其核心业务是数据运营，尤其专注于通过平台技术整合与流通高质量的公共数据，推动数字经济发展。

天机平台是上海数据集团打造的智能化数据开发与运营平台。该平台依托区块链、隐私计算等新兴技术，确保数据流通过程的安全性与合规性。平台通过数字信任和加密技术为数据流通提供身份认证、授权管理、审计等全方位的安全保障。

在公共数据安全与合规管控措施方面，上海数据集团实施了系统的安全管理措施：一是数据分类与分级管理。对接入平台的所有数据进行严格的分类与安全级别评定。二是跨部门协同审核机制。涉及数据的各项业务环节都需通过数据、安全、法务等多个部门的审核。三是API与数据流通控制。通过API访问控制系统、数字水印和加密技术确保数据在流通过程中的安全性。

在合规审查机制方面，上海数据集团通过"3+3+3"模型，围绕数据业务的安全性进行全面审查，确保数据的合法流通。各部门通过信息披露、风险排查、审核联动等机制，确保数据交易符合合规标准。

在数据应用场景合规性方面，在公共数据应用场景中，上海数据集团坚持严格的授权管理。特别是在金融领域，确保所有数据共享与利用都在合规范围内，防止非法数据流通。

②上海市大数据中心的合规实践

作为上海市政府的核心数据管理机构，上海市大数据中心主要负责全市公共数据的汇聚、治理、共享与开放。其工作重点在于推动政府部门间的公共数据流通及跨部门的协同。

在数据流通标准与管理方面，上海市大数据中心在数据流通管理方面，依托地方和国家的相关法规，建立了完善的公共数据治理体系。通过《上海市公共数据共享实施办法（试行）》等文件，确保数据的汇聚与流通符合合规要求。

在公共数据开放与共享方面，上海市大数据中心负责运营全市的公共数据共享平台，通过该平台将政府部门的数据开放给社会各界。平台内的数据接口与应用场景涵盖了诸如普惠金融、司法服务等领域，促进了公共数据的高效流通与利用。

在数据合规性与风险管控方面，上海市大数据中心针对数据流通中的风险，建立了分类分级的风险管控机制，确保数据流通活动中所有数据的使用符合法律与监管要求。通过设定数据安全标准与实施风险评估，强化了数据合规管理。

在跨境数据流通与合规创新方面，在跨境数据流通方面，上海数据集团与国际机构合作，推动区块链技术和数字信任解决方案的应用，探索通过数字证书认证等方式实现国际数据流通的合规化。此外，上海市大数据中心也积极推动数据上链与数字凭证应用，确保跨境数据交易的安全性与合法性。

上海在公共数据流通与交易的合规审核实践中积累了宝贵经验，通过平台建设、数据安全管控、跨部门协作和法律法规的支持，建立了较为完善的合规体系。未来，随着数据流通领域的不断发展，上海将继续推进数据流通合规标准的创新与实施，推动数据产业的健康发展。

（4）成都公共数据流通交易合规审核实践案例

成都市在推动数字经济与数字政府建设方面取得了显著进展，尤其在公共数据的授权运营和流通方面，逐步构建了全国领先的模式。通过"管住一级、放活二级"的公共数据授权运营"成都模式"，成都数据集团承担了公共数据流通与产品开发的核心责任，形成了以数字资源投融资、数据运营服务、数字经济生态构建为基础的全面合规架构。

①合规建设的核心目标与战略

成都市公共数据流通的合规建设目标是确保数据的安全性、合规性和最大化利用。具体而言，核心任务包括：一是数据安全与隐私保护：确保公共数据的使用不违反法律法规，尤其是涉及敏感数据的管理与流通。二是透明度与合规性：通过政策规范与合规审核，确保数据的流通符合公共利益与社会道德标准。三是市场化机制与灵活应用：实现公共数据流通市场化，同时避免垄断和不当使用，推动数字经济发展。

②成都模式的合规审核机制

成都数据集团依托其"蓉数公园"与相关公共数据平台，建立了一套完整的合规审核流程，确保数据流通、交易的合法性与安全性。

第一，"管住一级、放活二级"模式。其中，一级平台管理，是指成都市政府通过城运办和市数据局对公共数据资源进行宏观管理，成都数据集团负责开发和管理公共数据产品的一级平台，确保数据产品的统一性和合规性。二级开发合作，是指二级开发主体可通过合作进行特定行业的深度开发，如金融、医疗、交通等领域。这一环节确保了数据的合规性，同时促进了数据价值的广泛应用。

第二，数据合规性审核流程。在数据确认与授权方面，所有参与公共数据开发的二级应用企业都必须进行数据使用场景的申报，确保使用的公共数据符合相关法律和政策要求，尤其是在涉及个人隐私和敏感信息时，必须获得行政主体授权和信息主体授权。在数据场景验证方面，"蓉数公园"提供的概念验证中心帮助企业在进入数据流通环节之前验证应用场景的可行性，确保数据使用不会侵犯个人权益或企业利益。在数据安全保护方面，成都数据集团通过安全开发中心和可信数据空间，为所有二级开发提供数据安全保障，包括防止数据泄露和滥用，确保数据在使用过程中符合法律法规要求。

第三，市场化操作与合规交易。在数据进入交易所的规则方面，成都数据集团对于一级产品进入交易所持谨慎态度，认为数据交易所无法直接鉴别数据的使用场景，因此需要严格监管，确保数据的最终用途符合公共利益。在二级市场的合规收费方面，成都数据集团提供免费的公共服务平台，但对于二级市场，依据市场化机制进行收费，确保数据交易和流通的经济性和合规性。

第四，数据资源流通与合规审查。在数据资源接入与审批方面，所有数据产品的接入必须通过政府部门的审批，确保数据符合国家及地方的合规标准。在此过程中，成都数据集团负责审批数据的源头和用途，防止非法或不合规的数据进入市场。在第三方审计与合规评估方面，成都数据集团联合第三方机构（如律师事务所、会计师事务所、评估机构等）为企业提供数据资源入表服务，进行数据的合规评估和价值评估。

（5）重庆公共数据流通交易合规审核实践案例

西部数据交易中心由政府和多个部门共同发起，致力于成为国家级数据交易所，主要提供数据交易、数据产品服务和数据资产化服务。其目标是促进数据要素的流通和市场化配置。

数字重庆公司作为重庆市唯一公共数据授权运营企业，负责公共数据的加工、产品经营和商用探索。西部数据交易中心承担了具体运营工作，并帮助推动公共数据从"可用"到"变现"的转变。

①数据流通交易的合规保障机制

一是"4个1"权益保障机制：通过合规诊断、辅导、登记和保险等方式保障交易各方的权益，尤其是通过智能工具提高合规审查效率，确保数据来源和使用的合法性。二是合规登记和投保：提供数据产品合规登记服务和数据交易保险，以降低交易风险。

②数据流通交易规则体系构建

一是"数据产品交易1+6"体系：包括合规诊断、产品登记、评估定价、上架交易、交易撮合、交易结算、交易监管7个流程，确保数据交易的合法性和合规性。二是数据资产登记中心建设：提供社会数据资产的登记服务，确保数据权益的确认和保护。

③数据评估与定价服务

一是"数度寻源"询价系统：通过历史交易数据和价格算法为数据定价提供透明的参考，解决了数据定价的复杂性。二是价格机制创新：与国家发展改革委合作，探索数据要素价格机制，推动全国性的数据交易市场建设。

西部数据交易中心通过一系列的合规保障措施和创新的服务体系，有效推动了重庆及周边地区的数据流通与交易。通过提供数据合规审查、登记和保险等服务，解决了数据交易中的多项合规风险，并通过数据评估、定价和市场创新服务，推动了数据要素的市场化配置。然而，数据流通合规仍面临爬虫数据合法性、数据来源不明等挑战，需要通过进一步的法规制度建设和跨部门合作来完善。

（6）南宁公共数据流通交易合规审核实践案例：北部湾大数据交易中心

北部湾大数据交易中心由中国—东盟信息港股份有限公司发起，旨在提供国际化的数据资源交易服务。交易中心遵循"政府指导、自主经营、市场化运作"的原则，打造了一个涵盖数据采集、存储、分析、清洗、应用等全链条服务的平台，广泛服务于金融、交通、农业、工业等多个行业。交易中心致力于推动政务数据交易和跨境数据流通，力求通过数据流通与应用促进经济发展。

①数据业务模式

在数据产品与开发方面，交易中心主要进行二级开发，利用已有的数据资源进行方案定义与交易。通过市场需求推导数据的实际价值，涵盖银行、交通、医疗等行业，推动数据目录的建设与共享。在数据交易与治理方面，交易中心通过线上平台提供数据交易服务，并为数据产品提供合规审核和登记服务。通过与金融机构合作，探索数据交易在金融服务中的应用，逐步实现数据价值的提升。在数据交易流程与合规性方面，交易中心严格审查数据来源的合法性、个人信息保护及数据安全，确保交易流程的合规性。此外，交易中心通过数据产品登记和预公示等措施，保证数据产品的透明性和可追溯性。

②数据交易合规保障体系

在合规标准体系方面，交易中心依托 16 项合规制度文件，建立了覆盖会员管理、资金结算、信息披露等方面的标准化流程，确保数据交易过程符合法规要求。在第三方法律服务方面，外聘法律服务机构负责审核数据产品的合规性，确保交易过程的法律合规性。在内部审查制度方面，严格审查数据来源、个人信息保护措施及数据安全等方面，确保所有数据交易合规可追溯。在专家委员会方面，成立数据交易合规专家委员会，提供专业意见，确保交易的合规性和安全性。

北部湾大数据交易中心通过创新的数据交易与合规审核实践，推动了数据的跨境流通与应用，助力产业数字化转型。在合规性保障、数据交易流程、公共数据运营等方面的积极探索，展现了其作为中国—东盟数据合作重要枢纽的独特优势。

80. 如何保障敏感公共数据资源开发利用的安全性？

敏感公共数据一般是指公共领域中涉及国家安全、公共安全、公共服务、个人隐私等方面的核心数据。这类数据如果被泄露、篡改或不当使用，可能会引发重大法律、社会、经济等方面的风险和危害。敏感公共数据通常与政府、企业、个人、社会系统的运行密切相关。

（1）敏感公共数据特征

敏感公共数据因具有以下特征，要求其在开发、使用和传输过程中必须严格遵守相关法律法规和技术保护措施。

①高风险性

敏感公共数据一旦泄露或滥用，可能带来严重后果，如个人隐私泄露、经济损失、社会混乱、国家安全危机等。

②隐私性强

大多数敏感数据与个人隐私、国家利益相关，涉及信息的保护要求比普通数据更为严格。例如，个人健康记录涉及个人健康隐私，泄露可能导致个人的身份、病史被滥用。

③国家或社会利益密切相关

敏感公共数据通常涉及国家安全、公共安全、社会秩序等，如果这些数据被非法使用，可能会危及国家、社会、行业或公众的根本利益。

④管理和保护要求高

敏感公共数据通常需要较高的技术保障和严格的法律监管。无论是在存储、传输、使用、处理等过程中，都应采取强有力的安全防护措施，确保其安全性。

（2）敏感公共数据类型

敏感公共数据的类型如表 6-18 所示。

表 6-18　敏感公共数据的类型

敏感公共数据类型	详细说明	风险
国家安全数据	军事数据：国防政策、军事装备、部队部署等数据； 外交数据：国家与他国或国际组织的外交事务记录、协议、谈判内容等	泄露可能危及国家安全、军事优势及战略部署，或影响国家利益和国际形象
公共基础设施数据	电力、水务、交通等基础设施数据：社会正常运转所需的重要基础设施数据	泄露或篡改可能引发社会动荡、经济损失等
地理空间数据	地理位置信息：城市规划、交通线路、建筑位置等	泄露可能导致国家安全、城市管理漏洞，甚至被用作非法活动
社会治理数据	治安数据：犯罪记录、公安侦查数据、监控视频、刑事案件处理数据等； 社会保障数据：社会保险、养老金、失业救济等数据	泄露可能引发社会不安、信任危机等
个人信息	个人身份信息：姓名、身份证号码、家庭住址、电话号码、邮箱地址等； 生物识别信息：指纹、面部识别、虹膜扫描等； 健康信息：医疗记录、诊断结果、疾病史、药物使用等； 财务信息：银行账户、信用卡号、支付记录等	泄露可能导致身份盗用、财务损失、社会歧视等后果

续表

敏感公共数据 类型	详细说明	风险
企业核心数据	商业秘密：企业的技术研发数据、市场策略、客户信息等； 财务报表和税务信息：公司经营状况、投资方向和税务情况	泄露可能使企业处于不利竞争地位，或影响企业运营和市场信任度

（3）敏感公共数据安全管理体系

敏感公共数据是关系到国家安全、社会秩序和个人隐私的重要资源，其保护不容忽视。通过分类分级管理、技术防护、法律合规以及高效的组织和管理措施，可以有效确保敏感公共数据在开发利用过程中免受威胁。在数字经济快速发展的今天，如何平衡数据开放与保护，成为各国政府和组织面临的重要课题。敏感公共数据的安全管理体系如表6-19所示。

表6-19　敏感公共数据的安全管理体系

管理体系	措施	详细说明
敏感公共数据资源的安全管理框架	数据分类分级管理	分类管理：对敏感公共数据进行分类，根据其敏感性和重要性设定不同的数据管理级别。数据分类可以依据不同的法律、行业标准、风险评估等方式进行； 分级管理：通过对数据的敏感性分级，制定针对性的安全控制措施。通常，数据会分为高度敏感数据（如军事、国家安全数据）、敏感数据（如个人隐私、医疗数据）、普通数据（如一般公共服务信息）
	数据生命周期管理	从数据的采集、存储、使用、传输到销毁等每个环节进行管理，确保数据在整个生命周期中得到有效保护。在开发利用过程中，确保每个环节都进行安全审查，防止数据泄露或滥用

管理体系	措施	详细说明
技术措施	数据加密和去标识化	数据加密：对敏感数据进行存储和传输加密，确保数据流转过程中即使被截获也无法被非法读取； 去标识化与匿名化：使用技术确保个人信息不被泄露，减少隐私侵犯风险； 数据脱敏：将敏感数据进行模糊处理，防止泄露
	访问控制与权限管理	最小权限原则：确保只有授权人员能访问敏感数据，设置不同访问权限； 多因素认证：采用如密码、短信验证、生物识别等多因素认证方式提高安全性； 实时审计和监控：对数据访问、修改等行为进行实时监控
	数据备份与灾难恢复	定期备份敏感数据，确保在数据丢失或破坏时可快速恢复；采用多地点、多层次的备份和灾难恢复方案，确保发生安全事件时迅速恢复数据，保持服务连续性
法律和合规措施	数据保护法规的遵守	遵守《个人信息保护法》《数据安全法》及《网络安全法》等法律法规，确保敏感数据的合法收集、存储、处理与流转； 关注跨境数据流动的合规性，确保不违反数据主权要求
	合同和协议的合规性	所有涉及敏感数据的共享和交易方需签署数据使用协议、保密协议等法律文件，明确责任和风险
	隐私影响评估	对涉及个人隐私的敏感数据开展隐私影响评估（PIA），评估数据处理对隐私的潜在风险，采取措施降低风险
组织和管理措施	建立数据安全管理体系	建立数据安全管理委员会或专门的团队，制定并执行数据安全政策，定期更新应急响应计划，确保能迅速应对数据安全事件
	员工安全意识培训	定期对员工进行数据安全培训，增强敏感数据的处理、存储和传输方面的合规意识； 对接触敏感数据的员工进行背景调查，确保其诚信可靠
	第三方审计与评估	定期进行第三方审计，评估敏感数据的管理和安全措施的有效性，发现并修复潜在漏洞

续表

管理体系	措施	详细说明
数据共享和开放的合规性	数据共享和开放前的风险评估	在进行数据共享或开放前，进行风险评估，评估是否可能带来隐私泄露或国家安全风险； 对高风险数据采取匿名化、加密等处理措施，或限定开放范围和使用权限
	数据开放的控制和监督	在数据共享和开放过程中，建立严格的管理机制，明确数据开放范围、使用场景、使用者权限等； 实时监控和审计数据共享，确保数据合法使用，防止滥用
应急响应与事件处理	数据安全事件响应机制	建立完备的应急响应机制，一旦发生数据泄露、滥用等事件，能够迅速响应并采取修复措施； 定期进行应急演练，确保人员熟悉应急流程，提高应对效率
	数据泄露的应对与补救措施	数据泄露发生时，立即启动应急响应，封堵并回收受影响的数据； 向受影响用户和相关监管机构报告，依照法律规定进行补救，减少泄露带来的影响

（4）敏感公共数据安全管理流程

敏感公共数据在流通过程中的安全合规管理是确保数据安全性、隐私保护和法律合规的核心。通过建立完善的数据分类分级体系、技术保护措施、合规审核和监管流程，确保敏感数据在流通过程中不被泄露、滥用或非法访问，从而维护个人隐私、国家安全和社会秩序的稳定。随着全球数据流动的加速，跨境数据流通的合规性问题也逐渐成为关注的焦点，因此，跨境数据流动的安全合规管理需要特别关注国际法和数据主权的问题。在数字化经济快速发展的背景下，敏感公共数据的流通管理将更加复杂，数据保护措施和监管体系也需要不断更新和完善。对于敏感公共数据安全合规管理，运营单位应当明确数据安全负责人和管理部门，建立内部管理和安全保障制度。同时，运营单位需具备成熟的数据管理能力和数据安全保障能力，近3年内未发生网络数据安全事件。在法规遵从审核方面，聘请外部专家或咨询公司审查是否符合国内外相关法律法规，确保组织活动合法合规。在员工培训教育方面，开展定期的数据安全意识和技能提升课程，培养全体员工的安全责任感，营造良好的安全文化氛围。在合作伙伴评估方面，严格筛选合作方，确保其同样遵守高标准的数据保护原则，共同维护整个生态系统的安全。在国际标准认证方面，争取 ISO 27001 等信息安全管理体系认证，证明组织的数据管理水平，增强客户信任度。

敏感公共数据在流通过程中的安全合规管理流程如表 6-20 所示。

表 6-20 敏感公共数据流通过程的管理流程

阶段	措施	详细说明
数据流通前的合规准备与审查	数据分类与敏感性评估	将数据分为普通数据、敏感数据和高度敏感数据，采用不同保护措施； 进行敏感性评估，评估数据流通后的潜在风险（隐私泄露、滥用等）
	确定数据流通目的与范围	确保数据流通目的符合法律法规，仅限于合法、合规用途； 检查数据流通是否符合相关法律、行业规范、隐私政策等，明确传输范围与访问权限
数据流通中的技术保护措施	数据加密与去标识化	加密保护：使用强加密算法加密数据存储与传输，确保数据在传输过程中不被解读或篡改； 去标识化与匿名化：对敏感数据进行去标识化处理，防止身份信息泄露
	访问控制与身份验证	最小权限原则：每个用户仅能访问其工作所需的最小数据量； 多因素认证：使用密码、验证码、生物识别等认证方式确保访问者合法性
	数据审计与监控	审计日志：记录所有数据访问、修改、共享的操作日志，确保数据流通过程的可追溯性； 实时监控：使用 SIEM 系统监控数据流动，发现异常行为并及时响应

续表

阶段	措施	详细说明
数据流通中的合规审核	合规审核与审批流程	法律合规检查：审查数据传输是否符合《个人信息保护法》、GDPR 等法规要求； 合同与协议签订：签署数据共享协议、使用协议，明确责任、保密义务等
	风险评估与安全评审	隐私影响评估（PIA）：评估数据流通可能对个人隐私造成的影响，制定缓解措施； 数据安全评估：评估数据传输过程中的加密、身份验证、访问控制等安全措施
跨境数据流动的安全合规	跨境数据传输合规要求	合法合规传输：确保数据传输不违反数据主权要求，符合跨境传输法律（如 GDPR、数据安全法等）； 数据传输审查：使用加密隧道、VPN 等加密技术降低泄露风险
	双方责任明确	数据处理协议：签署协议，明确数据控制方、处理方、共享方责任，确保数据在传输过程中不会被篡改或泄露
数据流通后的合规监管与审计	数据传输后的监控与审计	持续监控：实时监控数据使用中的异常行为，确保数据没有超出授权范围； 审计报告：定期生成审计报告，向监管机构报告数据流通与使用合规性
	数据访问与使用的合规性检查	合规性审查：定期检查数据访问和使用情况，确保其符合合同约定和法律规定，防止数据滥用或泄露

　　保障敏感公共数据资源开发利用的安全性是确保公共数据开放和共享在促进创新、服务社会的同时，能够防范风险、保护个人隐私和国家安全的关键。随着数据技术和数字经济的迅速发展，敏感公共数据资源的开发和利用，尤其在与个人信息、国家安全、社会稳定相关的场景中，面临着较高的安全性风险。为了应对这些挑战，需要采取一系列综合性的措施，从技术、管理、法律等方面全方位保障敏感数据的安全性。

第七篇

技术篇

在数字经济时代，技术作为新质生产力核心力量，正不断拓展公共数据治理与应用的边界，成为推动数字经济发展、数字中国建设国策落地的重要动力，也是支撑公共数据全生命周期高效开发与安全利用的重要基础。

技术篇聚焦技术在公共数据流通、治理与授权运营中的关键作用，探讨如何通过隐私计算、数据安全技术和智能化管理平台建设，构建安全高效的公共数据开发利用体系。技术广泛赋能于授权运营、登记管理、流通监管和风险防控等环节，为实现公共数据要素化、市场化配置和可持续开发提供有力支持。

通过本篇，读者将全面了解技术作为公共数据开发利用核心引擎的具体实践，以及其在推动数字经济高质量发展中的重要作用，同时洞察技术如何为公共数据治理创新注入持久动能。

81. 有哪些可以应用于公共数据流通利用的数据技术？

（1）公共数据流通使用的关键技术

在数字经济时代，公共数据的流通与应用扮演着至关重要的角色。为了保障数据的安全、高效和合法流通，一系列关键技术的支撑变得不可或缺。传统技术基础，如数据库管理、Web 服务、数据脱敏技术、数据加密以及身份验证与访问控制等，为数据管理与安全奠定了坚实基石。然而，传统技术在应对跨领域的数据共享、高复杂度计算和动态数据需求时，逐渐暴露出局限性。为解决这些问题，新兴技术的采纳显得尤为迫切。这些技术包括数据编织（Data Fabric）、联邦学习（Federated Learning，FL）、零知识证明（Zero-knowledge Proofs）、多方安全计算（Secure Multi-Party Computation，MPC）、区块链技术、数据沙箱（Data Sandbox）以及可信数据空间（Trusted Data Space，TDS）等。不仅能够显著提高数据处理的效率和安全性，同时能够更好地适应当前复杂多变的数据流通需求，促进公共数据的智能化、个性化和安全化发展。

以下通过互联互通、使用控制、隐私保护、大数据治理以及综合服务几个方面介绍公共数据流通中使用的技术。

①互联互通类技术

互联互通是指通过综合运用多种通信技术、网络协议和接口标准，使得原本独立的网络环境、计算系统或硬件设备能够无缝地进行数据交换和功能协作。其目的不仅实现了基础的数据资源的共享，还包括更深层次的计算算法协同工作和应用服务的整合。下面是几种关键技术：

一是 Web 服务技术。Web 服务技术通过定义标准化的数据接口和 API 服务（如 SOAP、RESTful API 等），可以实现不同系统之间的数据交互。这些技术使得数据提供者可以通过这些接口对外提供数据接口，数据使用者则可以通过标准化的方式获取所需信息。这种技术在政府数据共享平台、企业级数据服务等领域应用广泛，显著提升了跨系统数据交换的效率。

二是物联网（IoT）技术。IoT 技术通过传感器、RFID 标签、智能设备等硬件设施及其通信协议，实现了物理世界与数字世界的连接。它在智能交通、环境监测等领域提供实时数据，为公共服务和决策支持提供了重要依据。

三是中间件技术。中间件技术作为不同应用程序之间的桥梁，可以屏蔽底层差异，提供统一的服务接口，支持消息传递、事务处理、远程过程调用等功能。例如 Java EE、CORBA、Web Services 等。广泛应用于跨部门数据共享、分布式系统集成。

四是数据编织（Data Fabric）。数据编织是一种动态的数据架构设计，旨在简化跨多个环境（如云、本地等）的数据集成和共享。数据编织通过自适应的元数据管理和智能服务，提高了数据流动性和可访问性，尤其适用于需要处理大量异构数据的场景。

②使用控制类技术

使用控制类技术旨在确保数据流通的条款和条件能够被精确执行，同时保证交易记录得到妥善保存。这类技术的核心目标是保护数据提供者的权益，确保数据使用者按照约定的方式使用数据，从而实现数据使用的"可控、可计量"。底层技术以身份验证与访问控制、区块链、智能合约及存证追踪等为核心，通过多种技术手段对数据流动实施全面而精细的控制。下面是几种关键技术。

一是身份验证与访问控制技术。身份验证与访问控制技术包括用户名密码的身份验证、多因素认证（MFA）、基于角色的访问控制（RBAC）等技术，通过这些技术，确保只有经过授权的用户才能访问特定的数据资源。

二是区块链技术。区块链技术构成了一种去中心化的分布式账本和数据库系统，具有去中心化架构、数据不可篡改、交易历史可追溯、集体维护机制以及高透明度等特点。区块链网络可根据参与和访问权限的不同，分为以下三种主要类别：

公有链：允许全球范围内的任何个人或组织参与交易发送和验证过程，所有交易在获得网络共识后得以确认。公有链的特点在于开放参与和去中心化的共识机制。

联盟链：由若干组织共同治理和管理的区块链平台，参与者需通过授权才能加入。联盟链强调的是多方治理和高效的数据共享，适用于跨组织的协作，如供应链管理、医疗健康信息交换等领域。

私有链：由单一组织独占控制，主要面向企业内部的数据管理和流程优化。目前，在确保数据可信流通方面，联盟链因其可控性和效率而成为主流选择。

三是存证审计技术。存证审计技术将数据保全和验证功能结合，通过采用先进的加密算法、分布式账本（如区块链）以及其他安全协议，确保数据从产生到使用的整个生命周期中保持完整和可追溯。这项技术不仅能够实时记录并固定电子文件或交易信息的状态，为后续可能发生的争议提供可靠的证据支持，还支持对这些记录进行高效、可信的审计，以满足法律合规性要求和内部管理需求。通过存证审计技术，组织能够在保护敏感信息的同时，增强业务透明度和责任追究能力。

四是智能合约技术。智能合约技术是基于区块链等分布式账本平台的自动化协议工具，它允许在无需第三方中介的情况下，按照预设条件自动执行合同条款。通过将合约条款编写为计算机代码并部署到区块链上，智能合约能够在满足特定条件时自动触发相应的操作，如支付款项、转移资产或更新记录等，确保所有交易透明、不可篡改且可追踪。这项技术不仅简化了交易流程、降低了成本，还提高了信任和效率，适用于金融、供应链管理、法律服务等多个领域。

③隐私保护类技术

隐私保护类技术是指在确保数据提供方不泄露原始数据的前提下，利用一系列先进的信息技术对数据进行分析和计算。这类技术能够在数据流通与融合的过程中实现"可用而不可见"的目标，即保证数据可以被有效利用的同时，其具体内容不会被非授权方查看或获取。通过加密、匿名化处理和其他安全措施，隐私保护技术不仅维护了数据的保密性和完整性，还促进了数据的安全共享与合作，为各方提供了强有力的安全保障。下面是几种关键技术。

一是数据脱敏与匿名化技术。数据脱敏技术是一种用于保护敏感信息的技术，它通过匿名化、泛化等方法修改原始数据中的敏感内容，使数据在不失去分析价值的同时，无法直接识别到具体个体或组织，即使数据被非授权访问，也无法识别出具体的个人或其他敏感信息。

二是数据加密技术。传统的数据加密算法如 AES、RSA 等，用于保护数据在传输和存储过程中的安全性，防止数据被未经授权的第三方访问。

三是联邦学习技术。联邦学习是一种新型的人工智能技术，允许多个参与者在不直接分享数据的情况下共同训练模型。这有助于在保护数据隐私的同时，实现跨组织的数据合作。

四是零知识证明技术。零知识证明是一种加密技术，允许一方（证明者）向另一方（验证者）证明某个陈述是真实的，而不透露任何其他信息。这项技术在保护个人隐私的同时，确保数据的真实性得到验证。

五是多方安全计算（MPC）技术。多方安全计算技术允许在缺乏可信第三方介入的环境中，多个参与实体协同执行特定的计算任务，即目标函数的计算。在此过程中，各参与方只能接收到自己的计算输出，而无法从参与计算的中间交互信息中推断出其他参与方的原始输入数据。MPC 确保了在数据隐私得到严格保护的前提下，不同信任域的主体能够在数据保持私密性的同时，实现高效的数据联合处理，并确保结果的准确性，从而实现数据"可用而不可见"的原则。这一技术最终促成数据所有权与使用权的分离，并能够有效地监控和管理数据的使用目的及使用量，实现数据的"使用可控制与可量化"。

④大数据治理技术

大数据治理技术是指组织在大数据环境中，通过一系列系统化的管理、控制和政策措施，确保数据的质量、可用性、安全性以及合规性，从而更高效地利用数据资源。它不仅涵盖数据本身的管理，还包括对整个数据生命周期中各流程的监督与优化，以实现数据的最大价值。以下是大数据治理的几个关键方面。

一是数据质量管理。数据质量管理包括元数据管理、数据清洗与验证、数据健康检查。元数据管理，是指记录和管理数据资产的描述信息，包括数据来源、结构、用途等，确保数据的透明性和可追溯性。数据清洗与验证，是指使用工具和技术清理和标准化数据，去除重复项和错误数据，确保数据的准确性和一致性。数据健康检查，是指定期评估数据的完整性、准确性、一致性和时效性，确保数据质量持续改进。

二是数据安全管理。数据安全管理包括加密与访问控制、脱敏与匿名化、隐私保护。加密与访问控制，是指采用高级加密技术和细粒度的访问控制策略，确保敏感数据的安全存储和传输。脱敏与匿名化，是指对敏感信息进行脱敏处理，防止泄露个人隐私，同时保持数据的使用价值。隐私保护，是指实施零知识证明、多方安全计算（MPC）等先进技术，在不泄露具体数据的情况下进行联合计算和分析。

三是数据生命周期管理。数据生命周期管理包括数据归档与销毁、数据迁移与版本控制。数据归档与销毁，是指制定明确的数据保留政策，确定数据的保存期限，并在到期后安全销毁，确保数据的合法合规使用。数据迁移与版本控制，是指使用数据迁移工具和版本控制系统，确保数据的历史可追溯性和跨平台的一致性。

四是自动化与智能化。自动化与智能化包括自动化工作流、智能数据分析、自然语言处理（NLP）。自动化工作流，是指利用RPA（机器人流程自动化）工具实现数据治理任务的自动化，提高效率并减少人为错误。智能数据分析，是指应用AI和ML技术自动发现数据模式和异常，优化数据治理流程，提升决策支持能力。自然语言处理（NLP），是指通过NLP技术自动解析和分类非结构化数据，提高数据治理效率。

⑤综合服务类技术

综合服务类技术整合了多种组件和先进技术，例如可信数据空间与数据沙箱等，通过深度融合互联互通、隐私保护和使用控制技术，构建出一套全面且高效的技术解决方案。这类技术方案不仅涵盖了数据的安全共享与交互，还确保了在复杂环境中数据的隐私性和可控性，为用户提供了一个既安全又灵活的数据处理框架。通过多种关键技术有机结合，综合服务技术能够满足多样的业务需求，支持广泛的应用场景。

数据沙箱（Data Sandbox）是一种隔离的环境，用于安全地测试、探索和分析数据。它允许用户在受控的条件下进行数据实验，而不会对生产环境或原始数据源造成风险。以下是数据沙箱的几个关键特点：一是隔离性。数据沙箱提供了一个独立的计算环境，与组织的其他系统隔离开来，确保实验不会影响到生产系统的稳定性和安全性。二是安全性。在数据沙箱中，可以实施严格的数据访问控制，确保敏感信息不会被未经授权的人员访问或泄露。三是可复制性。沙箱中的数据通常是原始数据的副本，因此用户可以在不影响真实数据的情况下进行各种操作。四是可扩展性。数据沙箱通常支持多种数据处理工具和编程语言，为用户提供进行复杂的分析和模型开发的灵活支持。五是实验性。数据沙箱为研究人员和数据科学家提供了一个自由探索的环境，可以尝试新的算法、模型或业务逻辑。

可信数据空间（TDS）是一种新型的数据流通利用基础设施，旨在通过基于共识规则的多方连接，实现数据资源的共享与共用。它不仅是数据要素价值共创的应用生态，也是支撑全国一体化数据市场的重要载体。以下是可信数据空间的几个关键特征：一是信任机制。可信数据空间（TDS）建立了一套信任框架，确保所有参与方遵守共同的规则和标准，包括数据隐私、安全和合规性。二是数据治理。可信数据空间（TDS）实施严格的数据治理政策，确保数据的质量、完整性和透明度。三是互操作性。在可信数据空间中，不同的系统和应用程序能够无缝地交换和利用数据，支持跨组织的数据共享。四是隐私保护。可信数据空间采用先进的技术，如差分隐私、同态加密和零知识证明，以在保护数据隐私的同时确保数据机密性。五是合规性。

可信数据空间的设计和操作遵循相关的法律法规，如GDPR（通用数据保护条例）等，确保所有数据处理活动合法合规。六是价值共创。可信数据空间旨在促进数据的经济和社会价值最大化，通过安全可靠的数据交换支持创新和协作。

（3）场景分析和技术选型

依据《数据安全技术数据分类分级规则》（GB/T 43697-2024），数据的敏感性和重要性通常被划分为五个等级，从低到高依次为公开（1级）、受限（2级）、保密（3级）、机密（4级）和绝密（5级）。不同等级的数据在流通技术选择和场景分析上存在差异。以下将详细介绍每个级别的场景分析和技术选择。

①公开（1级）

在1级分类下，公共数据可以采用明文交换模式进行流通，允许数据无限制地公开发布，无需采取特别保护措施。例如，天气预报和公共活动信息等数据。

技术选择如表7-1所示。

表 7-1　公开（1 级）分类下的技术选择

技术类型	技术描述
Web服务技术	制定统一的数据格式和交换协议，以确保数据的互通性和易用性
数据发布平台	通过政府网站、API接口等渠道发布数据，确保数据的广泛可访问性
数据可视化	利用图表、地图等可视化工具，提升数据的直观性和易理解性
人工智能与机器学习	运用AI和ML技术进行数据挖掘和分析，以提供更丰富的信息服务

②受限（2级）

在2级分类下，公共数据可以在一定范围内共享，但必须实施基本的访问控制和记录。例如，企业注册信息和部分政府统计数据。

技术选择如表7-2所示。

表 7-2 受限（2 级）分类下的技术选择

技术类型	技术描述
身份验证与访问控制	实施用户认证机制，确保只有授权用户可以访问数据
数据脱敏与匿名化技术	对敏感信息进行脱敏处理，以防止个人隐私泄露
日志记录与审计	记录数据访问和使用情况，便于后续审计和问题追溯
数据加密技术	在传输过程中使用加密技术，确保数据的安全性
数据编织（Data Fabric）	构建动态的数据架构，简化跨多个环境的数据集成和共享
数据沙箱（Data Sandbox）	提供安全的测试环境，允许用户在不影响生产数据的情况下进行数据分析和实验

③保密（3 级）

在 3 级分类下，公共数据仅限于特定机构内部或特定合作伙伴之间共享，需要严格的安全措施。例如，医疗健康数据和部分金融数据。

技术选择如表 7-3 所示。

表 7-3 保密（3 级）分类下的技术选择

技术类型	技术描述
多因素认证	采用多因素认证（MFA）提高用户身份验证的安全性
数据加密技术	对敏感信息进行脱敏处理，以防止个人隐私泄露
数据脱敏与匿名化	对敏感信息进行脱敏和匿名化处理，以防止个人隐私泄露
数据加密技术	在传输过程中使用加密技术，确保数据的安全性
数据溯源技术	记录数据的来源和使用情况，便于责任界定和问题追溯
区块链技术	建立透明且不可篡改的数据共享平台，增强数据的信任度

④机密（4 级）

在 4 级分类下，公共数据涉及重要的商业利益或国家安全，需要高度的安全保护。例如，军事信息和核心金融数据。

技术选择如表 7-4 所示。

表 7-4　机密（4 级）分类下的技术选择

技术类型	技术描述
多因素认证	采用多因素认证（MFA）提高用户身份验证的安全性
高级加密技术	使用高强度的加密算法，确保数据在传输和存储过程中的安全性
访问控制与权限管理	实施细粒度的访问控制策略，确保只有特定人员可以访问数据
数据隔离技术	在物理和逻辑上隔离敏感数据，防止未经授权的访问
零知识证明	在不泄露具体数据的情况下，验证数据的真实性
联邦学习（FL）	允许多个机构在不直接共享数据的情况下共同训练模型，保护数据隐私
多方安全计算（MPC）	在不泄露原始数据的情况下进行联合计算，确保数据的安全性和隐私性
区块链技术	建立透明且不可篡改的数据共享平台，增强数据的信任度
可信数据空间（TDS）	提供一个安全、受控的环境，确保数据在共享和使用过程中的安全性和合规性

⑤绝密（5 级）

在 5 级分类下，公共数据涉及最高级别的国家安全和利益，需要最严格的安全保护。例如，核武器信息和最高机密的军事计划等。

技术选择如表 7-5 所示。

表 7-5　绝密（5 级）分类下的技术选择

技术类型	技术描述
最高级别的加密技术	使用国家认证的高强度加密算法，确保数据的绝对安全
多重认证与生物识别	使用指纹、虹膜扫描等生物识别技术，确保用户身份的唯一性和真实性
数据销毁技术	在数据不再需要时，使用物理销毁或高级擦除技术，确保数据无法恢复
数据隔离技术	在物理和逻辑上隔离敏感数据，防止未经授权的访问
全天候监控与警报系统	部署全天候的监控和警报系统，及时发现和应对任何潜在的安全威胁

续表

技术类型	技术描述
零知识证明	在不泄露具体数据的情况下，验证数据的真实性
联邦学习	允许多个机构在不直接共享数据的情况下共同训练模型，保护数据隐私
多方安全计算（MPC）	在不泄露原始数据的情况下进行联合计算，确保数据的安全性和隐私性
区块链技术	建立透明且不可篡改的数据共享平台，增强数据的信任度
可信数据空间（TDS）	提供一个安全、受控的环境，确保数据在共享和使用过程中的安全性和合规性

82. 如何通过技术赋能公共数据授权运营的安全保障？

在当今数字化时代，数据作为新型生产要素，正逐渐成为推动经济社会发展的关键力量。特别是在政府治理、公共服务、医疗健康、金融服务以及智能制造等领域，公共数据的开发利用已成为促进数字经济发展、提升政府治理效能和服务民生的重要途径。根据《数据安全技术数据分类分级规则》，公共数据被定义为"各级政务部门、具有公共管理和服务职能的组织及其技术支持单位，在依法履行公共事务管理职责或提供公共服务过程中收集和产生的数据"。这些数据涵盖人口统计、地理空间、交通出行、环境监测、经济运行等多个方面，拥有广泛的社会价值和商业潜力。

然而，随着数据量的激增和数据价值的不断提升，公共数据的安全保障问题日益凸显。近年来，全球范围内频发的数据泄露事件、网络攻击及个人隐私侵犯等问题，引发了社会各界对公共数据安全的高度关注。因此，在充分挖掘公共数据价值的同时，确保其安全性和合规性成为亟待解决的重要课题。

为了有效应对上述挑战，各国政府纷纷出台了多项法律法规和技术标准，以规范公共数据的采集、存储、处理和共享行为。例如，欧盟制定了《通用数据保护条例》（GDPR），强化了对个人数据保护的要求。美国通过了《加州消费者隐私法案》（CCPA），加强了对企业处理消费者个人信息的监管。中国发布了《关于加快公共数据资源开发利用的意见》和《公共数据授权运营规范》，明确了数据主体权利、数据控制者义务以及跨境数据传输等方面的规定。此外，国际标准化组织（ISO）、国际电信联盟（ITU）等机构也制定了多项数据安全管理的标准和指南，为各行业实施数据保护提供了参考框架。

在此背景下，公共数据授权运营作为一种新型的数据开发利用模式应运而生。公共数据授权运营不仅有助于促进数据资源的有效配置，还能激发市场活力，催生新业态新模式。但是，由于涉及多方利益主体且跨越多个领域，公共数据授权运营面临着更为复杂的安全风险和技术难题。具体表现为以下几个方面：一是数据所有权与使用权分离。授权运营打破了传统上数据持有者即使用者的单一格局，使得数据的所有权与使用权分属于不同实体，增加了管理难度。二是跨域流通障碍。由于不同地区、部门之间信息系统在数据格式、通信协议或技术标准上的差异，导致数据在流动过程中面临兼容性差、互操作性差等问题。三是隐私保护要求严格。公共数据往往包含大量敏感信息，如个人身份资料、财务记录等，一旦泄露将造成严重后果，必须采取更加严格的保护措施。四是持续监管难度大。随着技术进步和业务场景变化，需要不断更新和完善安全策略，确保长期稳定运行。

面对上述问题，单纯依靠制度约束难以完全解决问题，迫切需要从技术层面寻找解决方案。接下来，本书将详细探讨如何利用先进的技术手段来强化公共数据授权运营过程中的安全保障能力，以期实现数据价值的最大化挖掘，同时确保数据的安全性和合规性，构建一个既开放又安全的公共数据生态系统。

（1）数据分类分级

依据国家标准《数据安全技术数据分类分级规则》，数据分类应根据业务特点和数据属性进行划分，如个人信息、商业秘密、国家秘密等；数据分级则应根据数据的敏感性、重要性和潜在风险进行划分，如一般数据、重要数据、核心数据等。通过数据分类分级，可以为不同级别的数据实施相应的安全措施，确保数据的安全性和保密性。数据分类分级的具体技术措施包括：

①自动化工具支持

开发和部署智能算法模型，自动识别并分类不同类型的数据，减少人工干预带来的错误率，并提高分类效率。

②动态调整机制

建立灵活的数据分类分级体系，能够根据法律法规的变化或业务需求动态调整分类标准，保持与最新法规的一致性。

③标签化管理

对所有数据元素添加明确的分类和分级标签，便于系统内部追踪和处理，同时也方便后续审计和监督工作。

④权限控制

基于角色的访问控制系统（RBAC），结合最小权限原则，确保只有经过授权的用户才能访问特定级别的数据，防止越权操作。

⑤"数据水印"技术

引入"数据水印"技术，为每份数据添加唯一标识符，即使数据被非法复制或传播，也能追溯到原始来源，从而加大对敏感数据的保护力度。

（2）公共数据资源供给侧安全

在公共数据资源供给侧环节，需要保障数据资源提供过程中的安全。

①技术措施

公共数据资源供给侧环节的技术措施包括：

一是域内安全防护：实施数据加密、数据脱敏、身份认证与访问控制、分类分级处理、质量检测和操作审计。

二是跨域安全防护：包括资源访问的确权合约、脱敏样本发布、可信接入、隐私计算、流通链路加密和跨域流通审计。

②增强细化措施

公共数据资源供给侧环节可采用的增强细化措施包括：

一是零信任架构。采用零信任网络策略，假设内外部威胁均存在，强化每个交互点的身份验证和权限检查，从根本上杜绝未经授权的访问行为。

二是多因子认证（MFA）。引入生物识别、硬件令牌等多种认证方式，增加身份验证的强度，降低被破解的风险。

三是区块链技术。利用区块链不可篡改特性记录数据交换过程，增加透明度和可追溯性，确保每一笔交易的真实性和完整性。

四是量子加密通信。探索使用量子密钥分发（QKD）技术保护高敏感数据的传输通道，提供比传统加密方法更高级别的安全性。

五是边缘计算与雾计算。对于分布式数据源，可以通过边缘计算或雾计算平台就近处理数据，减少数据传输距离，降低延迟，同时提高系统的响应速度和服务质量。

（3）公共数据产品研发侧安全

①安全技术措施

公共数据产品研发侧环节可采用的安全技术措施包括：

一是域内安全防护，涵盖算法检测、样本数据质量检测、样本数据与正式数据保护以及分类分级处理。

二是跨域安全防护，涵盖产品消费确权合约、可信接入、隐私计算、数据脱敏、流通链路加密和跨域流通审计。

②加强细化策略

公共数据产品研发侧环节的加强细化策略包括：

一是沙箱环境隔离。创建独立的测试环境，防止开发过程中意外泄露敏感信息，同时确保新功能上线前经过充分的安全测试。

二是持续集成/持续部署（CI/CD）管道安全。确保软件开发生命周期各阶段都嵌入了必要的安全检查（如静态代码分析、动态应用安全测试（DAST）、依赖项扫描等）。

三是容器化与微服务架构。采用容器化技术分离应用组件，降低单点故障风险，同时实现快速迭代更新而不影响整体稳定性。

四是代码审查与静态分析。定期开展代码评审，结合静态应用程序安全测试（SAST）工具发现潜在漏洞，及时修复安全隐患。

五是 DevSecOps 文化推广。在开发团队中推行安全左移理念，鼓励开发者从项目初期即纳入安全性考量，形成良好的安全开发习惯。

（4）公共数据产品消费侧安全

公共数据产品消费侧环节的安全技术措施包括：

① API 网关监控

部署智能 API 网关，实时监控 API 性能指标，提前感知异常模式，迅速采取行动。

②传输链路加密

通过 HTTPS、VPN 专线等手段确保 API 调用通信的安全性。

③速率限制与流量整形

设定合理的请求频率上限，避免恶意爬虫或 DDoS 攻击，维护服务的可用性和性能。

④细粒度权限管理

根据不同用户的职责定义最小权限集，确保必要且足够的访问权限，避免过度授权。

⑤身份认证与访问控制

通过 API key 等对 API 调用进行身份认证和访问控制。

⑥行为审计

实时监测并记录 API 的访问行为，识别敏感信息情况。

⑦数据水印

在 API 结果集中嵌入数据水印，跟踪溯源数据使用行为。

⑧合法正当性检测

与隐私政策约定的授权处理目的、处理范围进行一致性检测，及时预警并阻断违规事件。

⑨自适应响应机制

根据 API 调用上下文动态调整安全策略，对可疑活动自动触发额外验证，增强系统的弹性。

（5）公共数据安全集中监测与预警

针对公共数据授权运营中的数据资源的发布、产品的开发、产品的消费以及数据运营保障的全过程行为进行集中监测，主要技术措施包括：

①日志存证

全面记录操作日志，为安全事件调查提供依据。

②全链路审计

结合操作日志与流量分析，形成公共数据流通全链路审计视图。

③监测预警

基于全链路监测，及时发现违规安全事件，并及时预警。

④大数据分析平台

利用大数据技术和人工智能算法分析海量日志，挖掘潜在威胁，预测未来趋势，辅助决策制定。

⑤威胁情报共享

加入全球或行业内的威胁情报联盟，获取最新攻击手法和防御方案，快速响应新型威胁。

⑥实时告警系统

通过短信、邮件或移动应用推送等渠道即时通知，缩短反应时间。

随着公共数据授权运营的深入推进，未来将面临更多的机遇和挑战。一方面，数据资源的开发利用将为经济社会发展带来巨大的推动力，促进数字经济的快速发展。另一方面，数据安全和隐私保护将成为更加重要的议题，需要全社会的共同努力。总之，公共数据授权运营安全保障是一项复杂而系统的工程，需要政府、运营主体、技术提供商、公众等多方面的共同努力。通过构建多层次的数据安全防护体系、采用先进的数据分析和人工智能技术、持续技术研发和创新、完善政策法规、推动跨部门和跨地区合作、加强公众教育等措施，可以构建起一个全面、高效、可持续的公共数据授权运营安全保障体系，为数据的安全、高效利用提供有力保障。随着技术的不断进步和应用场景的不断拓展，公共数据授权运营将在推动数字经济发展、提升政府治理能力、改善公共服务等方面发挥越来越重要的作用。

83. 怎样利用技术手段建设、运营公共数据授权运营平台？

公共数据授权运营平台是政府主导构建的城市公共数据基础设施，负责整合、管理、应用以及流通公共数据资源的全过程。平台通过可追溯授权、稳定供应、信任处理和可控服务等先进技术，确保公共数据"保留在原始域内、数据可被利用但不可被直接查看"，为数据授权开发和运营提供了一站式的全流程技术服务。

（1）公共数据授权运营平台的建设

建设公共数据授权运营平台其首要任务是应对建设模式的多样性、技术整合的复杂性以及与众多平台的技术对接挑战。这些难题不仅直接影响平台建设的成败，还决定了平台未来的运营效率和用户体验。

①公共数据授权运营平台的建设模式选择

在建设模式的选择上，不同的模式将对数据供给的对接、平台功能以及部署方式产生重要影响。目前，业界普遍采用的有两种模式：

一是政府主管部门主导。在该模式下，平台归政府所有，主要目的是提升政务云的整体服务水平，强调公共服务和社会效益。政府通常会设立专门的机构或部门来负责平台的规划、建设和运营。这种模式下，平台的设计往往更加注重数据的公开透明、公民隐私保护和社会公平性。政府可以通过平台实现跨部门的数据共享，提高行政效率，同时为公众提供更加便捷的服务。此外，政府还可以通过该平台促进数据的开放，激发社会创新，推动数字经济的发展。

然而，这一模式也面临着资金投入大、建设周期长、技术更新慢等挑战，需要政府具备较强的资源整合能力和长远的发展眼光。

二是企业主导。在该模式下，平台归公司所有，专注于数据的商业运营价值，侧重于市场驱动和经济效益。企业主导的模式则更加灵活和市场化，可以根据市场需求快速调整平台功能和服务，吸引更多的用户和合作伙伴加入，形成良性的生态系统。这种模式下，平台往往更加重视用户体验和技术先进性，能够迅速响应市场变化，提供定制化的解决方案。

不过，这种模式也存在一些潜在的风险，比如数据安全和个人隐私保护的问题，以及如何平衡商业利益和社会责任的关系。因此，企业在追求经济效益的同时，还需要严格遵守相关法律法规，建立健全的数据治理体系。

②公共数据授权运营平台的架构设计原则

公共数据授权运营平台系统旨在围绕公共数据授权业务的整个周期，打造一个去中心化的、可信赖的数据环境基础架构。依托于数据的分类与分级管理，构建安全可靠的数据传输路径，以实现各参与节点的安全接入、权限控制、数据加密传输、安全监控与审计以及存证追溯。该系统既确保源数据的本地性，又允许分级标记和脱敏后的数据样本跨域流动，从而实现数据的可计算性、可管理性和可量化性，保障各节点在内部及跨域的数据流通安全。

为确保平台的安全性与业务需求的平衡，其架构设计需遵循以下三项原则：一是融合安全性与业务流程。通过在各个环节对生态参与者的角色定位和流程管理，确保公共数据的所有权明确、利益合理分配以及安全合规保护。二是平衡安全性与易用性。在保持原始数据本地性的前提下，采用数据样本脱敏、隐私保护计算、安全接口访问等技术，实现公共数据流通的便捷性与安全性的平衡。三是实施差异化的分级管理。考虑到公共数据运营的具体应用需求，对必要的数据进行严格控制，对适宜的数据放宽管理。根据数据的安全级别和使用者的身份及使用场景，实施差异化的安全防护和监控措施，以促进数据的有效开发和利用。

③公共数据授权运营平台标准化流程制定

一是制定跨区域协同标准。为了促进公共数据在不同行政区域间的高效流动与应用，应构建一个跨区域的数据授权运营协调体系。此体系需在国家级部门的指导下，联合各地政府、学术界及行业代表共同参与。通过定期研讨和合作研究，深入理解各区域的具体需求与差异，识别出影响数据跨区共享的共性障碍。根据协作成果，制定一系列详尽的数据管理规范，涵盖以下内容：首先，在格式一致性方面，确保各地数据系统之间能够无缝连接。其次，在分类统一性方面，为各类数据提供一致性的标识方法，方便管理和检索。最后，在安全规定严格性方面，明确数据处理过程中的安全保障措施，保护敏感信息。此外，建立标准化的数据接口（API）准则，以支持跨区域的数据交互，确保系统的互操作性和兼容性。

二是制定统一数据采集标准。国家或省级政府应当组织相关部门和专家，制定一份详尽的数据采集手册，适用于多种常见的公共数据类型。手册应详细说明采集的内容、频率、精度等具体要求。例如，针对交通流量数据采集，规定特定经济发展水平以上的地区必须部署高精度传感器，并明确各项采集指标，如车辆速度、流量、车型分布等。为确保各级采集主体能准确理解和执行统一标准，还需提供充分的培训和技术支持。同时，应建立健全的质量审核机制，对不符合标准的数据及时反馈相关方，并督促其采取纠正措施，重新采集合格的数据。

三是建立数据更新机制。明确规定各类公共数据的更新周期及其责任单位，尤其是时效性较高的数据类型（如城市规划数据、市场消费趋势等）。缩短更新周期，并将更新责任具体落实到相应部门。例如，城市规划部门应在区域功能调整后的指定时间内完成相关数据的更新工作。此外，建设数据时效性监测系统，利用数据分析技术和公众反馈渠道，实时监控数据的有效性和准确性。一旦发现数据可能过时，立即通知相关部门进行更新，确保数据始终处于最新状态。

四是统一标准化存储格式。推动政府部门和公共服务机构逐步向结构化的数据存储方式转变，例如采用关系型数据库。国家可设立专项资金，资助各地升级数据存储硬件和软件设施，促进这一转变。对于短期内无法完全统一的数据格式，可部署数据格式转换中间件或数据仓库，在数据共享和整合时，这些工具可将不同格式的数据转换为统一可处理的形式，从而降低数据处理的成本和复杂度。

④公共数据授权运营平台建设的关键技术要点

在构建公共数据授权运营平台的过程中，以下关键技术要点是确保平台高效、安全、可靠运营的核心，同时融合了先进的技术手段以保障数据的安全与隐私：

一是数据汇聚与治理。在数据采集方面，通过多种技术手段（如网络爬虫、API 接口、物联网等）实现公共数据的全面采集，并采用可信接入技术确保数据来源的安全性和可靠性。在数据存储与治理方面，利用大数据存储技术（如 Hadoop、Spark）构建分布式存储系统，满足海量数据存储需求；实施存储加密技术保障数据在静态状态下的安全性；建立基于区块链的数据治理框架，确保数据的一致性和不可篡改性。

二是数据安全与隐私保护。在传输加密方面，采用 SSL/TLS 等高级传输加密技术，确保数据在传输过程中的机密性和完整性。在存储加密方面，对存储的数据进行加密处理，结合对称加密和非对称加密方式，提高数据安全性。在隐私计算方面，引入隐私计算技术（如同态加密、安全多方计算），实现在不解密数据的情况下进行计算，保护用户隐私。在访问控制与权限管理方面，基于角色的访问控制（RBAC）和属性基访问控制（ABAC）策略，结合权限管理，确保只有授权用户才能访问特定数据。在安全备份方面定期进行数据备份，采用加密备份技术防止数据丢失和泄露。在数据审计方面，通过数据审计系统监控并记录数据访问和操作行为，及时发现异常行为，保障数据安全。

三是数据授权与运营管理。在区块链授权机制方面，利用区块链技术建立透明、可追溯的数据授权协议，明确数据使用范围、期限、用途等。在数据质量管理方面，通过质量检测、评估和改进，结合安全备份技术，确保数据授权运营的可靠性和质量。在可信数据服务接口方面，提供统一、标准化的数据服务接口，实现可信接入，便于第三方开发者安全、高效地使用数据。在数据运营监控方面，采用实时监控技术对数据运营情况进行跟踪，确保平台稳定运行。

四是数据开放与共享。在数据目录构建方面，建立完善的数据目录体系，采用区块链技术确保数据目录的真实性和不可篡改性。在数据开放平台方面，搭建基于区块链的数据开放平台，提供数据下载、API调用等功能，实现数据的安全共享。在数据共享机制方面，制定科学的数据共享政策，利用区块链技术记录数据共享过程，保障数据共享的透明性和合规性。在数据创新应用方面，鼓励基于公共数据的创新应用，同时通过隐私计算等技术保护数据安全和隐私，推动数据价值的最大化。

（2）公共数据授权运营平台的运营

公共数据授权运营平台的运营宗旨在于确保平台的有效实施和最大化效能，要实现这一目标，需围绕以下四大核心领域展开工作：运营体系的战略规划与管理、平台应用服务的管理运营、平台数据的治理与分析，以及平台的安全保障与合规运营。

①运营体系的战略规划与管理

运营体系的战略规划与管理构成了平台运营的基石，涵盖战略定位、市场分析和业务模式设计等关键内容。科学合理的规划能够明确平台发展方向，同时规避因盲目扩张而带来的风险。

在这一过程中，团队需要深入市场调研，了解用户需求，分析竞争对手，从而制定出符合市场需求且具有前瞻性的战略规划。同时，战略规划应充分考虑技术发展趋势，确保平台能够适应未来技术变革带来的挑战。

②平台应用服务的管理运营

平台应用服务的管理运营重点在于日常管理，包括用户管理、内容审核、技术支持等方面。高质量的应用运营，不仅能够显著提升用户体验，还能增强用户粘性，促进平台生态系统的健康发展。

例如，通过用户反馈机制，平台可以及时了解用户需求，持续优化服务，提供更加个性化和人性化的服务体验。此外，平台应建立完善的用户支持体系，确保用户在使用过程中遇到的问题能得到快速有效的解决，进一步提升用户满意度。

③平台数据的治理与分析

平台数据的治理与分析是运营工作的核心所在，贯穿于数据的采集、处理、分析和应用的全生命周期。通过深度挖掘和智能分析，平台能够为用户及个人提供有价值的洞察和建议，帮助用户作出更明智的决策。

例如，通过大数据分析，平台可以预测市场趋势，为用户提供精准的市场预测服务。同时，平台可以通过数据交易和数据产品的开发，实现数据的商业价值，不仅满足客户需求，还为自身创造收益。然而，所有这些活动都必须以确保数据安全性和合规性为前提。

④平台的安全保障与合规运营

平台的安全保障与合规运营是确保平台稳定运行的关键环节，涉及网络安全、数据安全、隐私保护等多个方面。平台必须建立全面的安全管理体系，包括防火墙、入侵检测和安全审计等措施，防范外部攻击和内部风险。

同时，平台应加强对用户数据的保护，遵循"最小必要"原则，仅收集和使用提供服务所必需的数据。采取加密存储和匿名化处理等手段，降低数据泄露的风险。对于涉及个人隐私的数据，平台应严格遵守相关法律法规，尊重用户的知情权和选择权。

此外，平台还应定期进行安全演练和合规性审查，以确保在面对新出现的安全威胁时能够迅速响应，保障用户数据的安全性和平台的合规性。

构建和运营一个公共数据授权运营平台是一项复杂的系统工程，需要从多个角度进行综合考量。通过选择科学合理的建设模式、利用先进的技术支持、实现广泛的平台对接合作以及构建全面的运营体系，平台将更有效地服务于政府、企业和公众，推动数据资源价值的最大化。

随着技术的不断进步和社会的持续发展，公共数据授权运营平台将在数字社会中扮演日益关键的角色，它不仅是连接政府、企业和公众的重要桥梁，更是推动社会整体的信息化进程的重要基础，为构建智慧社会提供坚实支持。

84. 隐私计算技术如何运用于加强公共数据授权运营的安全保障？

（1）隐私计算介绍

①隐私计算概念

隐私计算是"隐私保护计算"（Privacy-Preserving Computation）的简称，是一种能够在不泄露数据本身的前提下，对数据进行计算和分析的技术体系。通过隐私计算，可以实现数据使用权与所有权的分离，允许在公共数据授权他人使用数据进行计算时，无需分享数据本身，从而有效增强数据控制和隐私保护。

隐私计算并非单一技术，而是一个融合了人工智能、密码学、数据科学等众多领域交叉融合的跨学科技术体系。其核心在于保证数据隐私安全的同时，实现数据"价值"和"知识"的流动共享，真正做到"数据可用不可见"。

②隐私计算架构

隐私计算架构通常包含以下几个关键组成部分：一是数据提供方。拥有数据并希望利用这些数据进行计算或分析的主体。二是计算平台。提供隐私计算服务的平台，可以是本地部署或云服务的解决方案。三是算法协议。执行隐私计算的核心算法和协议，用于确保数据处理的安全性。

③隐私计算目标

隐私计算目标主要包括：一是数据可用不可见。确保数据在分析和计算过程中，数据的原始信息不被暴露。二是数据不动价值动。数据始终静止存储在原始存储地，仅计算结果或分析洞察力被传递。三是数据可控可计量。实现对数据的使用的监控和控制，确保数据使用符合所有者意愿并遵守相关法律法规。

④隐私计算的价值

隐私计算的价值体现在以下几个方面：一是保护个人隐私。在处理个人数据时，有效防止个人隐私泄露，增强个人信息安全性。二是促进数据流通。通过隐私计算技术，可以在不暴露原始数据的前提下，推动数据的共享和流通，释放数据价值。三是合规数据应用。支持企业和机构在遵守数据保护法规的前提下，合法合规使用数据。四是增强信任机制。在多方参与的数据处理场景中，通过隐私计算提高数据处理过程的透明性，能够增强各方之间的信任。

（2）隐私计算的关键技术

隐私计算技术（FL）作为保护数据隐私的一类技术体系，主要包括多方安全计算（MPC）、联邦学习、可信执行环境（Trnsted Execution Environment，TEE）以及机密计算等技术。

①多方安全计算

多方安全计算（MPC），是由姚期智在 1982 年提出的，它允许多个参与方在不泄露各自数据的情况下共同完成数据的计算任务。多方安全计算技术有效解决数据的"保密性"和"共享性"之间的矛盾，满足隐私数据进行保密计算的需求。多方安全计算的技术体系包括以下主要分支：

一是秘密共享（Secret Sharing）。秘密共享是一种将一个秘密（如一个数字或字符串）分割成多个份额（shares），并将这些份额分发给多个参与者的方法。只有当一定数量的份额（通常是所有份额或超过某个阈值的份额）被组合在一起时，原始的秘密才能被恢复。这种方法确保单个参与者无法恢复秘密，从而增强了数据的安全性。

二是不经意传输（Oblivious Transfer）。不经意传输是一种协议，允许发送者将一组数据中的某个项目传输给接收者，而接收者不知道发送者传输了哪些数据，发送者也无法得知接收者选择的项目。这一技术在不泄露额外信息的情况下实现了数据的选择性传输。

三是同态加密（Homomorphic Encryption）。同态加密是一种特殊的加密技术，允许在加密数据上直接执行计算，解密后得到的结果与在原始数据上计算的结果一致。它使得数据能够在不被暴露的情况下完成处理和分析。

四是混淆电路（Garbled Circuits）。混淆电路将电路的逻辑功能以加密的形式发送给其他参与方。每个电路门都被加密，使发送者无法知道电路的逻辑功能。接收者亦能在不知道电路逻辑的情况下完成计算，实现数据的私密处理。

五是零知识证明（Zero-Knowledge Proofs）。零知识证明是一种密码学协议，允许一方向另一方证明某个陈述的正确性，而无需透露任何额外信息。这种技术确保验证者确信陈述的真实性，同时不获得其他额外知识。

多方安全计算在数据交易中的应用场景非常广泛，以下是一些具体的应用实例：在交通规划—数据分析领域，交通管理部门不泄露个人位置信息的情况下，分析交通流量，优化交通规划。在智能电网—能源管理领域，电力公司和用户在不泄露个人用电数据的情况下，共同优化能源分配和使用。在数据市场—数据交易领域，数据提供方在不泄露数据内容的情况下，与数据需求方进行数据价值的计算和交易。在医疗健康—疾病研究与药物研发领域，医疗机构之间在不共享患者个人信息的情况下，联合进行疾病数据分析。制药公司利用 MPC 共同分析药物临床试验数据，提高研发效率。在金融—信用评估与风险管理领域，金融机构间在不泄露客户个人信息的情况下联合进行信用评分。金融机构间共同计算风险模型，而不需要共享具体的交易数据。在供应链管理—库存与价格协商领域，供应商和零售商在不泄露各自商业机密的情况下，共同优化库存水平。买卖双方在不公开各自底线的情况下进行价格协商。

②联邦学习

联邦学习（FL）是一种分布式机器学习技术，允许多个参与方在不共享原始数据的情况下共同训练一个机器学习模型。其核心理念是"数据不动，模型动"，即数据保留在各个参与方的本地设备上，仅共享模型参数或梯度信息，从而实现数据的"可用不可见"。

联邦学习的类型包括：一是横向联邦学习（Horizontal Federated Learning）。适用于参与方之间数据样本重叠较小，但特征空间相似的情况。例如，不同地区的银行可以共享客户的交易数据，但客户群体不同。二是纵向联邦学习（Vertical Federated Learning）。适用于参与方之间数据样本重叠较大，但特征空间互补的情况。例如，同一个客户的金融数据和医疗数据分别由不同的机构持有。三是联邦迁移学习（Federated Transfer Learning）。结合联邦学习和迁移学习的优点，适用于数据样本和特征空间都有限的情况。通过在不同任务之间共享知识，提高模型的泛化能力。

联邦学习的技术原理如下：一是数据本地化。每个参与方在其本地设备上使用自己的数据训练模型，生成模型参数或梯度信息。二是参数聚合。各参与方将模型参数或梯度信息上传到中央服务器，服务器对其进行聚合，生成全局模型。三是模型更新。中央服务器将更新后的全局模型分发给各参与方，各参与方继续本地训练，形成新的模型参数或梯度信息，进入下一轮迭代。四是隐私保护。通过加噪或同态加密等技术处理梯度信息，防止攻击者推断出原始数据。

联邦学习作为一种保护隐私的机器学习方法，通过数据本地化和参数聚合的方式，实现了数据的"可用不可见"，在保护数据隐私的同时，促进了数据的共享和利用。随着技术的不断成熟和应用场景的不断拓展，联邦学习有望在更多领域发挥重要作用，成为数据安全和隐私保护的重要工具。

③可信执行环境

可信执行环境（TEE）是一种基于硬件的安全执行环境，确保在该环境中运行的代码和数据的机密性与完整性。可信执行环境通过硬件隔离技术，创建独立受保护的执行空间，外部无法访问或篡改其中的数据和代码。

可信执行环境技术原理如下：一是内存隔离。在硬件中为敏感数据和代码分配一块隔离的内存区域，所有敏感数据的计算均在这块内存中进行，外部无法访问这块内存中的信息。二是CPU隔离。通过专用的CPU指令和硬件模块，确保可信执行环境中的代码和数据在执行过程中不受外界干扰。三是安全启动链。从硬件启动时就开始进行安全验证，确保每一个启动阶段的代码都是可信的，防止恶意代码注入。四是数据加密。对传输和存储中的数据进行加密，确保其机密性。五是密钥管理。提供安全的密钥管理机制，确保密钥的生成、存储和使用过程中的安全性。六是远程证明。允许外部系统验证可信执行环境的完整性与可信性，确保环境未被篡改。

可信执行环境通过硬件隔离技术，提供了一个安全的执行环境，确保数据和代码的机密性和完整性。在金融、医疗、政务、数据交易平台等多个领域得到了广泛应用，为数据安全和隐私保护提供了强有力的支持。

④机密计算

机密计算是一种确保数据处理过程中的敏感信息始终保持加密状态的安全技术。即使在不受信任的环境中，机密计算也能防止数据泄露或未授权访问。

机密计算的优势包括：一是全程加密。即使在数据泄露的情况下，数据依然处于加密状态，防止未授权访问。二是跨信任环境的安全计算。允许在不同信任级别的环境中进行安全计算。三是合规保障。帮助组织遵守数据保护法规和标准。

机密计算工作原理如下：一是数据加密。在数据进入处理环境之前进行加密，确保数据在整个计算过程中都以加密形式存在。二是安全执行环境。在受保护的区域内执行计算，如可信执行环境、安全 Enclave 或基于虚拟化的安全解决方案中执行计算。三是访问控制。严格限制对加密数据的访问权限，只有经过验证和授权的代码才能解密和访问数据。四是结果输出。计算结果在输出前进行加密或以其他方式保护，确保敏感信息不会泄露。

（3）隐私计算的应用

隐私计算作为一种新兴技术，已广泛应用于金融、政务、医疗、互联网、通信等多个行业。国家层面和地方政府相继出台支持隐私计算技术发展的法律法规和政策文件，如《数据安全法》《个人信息保护法》等法律法规的实施，为隐私计算提供了良好的政策环境。根据统计，2023 年中国隐私计算市场规模已增长至 75.5 亿元，显示出隐私计算市场的快速发展势头。

在数据流通中，隐私计算成为保护数据隐私和促进数据共享的重要手段。隐私计算技术可以应用于多种模式，如两方合作运营、外部数据源依赖、数据开放和数据交易等。在数据开放模式中，政府部门或其他公共机构通过授权第三方机构结合开放数据与业务数据开发应用。隐私计算技术可以保障数据查询、数据上传等环节的安全。在数据交易模式中，各方可以通过具备交易资质的平台进行交易，利用隐私计算技术在数据计算、数据交付、数据价值界定等方面丰富数据价值安全流通，提升业务价值和多样的数据服务。

因此，隐私计算技术在公共数据授权运营中具有广泛的应用前景。通过合理运用隐私计算技术，可以解决数据在流通、共享和计算过程中的隐私保护问题，实现数据的"可用不可见"，在确保数据安全的同时，有效地发挥公共数据的价值，提升公共数据利用效率，促进公共数据资源的开放、共享和利用。隐私计算技术在公共数据授权运营中应用场景如下：

在数据安全查询方面，政府机构和商业机构需要查询信息的同时防止数据泄露。多方安全计算技术可以在不泄露各自数据的前提下，实现数据的安全查询，适用于商业竞争、数据合作等众多领域。

在联合数据分析方面，跨机构合作和跨国公司经营运作中，需要从多个数据源获取数据进行分析。多方安全计算技术可以在原始数据无需归集与共享的情况下实现计算，保护目标数据持有方的隐私及资产安全。

在医疗数据共享方面，在医疗行业中，联邦学习技术可以建立起安全可信的数据交换网络，实现医疗数据价值的最大化效用，同时保护数据隐私。

在金融领域风控与征信方面，金融业可使用联邦学习技术进行数据本地采集，弥补传统征信数据的缺陷，支持数据类型多样化的协同计算，获得更为广泛的社会信用评价画像。

在数据交易平台方面，在数据交易平台中，可信执行环境技术可以为数据买卖双方提供安全的数据交易环境。数据提供方可以将数据放入 TEE 中进行计算，数据需求方可以获取计算结果，而无需看到原始数据，确保了数据交易的安全性和透明度。

在供应链金融方面，可信执行环境技术可以帮助解决供应链上下游企业信息对称共享的问题，创造出新型供应链金融融资模式，提供数据追溯便利，提升服务效率。

隐私计算作为众多领域交叉融合的跨学科技术体系，不同的技术路线都有各自的优缺点。在利用隐私计算技术加强公共数据授权运营时，可根据需要进行技术选型。

表 7-6　隐私计算技术选型对比表

类型	优点	缺点	使用场景
多方安全计算（MPC）	不泄露任何一方的数据；可以处理多种类型的计算任务；理论上完全保护隐私	计算和通信开销大、协议复杂度高、实现难度较大	跨组织数据分析；安全联合机器学习；私密金融交易等
联邦学习（FL）	数据隐私保护；数据保留在本地；改善模型泛化能力；利用多个参与方的数据进行训练	网络通信成本；频繁交换模型参数或梯度信息可能导致高带宽消耗，对数据异构性敏感	分布式 AI 训练；医疗数据分析；物联网设备上的个性化服务等
可信执行环境（TEE）	提供硬件级别的安全保障；降低信任假设，仅需信任硬件供应商	TEE 的安全依赖于硬件实现，某些情况下可能存在性能瓶颈，需要对应用进行特定修改	加密货币交易；云中敏感工作负载处理；数据库加密查询等
机密计算（Confidential Computing）	在使用过程中保持数据加密状态；结合了 MPC、FL 和 TEE 的优点，提供了综合性的解决方案	技术相对较新，生态系统不够成熟；性能可能受到限制；需要特定硬件支持	云端敏感数据处理私密；AI 模型训练；数据共享与协作平台等

综上所述，通过多方安全计算、联邦学习和可信执行环境等隐私计算技术，隐私计算实现了数据的高效流通和利用，同时保护数据隐私和安全。隐私计算为公共数据授权运营提供了强有力的技术支持，实现了"原始数据不出域、数据可用不可见、数据可控可计量"。

未来，随着技术的不断发展和应用场景的不断丰富，隐私计算技术将在公共数据授权运营中发挥更大的作用，为数字经济的发展提供坚实的基础。

85. 如何建设公共数据流通管理的技术与管理协同机制？

2022 年，中共中央、国务院出台的《数据二十条》明确了"促进数据合规流通"原则，提出：顺应经济社会数字化转型发展趋势，推动数据要素供给调整优化，提高数据要素供给数量和质量；建立数据可信流通体系，增强数据的可用、可信、可流通、可追溯水平；实现数据流通全过程动态管理，在合规流通使用中激活数据价值。

该原则明确了公共数据流通管理在技术与管理上的潜在要求。技术保障是实现高效在线流通的基础，管理保障是确保数据有序可控流通的关键，两者必须协同作用。

为推动公共数据流通，2024年国家数据局印发了《可信数据空间发展行动计划（2024—2028年）》，从技术与管理两个维度进行统筹部署和协同推进：首先，在技术举措方面，提出了诸如构建接入认证体系，利用隐私计算、使用控制、区块链等技术建立空间资源使用合约和合作规范，构建空间合约和履约行为存证体系，提供数据标识、语义转换等技术服务，部署应用开发环境等技术应用举措；其次，在管理举措方面，提出了诸如统一目录标识、身份认证、接口要求，建立共建共治、责权清晰、公平透明的运营规则，构建动态数据价值评估模型，加快参考架构、功能要求、运营规范等基础共性标准研制，积极推进数据交换、使用控制、数据模型等关键技术标准制定，建立健全可信数据空间合规管理指引，探索开展可信数据空间备案管理等管理保障举措。

地方层面，杭州正在加快出台促进数据流通交易的法规，对技术与管理协同机制作出制度安排。《杭州市数据流通交易促进条例》"保障措施"部分提出：一是支持数据流通交易技术创新，鼓励市场主体、高等院校、科研机构、行业组织等建立产学研用创新平台，开展核心技术攻关和成果转化，培育安全可信的技术生态；二是支持在数据流通交易领域就法律、法规未禁止的事项建立先行先试机制，并鼓励行政机关在不危害国家和公共安全、不违背公序良俗的前提下就数据流通交易管理开展探索和改革创新；三是支持有条件的地区探索数据流通沙盒监管机制，对法律、法规未禁止的数据流通行为，在一定范围内探索和细化数据流通规则、创新数据流通方式，建成风险可控的数据流通沙盒，促进盒内数据自由交易和应用。

从实践上看，公共数据流通管理的技术与管理协同体制主要体现在公共数据流通技术举措与管理举措的同步设计、同步建设、同步应用等方面。

（1）同步设计：构建顶层协同机制

同步设计要求以整体思维为指导，全面贯彻国家及本省市关于公共数据流通的政策制度规定，构建统一高效的公共数据流通管理"一本账"机制，并在顶层设计的高度，围绕公共数据流通的技术与管理需求，系统化、规范化地安排相关工作任务，推动形成协调有序的实施路径。

通过明确"技术＋管理"双轮驱动的核心理念，建立技术手段与管理制度相互协同、互为支撑的工作模式，确保数据流通在安全、规范的基础上实现高效共享。同时，以体系化安排为抓手，统筹规划技术支撑、标准化建设、制度保障和多方协同的关键环节，构建整体推进的机制框架，为公共数据的高效流通提供强有力的顶层设计和执行保障。

（2）同步建设：落实标准规范与技术实施

同步建设要求以系统思维为指导，遵循整体推进公共数据流通管理的机制框架，严格按照相关标准规范实施公共数据流通的存证、计算、应用、安全等各项技术建设工作。一是在技术实施方面，确保每一环节符合既定标准和政策要求，形成统一规范、相互衔接的执行体系。二是在制度优化方面，对现有不符合公共数据流通标准规范或政策制度要求的内容，应及时进行废止、修订或重新设立，保障技术实施有章可循、有规可依。三是在双向协同方面，通过技术和制度的协同提升公共数据流通的合规性、安全性和高效性，为构建可信、安全的数据流通生态提供坚实的基础保障。

（3）同步应用：实现技术设施与管理制度深度融合

同步应用要求以综合思维为指导，将建成的公共数据流通技术设施与管理制度紧密协同，融入公共数据流通管理的各项工作之中。一是在技术设施应用方面，构建功能完善、运行高效的公共数据流通管理环境，为数据的存储、交换、处理和共享提供有力支撑。二是在管理制度落实方面，确保公共数据流通管理的过程规范有序、安全合规，为流通工作提供制度保障。三是在协同赋能方面,通过技术设施与管理制度在实践中相互支撑、深度融合,形成相互赋能的管理格局,既提升公共数据流通的效能,又确保其合法性和安全性,共同推动公共数据流通管理向标准化、体系化方向迈进。

同步设计、同步建设、同步应用的方法原则,为构建公共数据流通管理的技术与管理协同机制提供了系统化的参考指导。这一参考指导从顶层设计到具体实施再到实际应用,能够覆盖公共数据流通管理的关键环节,可为技术与管理的深度协作奠定基础。

随着公共数据流通实践的不断推进,这一参考指导将在实践中得到进一步充实和完善,逐步形成更具针对性和适应性的优化方案,推动公共数据流通管理的技术与管理协同机制更加科学、系统和高效,助力数据流通的规范化、可信化和高效化发展。

第八篇

流通篇

公共数据资源的流通是释放数据价值、推动经济社会数字化转型的核心枢纽，它不仅是打破数据壁垒、促进数据要素市场化配置的关键路径，更是激发创新活力、催生新兴业态的重要驱动力。

流通篇围绕我国公共数据资源流通领域展开深度探索。在数据获取上，挖掘有效策略，打通数据流通渠道。针对公共数据开放类型，细致梳理并剖析特点与适用范围，为数据开放共享提供清晰指引。同时，积极探索开放与共享的创新方式，以打破"数据孤岛"，促进数据在更多领域的应用。在数据应用方面，深入研究公共数据质押在金融领域的创新与潜力，研判公共数据进场交易的必要性和可行性，规范交易市场。对于跨境流通，分析合规要求，守护数据安全与国家利益。在未来发展方面，探讨如何调动市场主体积极性，进一步挖掘公共数据在新兴领域的应用场景，增强数据服务能力建设。

通过全方位研究，本篇为公共数据资源开发利用中的数据流通环节提供理论与实践支撑，助力构建繁荣的数据经济生态。

86. 如何畅通公共数据获取路径?

在实践中,各地的公共数据开放与共享基本依托于各地建立的公共数据开放共享平台。然而,我国目前仍然缺乏国家层面的统一公共数据开放共享平台,各地普遍存在共享渠道未打通,许多企业和机构不清楚可获取哪些公共数据、数据存放于何处以及如何高效获取这些数据,导致开放数据质量不高、公共数据的利用率不高等问题。对此,有必要通过一系列改革措施,进一步畅通公共数据获取渠道,具体措施包括以下几方面。

(1)公示资源登记信息

通过全面公示各类公共数据资源的登记信息,确保数据资源的透明化和可查性。通过统一的资源登记平台,相关主体可以方便地浏览和了解各类公共数据的详细信息,包括数据的来源、内容、更新频率及使用权限等。

(2)公开产品和服务清单

通过发布详细的公共数据产品和服务清单,明确各类数据产品的功能、用途及获取方式。这不仅帮助相关主体快速定位所需数据,还能根据自身需求选择合适的数据服务,提升数据使用的便捷性和效率。

（3）优化数据开放平台

通过对现有的数据开放共享平台进行升级和优化，提升平台的用户界面友好性和操作便捷性。通过引入智能搜索引擎、数据分类导航以及个性化推荐功能，帮助相关主体更快速地找到所需数据。同时，平台将提供详细的使用指南和常见问题解答，降低数据获取和使用的技术门槛。

（4）加强宣传和培训

通过定期举办公共数据开放与利用的培训班、研讨会和宣讲活动，提升相关主体对公共数据的认知和使用能力。通过多渠道、多形式的宣传，广泛传播公共数据开放的政策和方法，鼓励更多市场主体积极参与数据开发与利用。

（5）推动跨部门协作

推动跨部门协作堪称实现数据资源整合与共享的关键之举。在此过程中，需充分发挥统筹协调职能，将各个相关部门紧密联结在一起。一方面，要全力打破横亘在部门之间的信息壁垒。通过深入沟通、统一规划以及技术对接等手段，消除部门间的数据隔阂，让数据得以自由流动。另一方面，建立起一套行之有效的统一的数据共享机制至关重要。这套机制涵盖了从数据采集、存储、传输到使用的全流程规范，明确各个环节中各部门的职责与权限，规定统一的数据标准、格式以及接口要求，确保数据在流转过程中的准确性、完整性与兼容性。例如，在数据采集环节，统一各部门的数据采集模板，避免重复采集与数据不一致的问题；在传输环节，采用安全高效的加密传输协议，保障数据安全抵达目的地。通过建立统一的数据共享机制，确保公共数据在不同部门、地区及行业间的高效流通与协同利用。

通过以上一系列改革措施，旨在解决企业和社会组织等主体在公共数据获取过程中遇到的难题，全面提升公共数据资源的可访问性和利用率，助力数字经济的发展和社会创新的实现。

87. 公共数据开放的主要类型有哪些?

根据《中华人民共和国政府信息公开条例》第十三条 ①，政府信息应当公开，采取主动公开和依申请公开的方式。不予公开的情形如表 8-1 所示。

表 8-1　不予公开信息类型

国家秘密、安全类	依法确定为国家秘密的政府信息
	法律、行政法规禁止公开的政府信息
	公开后可能危及国家安全、公共安全、经济安全、社会稳定的政府信息
商业秘密、个人隐私类	涉及商业秘密、个人隐私等公开会对第三方合法权益造成损害的政府信息，行政机关不得公开。但是，第三方同意公开或者行政机关认为不公开会对公共利益造成重大影响的，予以公开
行政机关的内部事务信息	行政机关的内部事务信息，包括人事管理、后勤管理、内部工作流程等方面的信息，可以不予公开
	行政机关在履行行政管理职能过程中形成的讨论记录、过程稿、磋商信函、请示报告等过程性信息以及行政执法案卷信息，可以不予公开。法律、法规、规章规定上述信息应当公开的，从其规定

根据实践中的现有做法，公共数据开放一般分为无条件开放（普遍开放）、有条件开放（依申请开放）和不予开放三类。以福建地区为例，根据《福建省公共数据资源开放开发管理办法（试行）》，福建将公共数据按照开放属性分为不予开放、依申请开放、普遍开放三种类型（见表 8-2）。

---

① 《中华人民共和国政府信息公开条例》第十三条规定："除本条例第十四条、第十五条、第十六条规定的政府信息外，政府信息应当公开。行政机关公开政府信息，采取主动公开和依申请公开的方式。"

表 8-2 福建地区公共数据开放类型

不予开放	依法确定为国家秘密的
	开放后可能危及国家安全、公共安全、经济安全、社会稳定的
	涉及商业秘密、个人隐私等的
	开放后会对第三方合法权益造成损害的
	法律、行政法规禁止公开的
依申请开放	需要按照特定条件、特定场景使用或者安全要求较高的公共数据。对此类数据，数据使用主体应通过省统一开放平台进行申请，明确具体应用场景、使用方式、使用要求、时限等，经数据提供单位同意，并签订数据使用和安全保障协议后依法获取
普遍开放	可以向社会广泛公开的公共数据。对于此类数据，可直接从省统一开放平台无条件免费获取

《深圳经济特区数据条例》第四十八条①、《上海市数据条例》第四十一条②等均有类似的规定，但需注意的是，数据开放的类型并非一成不变的，不予开放类公共数据依法进行脱密、脱敏处理，或者相关权利人同意开放的，可以列入无条件开放或者有条件开放类。

---

① 《深圳经济特区数据条例》第四十八条规定："公共数据按照开放条件分为无条件开放、有条件开放和不予开放三类。无条件开放的公共数据，是指应当无条件向自然人、法人和非法人组织开放的公共数据；有条件开放的公共数据，是指按照特定方式向自然人、法人和非法人组织平等开放的公共数据；不予开放的公共数据，是指涉及国家安全、商业秘密和个人隐私，或者法律、法规等规定不得开放的公共数据。"

② 《上海市数据条例》第四十一条规定："本市以需求导向、分级分类、公平公开、安全可控、统一标准、便捷高效为原则，推动公共数据面向社会开放，并持续扩大公共数据开放范围。公共数据按照开放类型分为无条件开放、有条件开放和非开放三类。涉及个人隐私、个人信息、商业秘密、保密商务信息，或者法律、法规规定不得开放的，列入非开放类；对数据安全和处理能力要求较高、时效性较强或者需要持续获取的公共数据，列入有条件开放类；其他公共数据列入无条件开放类。非开放类公共数据依法进行脱密、脱敏处理，或者相关权利人同意开放的，可以列入无条件开放或者有条件开放类。对有条件开放类公共数据，自然人、法人和非法人组织可以通过市大数据资源平台提出数据开放请求，相关公共管理和服务机构应当按照规定处理。"

88. 如何开展公共数据开放、共享？

《关于加快公共数据资源开发利用的意见》提出统筹推进政务数据共享。完善政务数据目录，实行统一管理，推动实现"一数一源"，不断提升政务数据质量和管理水平。推动主动共享与按需共享相结合，完善政务数据共享责任清单，做好资源发布工作。强化已有数据共享平台的支撑作用，围绕"高效办成一件事"，推进跨层级、跨地域、跨系统、跨部门、跨业务政务数据共享和业务协同，不断增强群众和企业的获得感。

（1）公共数据共享开放流程

公共数据共享开放流程主要为三个步骤：

①数据目录管理

制定数据共享目录和开放目录编制指南实行目录管理，定期发布公共数据共享、开放责任清单。按照不予开放/共享、有条件开放/共享、无条件开放/共享的类别对公共数据进行分类，并遵循数据采集、入库、开放全流程把控并落实安全要求。

②数据审批

公共数据共享开放前，由数据提供方进行审批，确保所提供数据符合数据共享开放目录的范围及要求。数据共享开放的运维部门在数据共享开放前应同步进行审核确保对外共享开放最终数据的有效性。

③数据共享开放

通过对数据共享开放需求进行确认，明确数据内容、数据范围、时间周期、传输方式、安全管控手段、审核流程等要素，对于有条件开放/共享和不予开放/共享的数据，需采取脱敏或匿名化技术手段，针对是否越权访问、访问过程是否安全、数据是否合规使用等方面，部署安全策略、技术工具，实时监测监督，确保及时阻断并有效控制安全风险。

（2）公共数据共享开放模式

公共数据共享开放模式，可分为数据管理部门主导模式与行业主管部门管理模式。

①数据管理部门主导模式

数据管理部门主导模式以政府及公共服务部门信息化设施为基础，由省（自治区、直辖市）政府数据归口管理部门制定实施公共数据开放共享及开发利用管理制度，统筹建设公共数据管理平台，并通过多次分类授权引入垂直领域高质量数据运营方，运用公共数据管理平台数据资源开展相关数据服务。第三方机构主要提供价值评估、质量评估等共性服务，监管部门依法依规监管公共数据运营相关主体行为。数据交易机构提供可信的数据服务供求撮合平台。

②行业主管部门管理模式

行业主管部门管理模式主要由垂直领域行业管理部门统筹开展行业内公共数据管理、运营、服务等各项工作。政府或中央（国有）企业数据归口管理部门建设公共数据管理平台，并授权和指导其下属国有企业作为公共数据统一运营机构，承担公共数据运营平台建设和数据汇聚、存储加工等处理工作，面向社会主体提供数据服务。同时，网信、发改、工信、公安等部门依法依规履行数据安全管理职责，对公共数据运营各参与方行为进行安全合规监管，构建"全流程安全管理"格局，做好防范数据泄露工作，保障全程闭环的数据安全和隐私服务。①

（3）公共数据共享开放实践

实践中，公共数据开放、共享的前置步骤——公共数据目录管理是一件重要而复杂的工程，需要进行大量有效的数据治理工作才可顺利完成数据目录的制定与管理。以杭州市某区为例，杭州市某区聚焦基层社会治理数据底

---

① 大数据技术标准推进委员会、隐私计算联盟：《数据流通利用研究报告（2024年）》，2024年7月，见 https://13115299.s21i.faiusr.com/61/1/ABUIABA9GAAg2efwtQYoo8XhjwM.pdf。

座建设，依托"一表通"平台基层数据汇聚能力，开展区—街—社三级人口库建设，探索基础数据长效治理与共享的有效路径，实现区域内"人、房、企、事、物"公共基础数据的有效管理与关联共享，强化基础库赋能和数据价值深入挖掘，推动部门间的基础数据业务协同和管理增效。具体而言，杭州市某区基层基础库存在以下三大问题：一是基层缺少好用、管用的人口数据底库。人口数据多为业务条线采集，人口数据维度不全，且基层无权留存。同时，管理端缺少好用管用实用的人口治理工具，社区仍采用手工记录进行信息采集与日常服务，数据效用难以充分发挥。二是基层维护更新机制不健全导致数据更新不及时。人口数据采集业务分散在部门条线，同时街道和社区对数据日常维护执行不一，基层掌握的人口数据无法与省市专业系统实时对接，缺乏数据自动更新、校准、回流的能力。三是核查校验机制不健全导致数据不准确。数据"汇聚—治理—核查—更新"的共治闭环机制尚未建成。各类人口数据分散在业务部门及基层自建系统中，缺乏定期清洗、比对、碰撞机制，数据的鲜活性和准确度不高。针对上述问题，根据《浙江省数字化改革总体方案》和《浙江省一体化智能化公共数据平台建设方案》要求，以一体化智能化公共数据平台作为数据底座，建设"一库两端一舱"体系，实现本区域内"人、房、企、事、物"公共基础数据的关联共享。"一库"：基层社会治理数据库。开展全区人口基础数据的集中治理工作，实现省市回流数据、区平台数据、社区自治数据在区级层面的融合治理和自动打标，形成区级人口底库，并拆分至网格，在社工工作界面透出呈现，为全区提供上下贯通的基础底库。"两端"：浙政钉 PC 端与浙政钉移动端。"楼小通"管理平台，可对人房企信息以及走访任务进行统一管理，建立"省市—区"以及"区—街社"两个循环，形成新的数据治理共享机制，实现人房精准匹配、数据即查即用、服务智能触达、场景充分延伸。"一舱"：数据治理驾驶舱。数据治理驾驶舱动态呈现杭州市某区实有人口、实有房屋、实有企业、数据协同情况及基层走访活动的开展、覆盖情况。自该系统上线以来，保障杭州市某区 14 个街道 201 个社区近 4000 名社工对某区现存约 130 万条人口基础数据和约 70 万条房屋数据的走访核查工作，并同步完成基础数据的采集工作；同时实现基础库对各类业务场景的数据和业务协同工作，包括老年人生日提醒、老年人补贴发放、疫苗接种提醒等；减少了基层以及各业务部门开发基础库的经济成本，同时强化基础库对业务条线的赋能。

目前各地的公共数据开放与共享基本依托于各地建立的公共数据开放共享平台。通常公共数据开放平台会提供目录发布、数据汇集、数据获取、统计分析、应用展示等服务，这一过程涉及四个主要参与方：数据的供应方、数据的需求方、平台的运营方以及负责政府数据开放的监管机构。各地在综合应用平台、共享交换平台、开放平台建设方面起步较早，目前已有较成熟的标准、产品和服务体系。例如，福建省漳州市发改委（数据管理局）优化升级漳州市数据汇聚共享服务平台，持续推进政务数据整合汇聚，截至 2024 年 9 月，漳州市共编制数据资源目录 2355 项，共汇聚数据超 100 亿条，推动省级 1141 项政务数据表单、超 95 亿条政务数据向市级回流，全市 50 个市直单位共享数据超 6.8 亿条，提供查询超 8285 万次。[①] 上海市公共数据开放依托于上海市公共数据开放平台，根据上海市公共数据开放平台显示内容，截至 2024 年 8 月 10 日，上海市公共数据开放平台现已开放 51 个数据部门、135 个数据开放机构、5528 个数据集（其中 2123 个数据接口）、85 个数据应用、45592 个数据项、1992484247 条数据。在西南地区某市，其公共数据的收集也是依托一体化智能化公共数据平台，各行业主管部门和业务部门针对业务事项形成的业务数据进行编入，并推送到平台上，数据主管部门将电子台账形成编目后在全市发布。如其他部门要调用数据，需对数据敏感级别进行分类，数据部门针对数据敏感级别决定是否共享。"江苏数据直达服务"平台，在江苏省电子政务外网上建立专区。自平台开通之日起，江苏省各级党政机关及事业单位进入平台，即可在线传递、申请、使用相关政务数据，并利用获取的数据资源，开展政府治理和公共服务创新等工作。[②]

---

① 漳州发改委：《全面深化改革 | 漳州市发改委推进政务数据汇聚共享 助力政务服务提质增效》，2024 年 9 月 5 日，见 https://mp.weixin.qq.com/s/XYAopjHUW1PRTu37q2pHPQ。

② 国家数据局：《地方动态 | "江苏数据直达服务" 开通上线》，2024 年 11 月 28 日，见 https://mp.weixin.qq.com/s/FAiTdHBno7DfsNEKseTXJg。

89. 如何开展公共数据质押？

公共数据质押一般指的是将各类公共数据资产作为抵押物，用以向金融机构申请贷款或获取其他形式的融资支持。为推动公共数据资源开发利用，财政部《关于加强数据资产管理的指导意见》，明确提出"探索开展公共数据资产权益在特定领域和经营主体范围内入股、质押等，助力公共数据资产多元化价值流通"。

公共数据资产质押作为一种担保融资的新方式，其本质是权利质押，质权客体是对公共数据的加工使用权。出质人包括公共数据资产运营公司和具有公共服务职能的组织，质权人则应限定为银行业金融机构。出质人以担保自身债务为限设立质权，质权自办理出质登记时设立，登记仅能发挥设权效力、警示功能的作用。目前，登记可在动产融资统一登记公示系统中办理。公共数据资产质押贷款只能用于数据资产价值利用领域，出质人以公共数据资产质押后应及时向授权机构或数据主管部门备案。①

公共数据资产权益质押最常见的情况发生在公共数据授权运营模式下。在这一模式中，公共管理与服务机构通常会公开征集授权运营主体，公共数据资产运营公司根据需求向相关部门申请特定场景下的公共数据。由于该公司需要投入大量资源对公共数据进行加工，形成数据产品或服务，因此其作为出质人，通过质押相关权利来获得银行融资贷款，最终将这些数据产品和服务提供给市场主体。

虽然当前各地正在如火如荼地探索数据资产质押，但公共数据质押仍然缺乏统一规范指引，尚需从法律层面明确公共数据质押的法律依据、当事人、质押的客体、质权何时设立以及质权人如何实现优先受偿等关键性问题，包括数据资产是否可以解释为《中华人民共和国民法典》第四百四十条第一款第七项"法律、行政法规规定可以出质的其他财产权利"

---

① 彭诚信、龚思涵：《公共数据资产质押的理论澄清与规范构造》，《法学杂志》2024 年第 5 期。

仍有待探讨。①

　　根据实践通常做法，数据资产抵押贷款流程主要包括以下步骤：一是数据资产确权登记。数据资产作为抵押物首先应当进行确权登记，保证质押申请主体对该数据具有合法的权利，公共数据资产质押的客体一般是对公共数据的加工使用权。二是数据资产价值评估。虽然目前实践中尚无统一规范的数据资产评估体系，但有地方数据交易所已经探索构建具有市场公允性的数据资产价值评估体系，以市场法为牵引，建立适用数据资产交易市场的评估模型，可供进行数据资产价值评估。三是金融机构审核。金融机构主要结合质押申请主体的基本情况（包括资产情况、信用情况等）审核数据资产合法性、数据资产评估可靠性与数据资产价值稳定性。四是质押登记。但由于数据质押登记依赖着各地发布的质押登记管理办法等文件，以致于可能出现数据质押效力不明确、登记标准不统一、登记结果不互认等方面的问题。五是融资放款。金融机构将按照约定方式和时间向融资方发放贷款。通常会采用分期放款或循环贷款的方式，以便更好地控制风险。

　　在数字经济时代，公共数据质押作为一种创新的融资方式，不仅拓宽了融资渠道，促进了数据的流通和价值的激活，还为盘活地方债务、化解处置风险提供了新的解决方案。这种模式的推广和应用，将进一步推动经济增长和产业的数字化转型。随着政策的支持与市场的发展，公共数据质押将在促进数据要素市场化配置、激发市场活力、推动经济高质量发展方面发挥更加关键的作用。

---

① 《中华人民共和国民法典》第四百四十条规定："债务人或者第三人有权处分的下列权利可以出质：（一）汇票、本票、支票；（二）债券、存款单；（三）仓单、提单；（四）可以转让的基金份额、股权；（五）可以转让的注册商标专用权、专利权、著作权等知识产权中的财产权；（六）现有的以及将有的应收账款；（七）法律、行政法规规定可以出质的其他财产权利。"

90. 公共数据是否需进场交易？

公共数据具有权威性、可信性、共享性、多源性、安全性等属性，这些特征不仅为公共数据在各领域中的应用提供了基础支持，同时也为进一步优化数据流通、高效利用公共数据资源提供了方向和依据。公共数据的进场交易在当今社会中引发了广泛的关注和讨论，尤其是在推动数字经济、优化资源配置和提高政府透明度等方面，其重要性愈加凸显。公共数据不仅是社会发展的重要生产要素，更是实现高效服务和创新的重要资源。因此，探讨公共数据是否应当进场交易，具有重要的理论与实践意义。

（1）公共数据进场交易的意义

①提高资源配置效率

公共数据进场交易的首要原因是它能够提高资源配置效率。通过市场化的交易方式，公共数据可以更有效地流动到需要它的地方，从而实现资源的最优配置。企业和组织可以通过数据交易平台获取到所需的公共数据，进而提升决策的准确性与有效性。这种效率提升，且能促进经济增长和企业的创新能力，使市场参与者获得更多的价值。

②保障数据的安全利用

公共数据的进场交易有助于保障数据的安全利用。在场内交易中，数据的提供和使用都在明确的规范和法律框架下进行，能够有效减少数据滥用和泄露的风险。例如，通过建立严格的数据授权机制与合规审核流程，可以确保数据交易的安全性，提高公众对数据交易市场的信任度。政府机构可以借助数据交易市场的监督和管理，进一步增强对公共数据的治理能力。

③促进社会治理的透明化

公共数据进场交易可以促进社会治理的透明化。传统的公共数据开放往往存在信息不对称的问题，导致公民对政府决策的知情权受到限制。通过公共数据进场交易，政府不仅能够将公共数据以更透明的方式提供给社会，还能通过市场机制引导数据的合理使用。这种透明化有助于提升公众对政府的信任，增强社会治理的有效性。

④促进科技创新

公共数据的场内交易也是促进科技创新的重要途径。良好的数据交易平台可以为科研机构、创新型企业提供丰富的基础数据支持，促使新产品和新技术的研发和推广。例如，通过数据共享与互联互通，不同主体可以在数据的基础上进行更深入的分析，挖掘出更多的潜在价值，从而推动各领域的技术进步和产业升级。实践中，公共数据也构成了数据交易所的重要板块之一，比如深圳数据交易所在行业场景专区中专门设置了公共数据专区，在互联互通专题中设置了福田区公共数据授权运营专区。

（2）公共数据进场交易相关立法

对于公共数据是否需要进场交易，各地已经开始了相关立法。如《广州市公共数据授权运营管理暂行办法》第二十四条提出：除从公开途径合法获取或者法律法规授权公开的公共数据外，公共数据运营机构不得对原始公共数据进行交易。数据商通过公共数据运营平台开发利用形成的公共数据产品和服务用于交易时，原则上应在依法核准的数据交易场所进行。又如《贵州省公共数据授权运营管理办法（试行）》第二十一条规定：授权运营机构开发形成的初级数据产品和服务应当通过数据交易所进行交易。鼓励再开发形成的数据产品和服务，通过数据交易所进行交易。

（3）公共数据交易实践情况

尽管公共数据进场交易的优势显而易见，但目前我国公共数据的交易主要发生在政府与企业之间，且主要是场外交易。例如，金保信、法研院、中国电信数据服务中心、航旅纵横等，都是依托行业部委信息中心组建而成，已成为较为典型的政务数据供应基地。[1] 相较于场外交易而言，场内交易的交易规模较小，场内交易典型成功案例如表8-3所示。

---

[1] 吕指臣、卢延纯等：《公共数据进场交易——现实意义、面临挑战与实现路径》，《价格理论与实践》2024年10月12日。

表 8-3　部分公共数据产品成功场内交易项目案例 [1]

时间	项目	产品
2023 年 5 月 11 日	广州首个公共数据运营产品"企业经营健康指数"在广州数据交易所顺利完成交易	企业经营健康指数（公积金缴存数据、社保缴存数据以及商事经营数据）
2023 年 6 月 8 日	深数所上架全国首个跨区域"政所直连"公共数据产品，并采用数字人民币交易	珠海《贷后预警报告（社保维度监控）》数据
2023 年 10 月 13 日	广西首单地市级公共数据产品场内交易在柳州完成	柳州市公共数据授权运营产品（公积金核验接口）
2023 年 12 月 18 日	宿迁首笔数据知识产权登记产品交易落地	宿迁宿城区内企业近一年行政处罚可视化分析数据
2023 年 12 月 21 日	浙江大数据交易中心完成临平区首单公共数据产品场内交易	临商优数平台数据报告（临平区房产机构成交情况、二手房产交易情况等公共数据）
2024 年 5 月 31 日	全国首笔气象公共数据产品场内闭环流通交易	中国气象局亚洲高分辨率陆面模式大气驱动场与土壤湿度数据
2024 年 7 月 30 日	湖北首笔数字公共基础设施场内数据交易	宜昌城市信息模型（CIM）数据服务

　　但在推进过程中也面临诸多挑战，例如数据权属的界定、合规性与隐私保护的问题、进场交易的效率及成本问题等。监管部门需要制定更加细致的法律与规章制度，确保公共数据的合规使用和交易安全。同时，政府应加强对数据市场的综合监管，推动建立良好的市场生态体系，以维护交易主体的合法权益。

　　综上所述，公共数据的场内交易不仅是时代发展的必然趋势，也是推动社会经济发展的重要举措。通过市场化的交易模式，可以大幅提高公共数据的利用价值，促进资源的合理配置，提升社会治理的透明度，进而推动科技创新和经济的发展。因此，公共数据应当进行分类分级，对于涉及保密、敏

---

[1]　吕指臣、卢延纯等：《公共数据进场交易——现实意义、面临挑战与实现路径》，《价格理论与实践》2024 年 10 月 12 日。

感数据的公共数据，原则上应当进场交易，其他数据应当积极进场交易，并在此过程中加强监管与保障措施，以确保交易的安全与有效性。

91. 公共数据跨境流通的作用、挑战及策略？

在全球化的背景下，数据作为新型的生产要素和资源，其跨境流通已成为各国经济互动、合作与竞争的一个重要议题。公共数据的跨境流通涉及多方面的法律、技术、伦理和经济因素，顺利地开展公共数据跨境流通不仅是时代的趋势，也是国家数字经济发展的必要条件。本书将探讨公共数据跨境流通的积极作用，以及其潜在的挑战与对策。

（1）公共数据跨境流通的积极作用

公共数据的跨境流通能够促进国际经济合作。在信息化、全球化日益加深的当今社会，各国之间的信息壁垒逐渐显露出其负面影响。公共数据的开放与流通可以增强各国之间的相互了解，降低交易成本，提升各国的竞争力与生产力。这种跨国协作不仅能够产生经济效益，还能加强文化交流与合作，推动全球一体化的发展。

依据美国政府的相关数据公开法案，美国数据局建立起公共数据开放平台和统一的政府公共数据开放平台，链接到财政、金融、农业、能源等各公共部门，提供标准化的、量化的数据包等公共数据产品，供个人、企业以及政府部门提升数据可得性。推动形成公共部门数据驱动的、科学决策为基础的数据基座，在跨境运输服务等场景下开发标准的公共数据产品，实现公共数据跨境流动。欧盟也在推动全面的数字化转型与数据开放深度评估，组建基于数据驱动运作的公共部门，欧元区内的公共数据可实现自由跨境流动。欧盟将推动形成开放、透明以及可持续的公共决策，并在数据收集、清洗、分析以及存储等方面加强公众教育。①

---

① 贾彦：《数据跨境流动的国际经验和实践路径》，《企业改革与发展》2024 年第 11 期。

公共数据的跨境流通可以推动科技创新与发展。科技创新往往依赖于大量的数据支撑，而公共数据的跨境流动可使科研机构和企业获取更为丰富和多样化的数据资源，从而提升创新能力。例如，疾病控制与公共卫生领域的数据共享，能够帮助各国更好地应对跨国传染病的传播，因此公共数据的流通对于全球治理尤其重要。

（2）公共数据跨境流通的挑战

①数据隐私与安全问题突出

各国对数据安全的法律法规各不相同，如何在遵循各国法律的前提下实现跨境流通成为一大难题。例如，欧盟的《通用数据保护条例》（GDPR）对个人数据的跨境流动设置了严格限制，这可能对公共数据的国际流通带来障碍。各国在制定数据流通政策时，须关注保护个人隐私与数据安全，以避免潜在的法律风险。迄今为止我国国家层面的立法未直接涉及数据开放方式问题，调整公开数据开放利用方式的法律规范仅处于地方立法层面。[①]

②公共数据的跨境流通还需面对数据主权的争夺

许多国家强调数据主权，主张数据应在域内存储并处理，以保护国家利益和安全。例如，俄罗斯和印度等国家在其法律中对数据本地化存储提出了明确要求。这种数据主权意识使得公共数据的跨境流动受到抑制，导致各国在数据治理方面产生摩擦与冲突。

③缺乏一个统一的国际框架与标准也是公共数据跨境流通面临的挑战

尽管现有的一些国际机构如联合国、WTO等正在努力推动数据治理的规范化，但迄今为止，跨境数据流动的国际规则仍显得相对不足，导致各国在数据流通中出现不同的规范与标准。

（3）公共数据跨境流通的应对策略

针对上述挑战，各国应采取多管齐下的策略。首先，建立跨国合作机制，促进国际数据共享与流通，推动形成一套包容性的国际数据流动标准。

---

① 陈喆：《DEPA 数据开放共享规则：中国立场与规则对接》，《学术论坛》2023 年第 6 期。

各国应在自身利益的基础上，寻求共识与妥协，逐步打破数据流通壁垒。其次，各国在制定数据流通政策时，要充分考虑数据安全与隐私保护，在确保合规的前提下推动数据的跨境流通。最后，加强对数据跨境传输的技术保障，利用区块链、加密技术等新兴技术手段，提高数据跨境流通的安全性与可信度。

公共数据脱敏化可在不降低数据开放流动性的前提下保障敏感数据安全。除涉及国家机密和国家安全的公共数据应绝对禁止开放、避免任何机构和个人接触使用该类数据外，涉及商业秘密和个人隐私的公共数据可根据数据敏感程度，运用脱敏技术加以针对性保护。技术脱敏是在保留原数据价值基础上对敏感数据进行技术处理，同时运用管理流程实现特定用户访问真实数据的一种处理方法。按使用方法分类，脱敏可分为动态脱敏与静态脱敏。前者在应用服务器和数据库之间搭建脱敏平台，向业务系统展示层实时传送脱敏处理后的信息，再结合系统后台数据库查询访问权限的控制，实现有效的实时脱敏，适用于数据库境外访问；后者根据需求设计特定的数据脱敏方案，基于算法破坏数据间的关联性，适用于整体性的数据出境储存。①

综上所述，公共数据跨境流通的必要性愈发明显，能够促进国际合作与科技创新，但其面临的挑战也不容小觑。中共广东省委办公厅、省政府办公厅印发《关于构建数据基础制度推进数据要素市场高质量发展的实施意见》中提出"构建数据安全合规有序跨境流通机制。大力推动实现粤港澳三地数据协同与流动规则机制联通。支持在科技、医疗、金融、教育、文旅、交通、电子商务等领域，探索建立科学规范认证制度、数据出境标准合同规则、安全评估标准等。探索建立数据出境安全评估便捷机制。构建多渠道、便利化的数据跨境流动监管机制，确保数据跨境安全。构建粤港澳大湾区数据跨境多边争议解决机制"。未来，各国在推动公共数据的跨境流通中，应重视安全与隐私的保护，积极寻求建立国际资源共享的合作机制，以促进公共数据的科学合理流通，实现全球经济的可持续发展。

---

① 李凡：《商业数据跨境流动的规范重塑及合规治理》，《中国流通经济》2023 年第 5 期。

92. 公共数据跨境流通需遵循哪些合规要求？

随着全球数字经济的快速发展和数据产业的蓬勃兴起，公共数据的跨境流通在促进国际合作与经济可持续发展方面起着至关重要的作用。然而，公共数据的跨境流通涉及诸多法律法规及政策要求，必须遵循一定的合规要求，以确保数据安全、隐私保护及合法性。本书将重点讨论中国公共数据跨境流通所需遵循的主要合规要求。

公共数据在跨境流通时需遵循国内外法律法规的规定。伴随着数字经济全球化的深入发展，数据跨境流通成为全球经济的关键助推力。跨境数据在国际贸易活动、跨国科技合作、数据资源共享等领域发挥重要作用，数据跨境流通已经成为推动数字经济发展、保障全球互联互通的重要途径。2017年《网络安全法》首次提出数据出境安全评估制度，要求关键信息基础设施运营者（CIIO）因业务需要向境外提供个人信息和重要数据应当按照国家网信部门会同国务院有关部门制定的办法进行安全评估。2021年《数据安全法》的实施再次重申CIIO跨境传输在境内运营中收集和产生的重要数据需进行评估的要求，对向境外司法和执法机构提供数据作出了限制，要求境内组织、个人向外国司法或者执法机构提供存储于中华人民共和国境内的数据必须获得主管机关批准。2021年《个人信息保护法》提出非经中华人民共和国主管机关批准，个人信息处理者不得向外国司法或者执法机构提供存储于中华人民共和国境内的个人信息，国家互联网信息办公室发布了《网络数据安全管理条例》，设专章对"网络数据跨境安全管理"作出具体规定，明确数据出境应采取的三条主要合规路径：通过国家网信部门组织的数据出境安全评估、按照国家网信部门的规定经专业机构进行个人信息保护认证、按照国家网信部门制定的标准合同与境外接收方订立合同。

为推动数据出境制度落地，国家网信办及相关行业主管监管部门陆续出台系列政策文件。个人信息保护认证相关制度：2022年国家市场监督管理总局和国家网信办联合发布《关于实施个人信息保护认证的公告》附件《个人信息保护认证实施规则》规定开展个人信息保护认证的基本规则。2022年全国信息安全标准化技术委员会发布《网络安全标准实践指南——个人信息跨境处理活动安全认证规范》进一步为个人信息保护认证制度提供落地支撑。2022 年全国信息安全标准化技术委员会还发布了第二版《网络安全标准实践指南——个人信息跨境处理活动安全认证规范》，从具有法律约束力的协议应明确的内容、个人信息保护机构应承担的职责、个人信息保护影响评估应涵盖的事项、个人信息主体应享有的权利以及个人信息处理者和境外接收方应承担的责任义务等五方面对《网络安全标准实践指南——个人信息跨境处理活动安全认证规范》进行了细化。

在数据出境制度下的三条合规路径已经初步成型的基础上，为优化完善数据出境制度，实现与数据出境安全风险的"精细化匹配"，并同时促进和规范数据依法有序自由流动，国家网信办于 2024 年 3 月 22 日发布《促进和规范数据跨境流动规定》，从五方面对数据出境制度进行了优化：明确重要数据的认定标准；提出免予申报数据出境安全评估、订立个人信息出境标准合同、通过个人信息保护认证的数据出境活动条件；设立自由贸易试验区负面清单制度；对需要申报数据出境安全评估、订立个人信息出境标准合同、通过个人信息保护认证的数据出境活动门槛标准进行调整，适当放宽数据跨境流动条件，适度收窄数据出境安全评估范围；延长数据出境安全评估结果的有效期限。

为配合《促进和规范数据跨境流动规定》实施落地，国家网信办同日发布《数据出境安全评估申报指南（第二版)》和《个人信息出境标准合同备案指南（第二版)》，对申报数据出境安全评估、备案个人信息出境标准合同的方式、流程和材料等具体要求作出了说明，对数据处理者需要提交的相关材料进行了优化简化。

上述制度文件的发布保障了数据"依法有序流动"，为组织或者个人跨境业务合作提供法治保障，并进一步推动数据自由流动和数字经济发展。明确监管部门强化事前事中事后全领域的监管，加强指导监督向境外提供数据的数据处理者履行义务的情况。通过畅通数据跨境传输制度渠道打造跨境数字贸易新格局，鼓励企业积极开展数据跨境流动并推进国际贸易发展，针对不同商业活动场景需求，在不包含个人信息或者重要数据的前提下，允许国际贸易、跨境运输、学术合作、跨国生产制造和市场营销等活动中产生的数据出境活动不适用数据出境安全评估、个人信息出境标准合同和个人信息保护认证机制，极大地减轻相关企业的合规成本。

《促进和规范数据跨境流动规定》的发布标志着数据跨境流通迎来了全新的数据跨境合规窗口期。各省级地方也积极探索数据跨境流通模式，北京国际大数据交易所建立全国首个服务跨境场景的数据托管服务平台，落地北京 CBD 跨国企业数据流通服务中心，推动国内首个个人数据标准合同落地，实现探索京港征信数据跨境流通。在国内数据交易机构中上海数据交易所首设国际板，组织来自全球的合规数据产品进行流通交易，为国际企业的"引进来"和国内企业的"走出去"服务，加快建设国际专区，探索数据跨境双向流动新机制，实现全球数据互联互通。2023 年 12 月《粤港澳大湾区（内地、香港）个人信息跨境流动标准合同实施指引》的出台为大湾区数据跨境产业发展赋能，广州率先打造粤港澳数字要素流通试验田，深圳开展数据跨境传输（出境）安全管理试点工作。中国（重庆）自由贸易试验区于 2017 年 3 月 15 日获国务院正式批复设立，构建重庆到新加坡跨界数据通道，开设重庆与新加坡合作项目，建立"中新项目管理局"，促进重庆与新加坡贸易数据跨境流通。

综上所述，公共数据的跨境流通必须遵循一系列合规要求，包括遵循国内外法律法规、进行数据分类分级、建立清晰的数据传输协议、开展数据出境安全评估以及建立透明的信息共享机制。这些合规要求的实施，有助于确保公共数据的安全与合法流通，促进国内外数据的合理共享与合作，从而推动数字经济的持续创新与发展。

93. 未来我国公共数据资源还有哪些领域的应用场景值得探索？

《关于加快公共数据资源开发利用的意见》提出在市场需求大、数据资源多的行业和领域，拓展应用场景，鼓励经营主体利用公共数据资源开发产品、提供服务。并且，目前国家数据局正会同有关部门，在气象、交通、社保、自然资源等领域，深入谋划数据开发利用工作，一大批高质量公共数据将陆续供给出来。[①] 此外，国家发展改革委等部门发布《关于促进数据标注产业高质量发展的实施意见》，强调释放公共数据标注需求，深化人工智能在政务服务、城市治理、乡村振兴等领域应用，编制公共数据标注目录，依法依规有序推动公共数据标注与开发利用。支持公共数据赋能实体经济发展，在现代农业、智能制造、信息服务等重点领域发掘公共数据标注需求。支持跨部门、跨地区、跨层级公共数据融合应用，鼓励政府部门和企业协同开展政务大模型所需数据的标注和训练。

因此上述气象、交通、自然资源、政务服务、城市治理、乡村振兴、现代农业、智能制造、信息服务等领域的应用场景可能值得进一步探索。总体而言，各个行业领域都亟须公共数据，整个数据要素市场都对公共数据资源的开发与利用充满期待。

公共数据资源的开发与应用是推动社会经济高质量发展的重要动力。随着数字经济的快速发展，公共数据资源在众多领域的应用场景逐渐显现出巨大潜力与价值。未来，中国公共数据资源还有众多应用场景值得深入探索，这些场景不仅能够促进社会治理，还能提升民生福祉，以及推动科技创新与产业转型。

首先，公共数据资源在智慧城市建设中的应用潜力巨大。智慧城市建设需要对城市中的不同数据进行整合与分析，如交通流量、环境监测、公共安全等，通过公共数据的实时分析与综合应用，可以有效提升城市管理的效率与智能化水平。例如，通过实时交通数据分析，能够优化信号灯设置，缓解交通拥堵，并提升市民的出行体验。同时，公共数据还可以为城市环境治理提供依据，对空气质量、水资源使用等进行监测与预警，促使城市治理更具科学性与灵活性。

---

① 国家数据局：《文字实录 | 国新办就公共数据资源开发利用有关情况举行新闻发布会》，2024 年 10 月 10 日，见 https://mp.weixin.qq.com/s/iBrb7zGuLJqjIdS_baxWkA。

其次，在公共卫生管理领域，公共数据资源的应用场景也值得关注。面对突发公共卫生事件，如疫情暴发，公共数据的及时共享与流通能够极大提高应急响应能力。通过结合疫情监测数据、医疗资源分布和人口流动数据，能够更好地制定防控策略与资源配置方案。未来，中国在公共卫生提升方面应进一步探索数据共享与智能分析，通过公共数据推动公共卫生事件的精准治理，提升全民健康水平。

再次，环境保护与可持续发展是未来公共数据资源应用的重要领域。随着环保意识的增强，政府可利用公共数据推动生态环境监测和资源管理。具体而言，借助公共数据对大气、水体、土壤等生态环境要素进行实时监测，可以实现环境治理的科学化和精准化。例如，通过公共数据分析，可以识别环境污染源，及时应对，提高资源利用效率，助力可持续发展目标的实现。

复次，公共数据在社会保障方面也显著提升应用价值。公共数据信息的整合与应用使得政策实施更具针对性与有效性。通过对欠发达地区的公共数据分析，准确了解这些地区的资源需求和基础设施现状，可以更高效地进行资金和资源的调配，提高保障措施的精准性与有效性。未来，在社会保障、就业支持等方面，也应通过公共数据的深度挖掘，实现服务的个性化与人性化。

最后，公共数据的金融科技发展也是一个广泛可探索的场景。通过整合公共数据与金融数据，金融机构可以更准确地评估风险，并提供更具针对性的信贷服务。例如，利用公共数据（如税务、社会保险等信息）进行信用评估，可以提升小微企业与个人的融资可得性，为创新与创业提供助力。同时，公共数据可以帮助维护金融市场的透明性与稳定性，推动金融科技的健康发展。福建省厦门市建设的"白鹭分"为典型案例。"白鹭分"归集来自厦门市各政务、公共事业部门数据，从基础信息、守信正向、失信违约、信用修复、用信行为五个指标设计市民信用评分模型，描绘市民个人信用画像，并计算得出市民个人信用分数，反映了厦门常住自然人守法履约状况和社会生活信用水平。厦门市通过有效整合个人信用"白鹭分"政务数据和第三方信用数据，实现对新市民身份精准识别、信用状况精准画像，进而为新市民群体提供创业、消费、住房、教育、医疗等领域的贷款、保险特色金融产品，构建了全面的个人信用评价体系，通过信用服务的创新应用，促进了金融服务实体经济的发展。

综上所述，未来中国公共数据资源的应用场景极为广泛，不仅能够助力智慧城市建设、公共卫生管理、环境保护、社会保障和金融科技等领域的发展，还能够推动社会治理现代化，提升国民生活质量。为确保公共数据的高效利用，政府需制定相应的政策、标准与法规，以促进公共数据资源的合理配置与安全流通，为推动数字经济的进一步发展奠定坚实基础。

94. 如何调动市场主体参与公共数据资源开发利用的积极性？

在数字经济迅速发展的背景下，公共数据资源的开发与利用对促进创新、提高效率以及推动经济增长具有重要意义。然而，市场主体在参与公共数据资源开发和利用的过程中，常常面临成本高、风险大、方式不明确、收益不确定等各种障碍，因此，政府需通过有效的措施来调动这些主体的积极性。本书将探讨在这一过程中，政府可以采取的多方面措施以及它们带来的积极效果。

（1）提供政策激励

政府可以通过实施税收减免、发放补贴和资金支持等政策来降低企业参与的成本和风险。这样不仅能及时减轻企业的资金负担，增强其参与公共数据资源开发的意愿，还可以鼓励企业在创新和研发方面进行更多投入。例如，为参与公共数据开发的企业提供研发补贴，可以激励他们加大技术创新力度，开发出更优质的产品和服务，从而促进整个数字经济的发展。

（2）建立和完善数据平台

通过搭建高效透明的全国一体化公共数据资源登记体系，政府可以为市场主体提供更加简便的数据获取通道，确保数据流通的高效性与透明度。这将促进市场主体更积极地获取和利用公共数据资源，推动实现"一数一源"的目标。公共数据的顺畅流通不仅能提升市场参与者的决策效率，还可在一定程度上促进数据的二次开发，带动相关产业的发展。

（3）加强数据安全和隐私保护

因为公共数据的特殊性，一旦发现数据泄露事件，则可能产生难以控制的法律后果。政府应通过完善相关法律法规，强化数据保护机制，以确保公共数据在开发和利用过程中的安全性和隐私性。建立信任机制有助于增强市场主体对参与公共数据开发利用的信心，使更多企业愿意参与到这一过程中。

（4）促进产学研合作

政府应鼓励企业与高校、科研机构之间的深入合作，共同开发公共数据的创新应用。这种跨界合作不仅能促成技术转移与应用，还可为企业创造更多的创新机会。例如，高校和科研机构的技术积累可以帮助市场主体更好地理解和利用公共数据，为其研发创新提供充实的基础。通过产学研合作，政府可以助力市场主体在公共数据开发中形成合力，实现资源共享，提升整体创新能力。

（5）提升数据质量和标准化

政府在推动数据资源开发利用的过程中，应注重品质管理，确保数据的完整性、准确性和易用性。通过建立统一的数据标准，为企业提供高质量的数据资源，可以帮助市场主体在数据分析和产品开发中加速应用，使其更有效地实现数据价值。一方面，高质量的数据资源能够降低企业在数据处理中的时间成本，提升其决策效率；另一方面，标准化的数据资源也降低了不必要的技术壁垒，使得更多企业能够参与到公共数据的开发与利用中。

综上所述，调动市场主体参与公共数据资源开发利用的积极性，需要政府采取多方面的综合措施。通过政策激励、数据交易平台建设、加强安全保护，以及促进产学研合作，同时提升数据质量与标准化水平，可以有效激发市场主体的投入热情，最终实现公共数据资源的高效开发与利用，推动数字经济的蓬勃发展。这一系列措施的落实，将为公共数据的可持续利用构建坚实的基础，充分发挥公共数据在经济社会发展中的价值。

95. 如何加强数据服务能力建设，促进公共数据资源开发利用？

《关于加快公共数据资源开发利用的意见》提出加强数据基础设施建设，推动数据利用方式向共享汇聚和应用服务能力并重的方向转变。推进多元数据融合应用，丰富数据产品和服务。研究制订数据基础设施标准规范，推动设施互联、能力互通，推动构建协同高效的国家公共数据服务能力体系。鼓励有条件的地区探索公共数据产品和服务场内交易模式，统筹数据交易场所的规划布局，引导和规范数据交易场所健康发展。

加强数据服务能力建设是促进公共数据资源开发与利用的关键举措。通过完善数据基础设施、提升数据管理与治理能力、优化数据服务平台与工具、加强人才队伍建设、推动产学研合作与创新、完善政策与激励机制、强化跨部门协作与协调、加强数据安全与隐私保护、推动国际合作与交流以及建立评估与持续改进机制，能够有效提升数据服务能力，促进公共数据资源的高效开发与利用。

这些综合措施不仅有助于数据资源的规范管理和高效利用，还能激发市场主体的积极性，推动数据驱动的创新应用，最终实现数字经济和社会治理的全面发展。各级政府和相关机构应根据自身实际情况，制定和实施相应的策略和措施，持续提升数据服务能力，为建设数字中国和智慧社会提供坚实的数据支撑。

随着数字经济发展的迅速推进，公共数据资源的开发和利用已成为提升社会治理能力和促进经济增长的重要环节。而有效的数据服务能力是实现公共数据资源最大价值的关键。为了加强数据服务能力建设，政府和市场主体需要采用一系列综合措施，这不仅能够促进公共数据的高效开发与利用，还能增强各方对数据资源的信任和参与度。

（1）完善数据基础设施建设

政府应加大对数据中心、云计算基础设施和数据存储设施的投入，确保数据的安全性和可持续性。此外，加强基础设施的互联互通也至关重要，通过建立统一的、开放的公共数据平台，促进不同部门、区域及行业的数据资源整合，实现数据的共享与协作。这种基础设施的完备将为数据服务的高效开展提供坚实的技术保障。2024 年 12 月国家发展改革委、国家数据局、工业和信息化部组织编制了《国家数据基础设施建设指引》，以期释明数据基础设施的概念、发展愿景和建设目标，指导推进数据基础设施建设，推动形成横向联通、纵向贯通、协调有力的国家数据基础设施基本格局，打通数据流通动脉，畅通数据资源循环，促进数据应用开发，培育全国一体化数据市场，夯实数字经济发展基础，为数字中国建设提供有力支撑。

（2）加强数据质量管理与标准化建设

政府应推动公共数据的标准化工作，制定统一的数据质量标准与指标体系，以确保各类数据在采集、处理和存储过程中符合相关质量要求。高质量的数据不仅能提高数据利用的效率，还能减少数据处理的风险，增强市场主体对公共数据的信任感。同时，政府应定期开展数据质量评估和监测，及时发现并解决数据质量问题，确保公众在使用公共数据时获得真实、有效的信息。

（3）增强数据分析能力和应用创新

政府可以通过设置数据分析中心，聚集专业技术人才，推动数据洞察和分析的专业化发展。此外，政府应鼓励企业、高校和科研机构对公共数据进行深入研究和应用开发。通过开展数据挖掘、机器学习和人工智能等技术的应用，提升公共数据的分析价值，使其能够为社会、经济与治理决策提供有效支持。

（4）加强数据安全与隐私保护

随着数据使用频率的增加，数据安全和隐私问题愈发引人关注。政府应完善相关法律法规，建立健全数据安全管理体系，确保公共数据在开发与利用过程中得到有效保护。这不仅需增强对数据泄露和滥用的防范能力，还要通过技术手段，如数据加密、访问控制等，增强用户和市场主体对公共数据使用的信任，鼓励他们积极参与数据资源的开发和利用。

（5）强化数据服务能力

推动公众参与和多方合作是强化数据服务能力的一种有效方式。政府应当通过开展公众教育与宣传，提高全社会对公共数据资源开发的认识与重视，激发民众和企业对数据的关注和参与。此外，推进政府与社会、企业之间的合作，形成"政府主导、市场参与"的综合治理模式，从而在更广泛的范围内促进公共数据的共享与共用。

综上所述，加强数据服务能力建设，促进公共数据资源的开发与利用，需要在基础设施建设、数据质量管理、分析能力提升、安全保护和公众参与等多方面采取综合措施。这些措施的实施，将为公共数据资源的高效利用奠定坚实基础，推动数字经济的蓬勃发展和社会的持续进步。

96. 基于场景开展公共数据资源开发利用的经验做法有哪些？

各地正在积极通过公共数据授权运营等公共数据资源开发利用形式，创新政府与社会、企业、个人的合作模式，以场景需求为导向，推动公共数据和企业、社会数据的全面融合与开发，形成一批服务经济社会发展的公共数据资源开发利用典型应用场景，充分发挥公共数据的乘数效应，释放数据要素价值。如浙江省基于不同细分场景领域，开发了"浙里康养""志愿浙江"等数智应用，还积极探索"家庭码"数据治理与"AI城市运行"，在通过公共数据资源开发利用赋能公益服务与社会治理等公益事业方面取得了有益经验，体现了公共数据资源开发利用的公益性特征，展现了公共数据资源开发利用的经济和社会综合价值，具有参考意义。

（1）浙江省："浙里康养"数智应用

《浙江省老龄事业发展"十四五"规划》提出推进跨部门信息共享大数据平台建设，加强涉老数据、信息的汇集整合和发掘利用，建立基于大数据的可信统计分析决策机制。利用物联网、大数据和人工智能等技术，建设全省统一的"浙里康养"养老服务平台。

"浙里康养"平台建设坚持问题导向，旨在解决如下两大难题。

①养老政策不够统一、政策享受难

养老服务政策点多面广，分散在不同的政府部门下，养老服务补贴政策标准不尽相同，补贴申请渠道和办理流程不能统一，老年人享受政府政策需要多头申请，由各部门进行评估后发放，浪费人力资源且政策兑现不及时。

②数据资源不够集约、部门监管难

部门政策信息不同步，以老年人能力评估为例，民政、卫健、医保、残联等部门在各自职责范围内都在做，评估标准不一致，结果不共享，客观存在多头评估，浪费政府资源。养老服务行政监管涉及发改、公安、民政、住建、卫健、市场监管、医保等多个政府部门和企业、社会组织、个人等不同市场主体，事前、事中、事后监管和多部门联合监管缺乏有效跟踪。

"浙里康养"平台建设坚持系统推进，通过技术融合、业务融合、数据融合，构建"1+5+5+N"智慧养老总体框架，实现跨系统、跨部门、跨层级、跨地域的协同管理和服务。"1"是建强1个"康养数据舱"，从不同维度构建老年人精准画像；第一个"5"是建设5大场景应用，从治理端、服务端分别展现"老有所养""老有所医""老有所学""老有所为""老有所乐"标志性成果；第二个"5"是优化5个流程环节，解耦重塑受理、评估、办理、支付和监管等5个政务公共服务流程环节，统一入口进行办理和受理，集成共享老年人能力评估、护理员等级评估、养老院星级评定，汇集财政支出、产业发展、老年人消费等数据，实施消防、食品、金融和综合绩效监管；"N"是指打造 N 项为老微服务，包括为老机构运营管理、养老补贴精准发放、失能照护综合保障、养老服务监管等核心场景，提升养老服务质量。

"浙里康养"平台建设坚持场景赋能，重点关注老年人群体，围绕老有所养、老有所医、老有所学、老有所为、老有所乐 5 大领域场景做好供需精准对接，聚焦高龄困难、失能失智、山区海岛等老人，打造养老地图综合应用、福利直达、智慧养老院和老年人能力全省通评等多个场景应用，实现基本养老服务精准匹配到人，促进其多元养老服务供给，推动政策制度落地从而培育养老产业蓬勃发展。

"浙里康养"平台已进入高效运营阶段，有力促进养老服务事业与产业健康发展，惠及全省 1500 万老年人和 2000 多万家属，每年引导数 10 亿元养老服务消费，产生数 10 亿元智慧养老终端消费，节约超过 10 万人力资源成本，增加数万个就业岗位。同时，也将大幅降低基层民政人员工作量，减少老年人家庭养老成本，促进社会和谐与生产力发展，有力保障老年人合法权益。当前，浙江全省老年人口持续增长、老龄化程度进一步加深，社会保障水平逐步提高，养老服务不断优化，健康支撑稳步升级，事业产业协同发展，老年友好环境明显改善，老年人的获得感、幸福感、安全感和满意度有效提升。

（2）浙江省："志愿浙江"数智应用

志愿服务是社会文明进步的重要标志，是推动共同富裕示范区的重要力量，随着"数字浙江"建设的深化和全面推进，浙江积极运用云计算、大数据、人工智能、物联网、区块链等新一代信息技术推动志愿服务工作管理理念、管理模式、管理手段创新，探索打通志愿服务平台，及时登记志愿服务项目、志愿活动、志愿基地、服务人群、服务时间、志愿者优势特长等，合理调节区域之间、城乡之间、行业之间、组织之间的志愿资源配置，通过合作共赢的方式提升志愿服务的能力与质量。"志愿浙江"数智应用聚焦群众急难愁盼和现代社会治理需要，为各级党政机关、志愿服务组织、志愿者、群众提供一个好用管用的志愿服务供需对接一体化综合平台，推动志愿服务工作的便捷化、高效化和精准化。

"志愿浙江"数智应用建设坚持问题导向，旨在解决志愿服务工作普遍存在的四类问题：

①各级各类志愿服务资源分割分散、各自为政，亟须建立有效组织管理体系；

②群众想做志愿服务找不到入口、想寻求帮助找不到途径等，对接不精准不顺畅；

③志愿服务在社会治理、应急处突、大型活动保障和助力重点工作方面的响应能力有待提升；

④志愿组织活动意愿提升、志愿者关爱激励机制有待建立健全。

"志愿浙江"数智应用建设坚持系统推进，整合全省80余个志愿服务APP、小程序，打造统一志愿服务平台，构建"1+3+5+X"闭环智控体系：1是依托一体化智能化公共数据平台，打造全省统一平台，实现"一条跑道、一个话语体系"；3是三级管理，省级统建，省市县三级共建共享共运营；5是五级贯穿，数据互联，纵向贯通省市县镇村五级构架；X是多跨协同，横跨25个省份和相关市、县（市、区），联合打造X个多跨场景。

"志愿浙江"数智应用建设坚持场景赋能，通过聚合应急救援、救在身边、邻里帮、文艺惠民、助力"双减"、银龄跨越、有礼讲堂、平安巡防、一起寻人、银耀之江、巾帼红家、互联网大会志愿服务、万朵鲜花送雷锋等场景，打造志愿者注册、志愿服务地图智能化匹配、重点应用场景搭建、志愿活动招募报名、志愿组织入驻展示、志愿服务时长记录、志愿服务风采展示等功能，形成了"一平台多触达"和"一平台多场景"两大特色功能。

"志愿浙江"数智应用项目的推广实施，在公共数据资源开发利用方面取得了宝贵经验，为其他地区的志愿服务工作提供了有益借鉴，展现了数字化改革在志愿服务领域的广阔前景和实践价值。显著提升了浙江省志愿服务工作的便捷性、精准性和高效性，志愿服务组织的协同能力和服务水平也得到了显著提高，极大促进了志愿服务精准触达机制改革，横向相关部门协同，纵向省市县镇村五级贯通，着力构建全域覆盖、全民参与、全景触达、全程管理的线上线下一体化志愿服务体系。截至 2024 年 12 月，全省注册志愿者达 1964.53 万人，志愿服务组织 23.89 万个，年累计开展志愿服务活动 132.42 万场，年累计志愿服务 909.15 万人次。

（3）浙江省："家庭码"数据治理

基本公共服务均等化是共同富裕的基础保障，《中共中央 国务院关于支持浙江高质量发展建设共同富裕示范区的意见》提出，到 2025 年，浙江要实现基本公共服务均等化。其中，家庭作为最基本的社会单元，以家庭为单位推进公共服务优质共享均等是保障和改善民生的关键一环，以家庭为切入点、突破口，尤其是围绕"扩中""提低""一老一小"重点人群等方面，以数字化手段构建完整清晰的亲属关系数据底座，推动公共服务从个人转向家庭，推动服务从单点向集成跃升变革，打造人的全生命周期公共服务优质共享的社会形态，是浙江高质量发展建设共同富裕示范区过程中推出的一项社会服务大胆创新。

"家庭码"数据治理坚持问题导向，旨在解决目前家庭服务方面存在的三大问题：

①便民利民服务不高效

百姓经常需要提供亲属关系证明来办理各种手续，如申请贷款、购买房产等。然而，由于亲属关系的复杂性和证明的繁琐性，很多人往往面临证明难、证明多、证明烦的问题。

②社会治理模式无创新

由于各部门之间的"信息孤岛"和协作不畅，导致社会治理难以取得理想的效果。

③惠民政策直达不精准

政府出台的各种惠民政策往往是为了惠及广大人民群众，但由于政策的实施过程中存在一定的局限性，导致一些家庭无法享受到相应的政策优惠。

"家庭码"数据治理坚持体系推进，以全省一体化智能化公共数据平台作为数据底座，以数据为核心要素构建产品组件，逐步推进完成三大工作，赋能应用场景建设。打造家庭关系库。以公安户籍库、民政婚姻库、卫健出生库的数据作为基础数据底座，通过数据查询、数据研判、数据校验等计算查询方式精准计算出每名用户的亲属关系，以及关系链中各亲属的用户数据。以各数据为点、数据串联为链、家庭关系为网，最终形成家庭关系覆盖广、关系全面、层级丰富的家庭关系库。构建家庭码。以家庭成员之间存在着婚姻关系和血缘关系为纽带，以近亲属共同生活事实为补充，以家庭关系库数据为基础，通过自动匹配和人工校准的方式，持续完善家庭关系库，形成属于家庭标识的二维码。开发家庭关系组件。一是数据接口组件，一键查询用户的法定家庭关系成员情况。二是数据接口组件，支持智能秒判两名及以上成员的家庭关系。三是 Web 组件，引入用户家庭关系授权机制，在充分尊重用户的隐私的前提下，为用户提供公共服务享受上的便利；统一对外提供关系数据、成员管理功能，实现从单一的数据查询输出向双方互动的转变。

"家庭码"数据治理坚持场景赋能，基于以上数据治理与建设成果，浙江探索推进"家庭码"与"一老一小"场景的深度结合，鼓励各单位申请使用"家庭码"组件。其中，浙江省医保局"家庭医保共济"场景，通过调用"家庭码"组件，为"医保共济"应用简化家庭关系确认流程，目前已供浙江省卫生健康委、省医保局、杭州钱塘区、舟山嵊泗县等 29 个单位调用，累计服务 300 万次。嘉善县"颐养智享"场景，通过调用"家庭码"组件已为 6.7 万个老人实现子女的亲情绑定，为浙江省嘉善县老年人建立"精准数字画像"，服务主动推送福利政策，个性化定制康养服务方案。浙江省新昌县"接送码"场景，基于"家庭码"催生的"接送码"，重塑学生接送管理模式，创新家校闭环管理，受到新昌师生和家长的一致好评。

（4）浙江省温州市："AI 城市运行智理管家"

浙江省温州市在城市治理领域积极开拓"AI 城市运行智理管家"场景应用，积极推动发挥了"数据要素 X"效应，让更多"沉睡"的数据资源"活起来""动起来""用起来"，实现数据资源"变现"。

温州市利用公共数据打造"AI城市运行智理管家"场景的流程如下：企业在运营域内申请城市事件数据、门址属性结构信息、企业清单信息、重点人信息等公共数据，公共数据在域内经过安全加固和信息脱敏后会授权同步给企业。企业则充分利用数据要素和智能语料，打造基于大模型技术的一网统管闭环处置系统，辅助城市管理部门在城市运行社会治理领域进行要素主体分类识别、隐患风险主动预警、复杂事件智能处置、分析报告智能总结等日常工作，从而提高决策精度、降低人工成本，提升治理效率和精细化水平。

"AI城市运行智理管家"场景建设内容主要覆盖以下三部分：

①态势智能感知

"AI城市运行智理管家"服务于城市管理者、决策者等，能对海量的社会治理数据要素进行智能分析产生辅助决策和判断、形成智能预警，能实时监测和预警潜在社会风险。基于城市治理大规模数据集，基于开源智能AI算法，结合数据分析、模式识别能力，自主研发基于预训练的多场景城市治理业务模型，包括同址多诉预警、单人多次预警、多人同诉预警、群体预警等。同时在大数据处理和大模型训练过程中，生成包含地物库、人名库、组织机构库、城市治理特征库等在内的城市治理特征数据要素库并持续更新。

②事件智能处置

"AI城市运行智理管家"服务于城市管理者，解决事件智能流转与派发的需求，以系统事件自动流转代替人力处置，大力提升治理效率，增强对复杂社会现象的洞察力和响应速度。该功能聚焦城市治理领域，赋能设计开发事件智能中枢，提供事件接入网关、事件智能分类以及事件流转引擎三项标准化底座辅助能力，用于实现事件标准化入网、事件智能分类与智能流转，有效推进城市治理多层级智能协同联动。当前，根据智能算法训练已形成一级分类8项、二级分类40项、三级分类323项、四级分类564项，涵盖平安综治、应急处突、经济运行、城市管理等多个社会治理领域。城市治理事件接入网关通过级联和路由运行管理、服务接口运行管理等功能实现对服务接口统一管理，并统一对外提供城市治理数据接入服务。接入后的多源事件数据将转化为一致的、规范化的格式（如事件类型、事件时间、事件来源、事件发生区域等事件标准化字段），消除事件数据差异可提高数据的可用性和分析性。入网事件通过大模型进行智能识别、分类，并基于智能流转引擎，实现事件自动分拨和流转，以达到事件快速处置和闭环的目的。

③数据智能分析

"AI城市运行智理管家"服务于城市管理者、决策者以及政策分析师等，解决政策制定缺乏足够的数据支撑、数据收集难、缺乏有效合理的数据分析工具等问题。基于AI分析报告自动化生成模型可围绕城市治理实际业务场景需求，全量分析辖区内多维度治理事项自动生成城市治理分析报告，辅助有关部门进行风险研判与决策。

第九篇

监管篇

　　建立完善的公共数据开发利用监督管理机制，是确保公共数据合规高效流通使用的关键。

　　监管篇探讨了怎样评价监督公共数据资源开发利用，确保监管符合政策要求和社会效益；怎样建立公共数据授权运营的社会监督机制，增强开发利用的透明度和公众参与度；怎样正确处理政府和市场、效率和公平以及发展和安全的关系，形成公共数据开发利用有效监管；怎样厘清公共数据流通中各方的合规责任，以及如何构建容错免责机制，以激发公共数据资源开发利用的创新活力。

　　本篇旨在说明监管部门应强化对公共数据开发利用全过程的监督管理，通过建立评价监督、社会监督、容错免责等监管机制，充分评估并严格防范公共数据开发利用安全风险，完善违规使用公共数据的法律责任体系，从而推动公共数据开发利用监管体系的完善，确保公共数据开发利用过程始终处于安全可控的法律监管"红线"之内。

97. 如何开展对公共数据资源开发利用的评价监督?

《关于加快公共数据资源开发利用的意见》提出,各地区各部门可结合实际探索开展公共数据资源开发利用绩效考核,依法依规向审计机关开放公共数据资源目录和开发利用情况。鼓励开展公共数据资源开发利用成效评价和第三方评估,加强经验总结和宣传推广,营造良好氛围。财政部《数据资产全过程管理试点方案》强调,强化授权运营事中事后监管,建立定期评估和动态调整机制,根据市场运营效果,调整或收回授权运营事项。

(1) 成效评价

在成效评价方面,各地已在积极探索公共数据资源开发利用的评价机制,不断完善各地的评价指标体系,目前各地的公共数据资源开发利用评价指标一般包括公共数据授权运营目录编制及相应数据挂接情况、公共数据使用申请审核及时性、公共数据质量、授权运营主体应用管理、收益情况等。例如,在各地政策规范层面,2024 年 12 月发布的《广州市公共数据授权运营管理暂行办法》第三十二条规定:"市公共数据主管部门应将数源部门在公共数据授权运营中的工作情况进行通报。通报内容包括公共数据授权运营目录编制及相应数据挂接情况、公共数据使用申请审核及时性、公共数据质量等,并同步纳入年度广州市公共数据管理能力评估指标体系。"又如,2024 年 6 月发布的《扬州市公共数据授权运营管理办法(试行)》第十九条规定："市数据主管部门建立数源单位数据质量情况、授权运营主体应用管理和收益情况等评价指标，强化基于数据价值创造和价值实现的激励导向，将评价结果作为数源单位数字政府建设项目及运维资金预算安排的重要依据。一级运营主体应在授权运营满一年，向市数据主管部门提交授权运营年度运营报告。市数据主管部门通过委托第三方评估机构等方式，对一级运营主体开展年度评估，评估结果作为再次申请授权运营的重要依据。一级运营主体应配合做好评估工作。"在标准层面，团体标准《公共数据授权运营实施指南》进一步细化了公共数据授权运营评价的各项具体指标，该标准规定"实施机构定期对运营机构履行公共数据开放工作职责情况、开放计划制定和落实情况进行监督检查，评估数据使用合规性、安全性、技术成熟度、运营效果、用户满意度等方面表现，为数据运营流程、计价方式等提供优化依据，确保公共数据授权运营活动的合规性、高效性和可持续性"。团体标准《公共数据授权运营实施指南》所规定的运营评价指标详见表9-1。

表 9-1　公共数据授权运营评价指标

评价维度	评价指标	评价内容
合规性	法律法规	授权数据内容符合法律法规和政策标准的情况
	使用规范	数据采集、处理、共享等活动符合标准规范的情况
	隐私保护	保护个人隐私和敏感信息采取的有效措施
	合规管理	制度、流程、培训、监督等保障措施制订执行情况
安全性	数据加密	数据传输、存储、处理过程密钥管理、加密防护等措施
	访问控制	身份认证、权限管理、最小使用等访问控制策略
	网络安全	防火墙、入侵检测、DDoS防护、物理隔离等安全措施
	安全审计	日志记录、定期审计、异常检测等安全审计措施
	备份与恢复	保障数据完整性和可用性的备份和恢复措施情况
技术成熟度	技术架构	技术先进性、稳定性、扩展性、大规模数据处理能力等
	数据质量	授权公开数据的准确性、完整性、一致性和时效性等
	自动化工具	自动化工具和算法对数据处理和分析效能提升的情况
	可靠与稳定	压力测试服务响应时间、吞吐量、平均无故障时间等

续表

评价维度	评价指标	评价内容
运营效果	数据利用率	公共数据使用频率、覆盖范围、更新及时性等效能指标
	业务流程优化	业务流程简化、工作效率提升、错误率降低等优化指标
	经济社会效益	经济社会价值、投资回报、资源利用率等直接和间接指标
	数据开放共享	数据开放广度深度、需求匹配度、合作项目数量等
用户满意度	用户体验	界面友好性、响应时间、操作便捷性、多终端支持等
	服务与支持	客户服务、帮助文档、培训与指导、问题解决效率等
	功能性能	数据产品及服务功能完整性、功能稳定性、个性化需求等
	持续改进	改进措施、数据更新频率、透明度报告等优化改进措施

（2）审计监督

在审计监督方面。财政部《关于加强数据资产管理的指导意见》针对公共数据的审计监督明确提出加强监督检查，对涉及公共数据资产运营的重大事项开展审计，将国有企业所属数据资产纳入内部监督重点检查范围，聚焦高溢价和高减值项目，准确发现管理漏洞，动态跟踪价值变动，审慎开展价值调整，及时采取防控措施降低或消除价值应用风险。目前国家审计部门已经对公共数据资源开发利用采取审计监督相关措施，对四部门利用政务数据不当牟利行为进行了通报并持续跟踪督促相关部门进行整改。国家审计署在数据要素市场发展初期即以国家部委所属单位作为公开负面示例，明确表达了国家对公共数据供给这一数据要素市场前沿领域无序扩张的零容忍立场，其对公共数据开发利用中利用政务数据牟利的违规情形的通报及后续各部门的整改方向与内容皆可成为各地对公共数据资源开发利用开展审计监督的关注重点。2024年6月，审计署公布2024年第1号审计结果公告，即《中央部门单位2023年预算执行等情况审计结果》报告，首次通报了"利用政务数据牟利成为新苗头"的问题，说明一些部门监管不严，所属系统运维单位利用政务数据违规经营收费，2024年12月，相关部门通过包括停止违规收费行为、修订信息系统管理办法、规范对外提供政务数据审批流程在内的做法进行了整改。本次整改通过停止违规行为、完善制度设计和强化执行力，确保了政务数据使用的合法合规性，有助于从源头上杜绝了类似问题的再次发生。同时，这一整改举措为政务数据的规范化使用建立了更加清晰透明的程序保障，进一步提升了数据资源的管理效率和公共服务水平，为推动公共数据开发利用打下了坚实的基础，也为全国各地的政务数据管理提供了示范参考。

就具体如何针对公共数据开发利用开展审计监督而言，有学者指出审计监督应当贯穿于公共数据资产管理全过程。国家审计以数据资产生命周期为依托，通过多种审计方式的运用，能够发挥其动态监管机制，规范数据管理全流程，从而实现公共数据资产监管的目的。在采集阶段，审计能够对公共数据资产的深度和广度、完整性、合规性和安全性把关，推动数据采集规范实施，确保数据采集的质量和安全；在传输阶段，审计监督有助于公共数据资产传输选择合适的渠道，极大地消除数据在传输过程中存在的被窃取、泄露或篡改等安全隐患；在存储阶段，审计平台作为一个巨型数据库，便于公共数据资产的存储和提取，并且能精准定位所需要的数据；在处理阶段，审计及时发现可能存在的技术缺陷和安全漏洞，防范数据处理质量不高、出现异常数据、机要信息泄露等数据处理风险；在共享阶段，审计针对公共数据资产发布不多、更新不及时等情况，向有关政府部门提出建议，以破除"信息孤岛"现象，提升数据治理效能；在开放阶段，将公共数据资产开放政策落实情况纳入审计监督重点，对公共数据资产实行分级管理和质量反馈机制，以审计监督助推公共数据资产开放；在应用阶段，审计能对公共数据资产应用的效率性、效果性和安全性进行监督，以审计信息化建设扎实推进公共数据资产的应用；在存档、销毁阶段，审计监督公共数据资产的归档和销毁工作，能进一步规范数据归档销毁的实践流程，提升管理的科学化和规范化。总的来看，健全公共数据资产审计制度是一个长期的进程，需要政府、企业、学界和公众协同参与，打造数字时代下一个可信、效能、创新、稳健的公共数据资产管理生态。①

---

① 徐京平、张可雨：《国家审计与公共数据资产管理：逻辑体系、作用机制和驱动路径》，《财会通讯》2024 年第 5 期。

98. 怎样开展公共数据授权运营的社会监督？

为了进一步推动公共数据授权运营的公平公正开展，公共数据授权运营应当建立社会监督机制，引导作为公共数据授权运营的使用者和受益者的社会公众积极参与其中，通过多方协作，构建起多种监督方式并存、多层次覆盖的公共数据安全监管体系，确保公共数据的授权运营更加透明、规范和高效。数据管理局会同有关部门，畅通针对数据流通活动的社会监督渠道，为行业组织、第三方专业服务机构、媒体、利益相关主体和消费者共同参与数据流通监管创造条件。

具体而言，公共数据授权运营社会监督机制包括组织建设、投诉举报、行业自律、第三方监督、媒体舆论监督等维度。在组织建设方面，数据主管部门应当会同有关部门，畅通针对公共数据授权运营活动的社会监督渠道，为行业组织、第三方专业服务机构、媒体、利益相关主体和消费者共同参与公共数据授权运营监管创造条件。在投诉举报方面，应当建立面向社会的公共数据授权运营投诉举报渠道和处理答复机制，任何单位和个人有权向数据主管部门投诉举报数据流通主体违法违规行为，也有权对数据主管部门及其工作人员的监管行为进行申诉或者检举。在行业自律方面，行业组织应当建立健全行业经营自律规范和职业道德准则，配合监管部门开展公共数据授权运营监管活动，规范本行业会员行为，引导会员合法合规参与公共数据授权运营活动。在第三方机构监督方面，会计师事务所、税务师事务所、律师事务所、数据资产评估机构、公证机构等第三方专业服务机构可以通过提供法律服务、数据质量评估、数据价值评估、支付结算服务、数据资产化服务及其他第三方服务，在公共数据授权运营监管中发挥专业作用，辅助公共数据授权运营活动有序开展。在媒体舆论监督方面，报刊、广播、电视和网络等媒体对公共数据授权运营参与主体违法行为和监管违法行为进行舆论监督。

公共数据授权运营的社会监督机制是保障公共数据资源合法合规使用、维护社会公共利益和提升治理能力的重要环节。通过组织建设、投诉举报、行业自律、第三方监督和媒体舆论监督等多维度的机制设计，可以有效构建覆盖广、层次深、形式多样的全方位监督体系。这一体系不仅能够强化对违规行为的及时发现和纠正，还能够全面优化公共数据的管理模式和运营效率，为公共数据资源的开发利用提供坚实的制度保障。从更高的层面看，建立完善的社会监督机制，不仅是规范公共数据授权运营的必要举措，更是促进数据要素市场化发展的重要一环。它有助于提升公共数据资源的使用透明度和治理水平，增强社会公众对公共数据运营的信任感，同时推动形成"政府监管、行业自律、社会参与、公众监督"的综合治理格局。通过畅通监督渠道和强化监督职能，公共数据的开发利用将更加有序、更加高效，从而实现对数字经济高质量发展的更大价值输出。

展望未来，随着数据要素市场化改革的不断深入，公共数据授权运营社会监督机制需要进一步拓展和完善。一方面，需要引入更多创新性监督手段，如基于区块链的透明监管、基于人工智能的智能监控等，为社会监督注入科技力量；另一方面，需要进一步强化各类监督主体的协作联动，充分发挥政府、社会、行业组织和专业机构的共同作用，形成监督合力。同时，还需注重培育社会公众的数据权利意识和参与意识，使社会公众真正成为公共数据授权运营监督体系的重要参与者和受益者。通过不断深化和完善社会监督机制，公共数据授权运营将能够在保障数据安全与隐私的基础上，实现资源价值的最大化开发和利用，为推进国家数据治理体系和治理能力现代化、助力数字经济的高质量发展提供强有力的支撑。

99. 怎样处理好政府和市场、效率和公平以及发展和安全的关系？

党的二十届三中全会通过的《中共中央关于进一步全面深化改革、推进中国式现代化的决定》，在阐述进一步全面深化改革原则时指出，"坚持系统观念，处理好经济和社会、政府和市场、效率和公平、活力和秩序、发展和安全等重大关系"。处理好这五个重大关系是以习近平同志为核心的党中央在分析新发展阶段内外部环境变化、面临的新机遇新挑战、肩负的新使命新任务时提出的，为推进中国式现代化提供了科学指南。[①] 在公共数据开发利用领域，也应当处理好政府和市场、效率和公平以及发展和安全的关系。

《关于加快公共数据资源开发利用的意见》充分总结了部分地区及部门的做法，强调要处理好政府和市场、效率和公平以及发展和安全的关系，根据 2024 年 10 月 10 日国家数据局局领导介绍公共数据资源开发利用有关情况[②]，处理好公共数据开发利用领域的政府和市场、效率和公平以及发展和安全的关系，应当重点从资源管理、授权实施、运营监督三个方面进行制度安排。

（1）资源管理

在资源管理方面，要求建立公共数据资源登记制度，编制公共数据资源目录，开展数据分级分类管理，加快数据资源标准化、规范化建设，目的就是提高数据质量，扩大资源供给。这样的做法不仅有助于明确"数据家底"，为后续数据开放共享奠定基础，还在一定程度上提升了政府的管理能力和透明度。

（2）授权实施

在授权实施方面，要求将公共数据授权运营纳入重大事项的决策程序，建立起规范的授权运营实施机制。主要是要明确授权条件、运营模式、退出机制等。同时，鼓励试点成立行业性、区域性运营机构，推动有条件的地区或者部门做到管运适度分离，并且要求保障授权运营各方的合法权益。如此，不仅提高了公共数据开发利用管理的效率，还保障了各方的合法权益，形成维护公共数据开发领域的公平竞争和市场秩序，进一步释放市场活力，推动数字经济高质量发展。

[①] 胡家勇：《坚持系统观念　处理好五个重大关系》，《光明日报》2024 年 8 月 22 日。

[②] 国家数据局：《文字实录 I 国新办就公共数据资源开发利用有关情况举行新闻发布会》，2024 年 10 月 10 日，见 https://mp.weixin.qq.com/s/iBrb7zGuLJqjIdS_baxWkA。

（3）运营监督

在运营监督方面，明确要厘清管理和运营的责任边界，对于数据资源的生产、加工使用、产品经营等全过程要进行监督和管理，同时也要求建立授权运营情况的披露机制，公开数据产品和服务能力清单，接受社会的监督，也强调了运营机构不得实施不正当竞争行为，防止市场主体间的不公平竞争，从而保护公共数据开发利用市场的健康发展。

下一步，国家数据局将积极鼓励地方和部门落实《关于加快公共数据资源开发利用的意见》精神，在制度机制、规范授权、价格形成、收益分配等方面先试先行，共同探索实践路径，共同营造开发利用的良好生态。随着数字经济的不断崛起，数据作为关键生产要素的地位愈加凸显，如何实现公共数据资源的开发利用，将直接影响到国家竞争力和可持续发展能力。因此，在公共数据资源开发利用方面，处理好政府与市场、效率与公平、发展与安全之间的关系，势必将成为未来发展战略的重要组成部分。

100. 公共数据流通中，各方的合规责任有哪些？

公共数据流通包括公共数据开放、共享、运营、交易、交换等，可能涉及多个参与主体，包括数据供方、数据需方、数据交易机构、第三方专业服务机构、数据登记机构、数据主管部门、公共数据运营实施与运营机构等。现行中央政策与法律法规层面暂未对公共数据流通的合规责任进行明确规定，但明确公共数据流通合规责任对于数据要素化的安全高效流通具有至关重要的意义。因此，本书根据现行政策法规精神、各地实践做法与发展方向，区分不同的公共数据流通参与主体，梳理公共数据流通过程中可能存在的法律责任，供各方参考。

（1）数据供方、需方责任

公共数据供方、需方存在下列数据流通违法行为之一的，可能需要承担民事法律责任与行政处罚法律责任；涉嫌犯罪的，依法追究刑事责任：

①未履行数据安全保护义务、网络安全保护义务、个人信息保护义务；

②侵犯他人商业秘密、个人隐私等合法权益；

③未按照规定采取安全保障措施，发生危害国家安全、公共利益、公共数据安全的事件；

④采用隐瞒真实情况、提供虚假材料等欺骗手段骗取登记的；

⑤其他违反法律、法规、规章，应当承担法律责任的行为。

（2）数据交易机构责任

部分地区规定公共数据应当进场交易，因此数据交易机构在公共数据流通中担任着重要角色。

数据交易机构如违反会员管理规定，允许非会员直接参与数据交易的，可能被有权机关责令改正，对直接负责的主管人员和其他直接责任人员给予通报批评。数据交易机构违规聘用负责人及从业人员的，应当按照劳动合同法的规定执行，直接负责的主管人员和其他直接责任人员可能被给予通报批评。数据交易机构在经营过程中存在违反法律法规行为的，可能被有权机关依法给予行政处罚。

（3）第三方专业服务机构责任

第三方专业服务机构违反法律法规和合同约定造成不法后果的，隐瞒真实情况、弄虚作假，造成不法后果的，可能被行业主管部门依法给予行政处罚；涉嫌犯罪的，依法追究刑事责任，如承担提供虚假证明文件罪刑事责任。

（4）数据登记机构责任

登记机构在登记过程中有下列行为的，可能由数据主管部门采取约谈、现场指导或取消登记机构资格等管理措施：

①开展虚假登记；

②擅自复制、篡改、损毁、伪造电子凭证；

③私自泄露登记信息或利用登记信息进行不正当获利；

④履职不当或拒不履职的情况；

⑤其他违反法律法规的情况。

此外，如若登记机构或相关责任人违反《网络安全法》《数据安全法》《个人信息保护法》等法律法规和相关规定，可能面临包括警告、罚款、责令改正、限期整改等行政处罚，并视情节轻重承担相应的民事责任(如侵权赔偿、违约责任)以及刑事责任（如提供虚假证明文件罪、侵犯公民个人信息罪、故意泄露国家秘密罪、过失泄露国家秘密罪等），并有可能面临公职人员行政问责、纪律处分或行业禁入等后果。执法机关或监管部门将根据违规行为的性质、后果以及主观过错程度，综合运用上述措施，确保登记机构严格依法开展公共数据资源登记业务，维护数据安全与公共利益。

（5）数据主管部门责任

数据主管部门不履行或者不正确履行数据流通合规管理职责的，可能被本级人民政府或者上级主管部门责令改正；情节严重或者造成严重损害的，可能被有权机关对直接负责的主管人员和其他直接责任人员依法给予处分。

（6）公共数据运营单位责任

公共数据运营单位违反授权运营协议的，可能被数据主管部门按照协议约定要求其改正，并暂时关闭其授权运营域使用权限。授权运营单位应当在约定期限内改正，并反馈改正情况；未按照要求改正的，终止其相关公共数据的授权。授权运营单位违反授权运营协议，属于违反网络安全、数据安全、个人信息保护有关法律法规规定的，可能被数据主管部门、网信、公安等单位按照职责依法予以查处，相关不良信息依法记入其信用档案。

（7）国家机关及其工作人员责任

国家机关及其工作人员在数据流通监督管理工作中滥用职权、玩忽职守、徇私舞弊的，直接负责的主管人员和其他直接责任人员可能受到处分；构成犯罪的，依法追究刑事责任。

101. 如何建设数据流通容错免责机制，推动公共数据资源开发利用与创新？

2016 年 4 月 19 日，习近平总书记在网络安全和信息化工作座谈会上指出，"安全是发展的前提，发展是安全的保障，安全和发展要同步推进"[①]，并且习近平总书记在会上深刻剖析了网络安全的主要特征——网络安全是整体的而不是割裂的，是动态的而不是静态的，是开放的而不是封闭的，是相对的而不是绝对的，是共同的而不是孤立的。同样的，在数据要素市场，不能绝对强调数据流通安全，应当统筹数据流通安全与合规发展。因此，建议在数据要素市场发展初期可以依法包容数据交易行为的轻微缺陷，采取"包容期"和"纠错期"等策略，为市场主体提供试错与创新的机会。新质生产力生成过程中，需要创新主体具备较强的创新能力和前瞻性战略视野，也需要外部监管提供支持性环境，才能实现对不确定性风险的有效应对。在探索数据要素交易监管方式的过程中，可通过设立数据要素交易违法行为处罚的明确清单，区分不同性质的违规行为，并按照其严重程度采取相应的惩罚措施，保证监管的精确性和公正性，对轻微违法的数据要素交易行为，可设置包容期和纠错期，降低交易主体的合规成本[②]，推动公共数据资源开发利用与创新。

当前，中央顶层设计政策已经明确在数据要素领域提出建立创新容错机制，鼓励形成容错免责良好范围。《数据二十条》提出"支持有条件的部门、行业加快突破数据可信流通、安全治理等关键技术，建立创新容错机制，探索完善数据要素产权、定价、流通、交易、使用、分配、治理、安全的政策标准和体制机制，更好发挥数据要素的积极作用"。财政部《关

[①]　《习近平关于网络强国论述摘编》，中央文献出版社 2021 年版，第 90 页。

[②]　杨国强、许明月：《新质生产力生成中数据要素交易监管的完善进路》，《湖北大学学报（哲学社会科学版）》2024 年第 3 期。

于加强数据资产管理的指导意见》提出"坚持顶层设计与基层探索结合，形成鼓励创新、容错免责良好氛围。支持有条件的地方、行业和企业先行先试，结合已出台的文件制度，探索开展公共数据资产登记、授权运营、价值评估和流通增值等工作，因地制宜探索数据资产全过程管理有效路径。加大对优秀项目、典型案例的宣介力度，总结提炼可复制、可推广的经验和做法，以点带面推动数据资产开发利用和流通增值。鼓励地方、行业协会和相关机构促进数据资产相关标准、技术、产品和案例等的推广应用"。

实践中，各地已经开始探索关于数据流通容错机制的具体规则设置。根据广东省立法动态趋势，具有下列情形之一的，可以申请容错免责处理：一是法律、法规没有明令禁止，主动改革创新、攻坚克难，有利于培育数据要素市场生态，有利于促进产业自主创新，有利于增进民生福祉的；二是在探索公共数据授权运营、公共数据资产登记、公共数据流通交易与收益分配等先行先试实践中，因经验不足出现失误，情节较轻的；三是主动参与问题处置，积极采取有效措施，最大限度挽回损失，或及时消除不良影响、尚未造成重大损失及严重影响的；四是因不可抗力因素导致的；五是其他法律、法规规定可予以免责的。上海市浦东新区人民政府2024年12月发布《浦东新区公共数据授权运营管理若干规定（试行）》，该规定第十九条提出："本区按照支持创新、权责一致、尽职免责的原则，建立公共数据授权运营容错机制，单位和个人在开展公共数据授权运营活动中，出现失误或者偏差，已履行勤勉尽责义务且没有牟取非法利益的，按照有关规定不作负面评价，不追究相关责任。"

总体而言，数据流通容错免责机制的建设在推动公共数据资源开发利用与创新中扮演着至关重要的角色。各地在推动公共数据资源的开发利用与创新中，通过建立数据流通容错免责机制，不仅营造了一个鼓励创新和探索的环境，而且通过明确容错条件和范围，为数据要素市场的健康发展提供了必要的安全网，确保了在追求创新的同时，能够合理控制风险，保护创新者的积极性，促进数据要素市场的繁荣和数据价值的最大化。

102. 在公共数据资源开发利用监督管理方面的实践探索有哪些？

各地在公共数据资源开发利用的监督管理方面进行了多种探索，积累了丰富的监管经验，以下是一些典型做法。

（1）北京市：以制度创新为核心的顶层设计

北京市作为首都，数据资源丰富且具有政策试点优势，通过顶层设计推动公共数据的高效流通与安全治理，为全国其他地区提供了借鉴意义。

①主要做法

第一，授权运营管理。北京市经济和信息化局发布《北京市公共数据专区授权运营管理办法（试行）》，明确了数据授权的范围、条件及运营主体的责任义务。

第二，数据开放策略。北京市通过市级大数据中心推出分级分类开放清单，将低敏感度数据（如交通、环保）无条件开放，而高敏感度数据（如医疗、金融）需经过脱敏处理后开放给特定主体。例如，北京市交通委员会向高德地图、百度地图等平台开放了涉及社会出行服务相关数据，提升了出行服务质量。

第三，数据产权探索。提出了"结构性分置产权"概念①，将数据持有权、使用权和经营权分离。政府部门保留数据持有权，授权运营机构在框架内使用数据，并允许其开发数据产品。北京市公共数据开放平台已上线多个气象数据集，供社会各界使用。例如，北京市气象局在该平台上开放了地面气候标准值数据集等 21 个气象数据集，促进了气象数据的广泛应用。

---

① 《关于更好发挥数据要素作用进一步加快发展数字经济的实施意见》："推动界定数据来源、持有、加工、流通、使用过程中各参与方的合法权利，推进数据资源持有权、数据加工使用权、数据产品经营权结构性分置的产权运行机制先行先试。"

②借鉴意义

北京市的探索为全国范围内公共数据资源的开发与监管提供了有益借鉴。通过明确权责边界、优化授权流程和强化安全管理，北京市在保障数据开放的同时，实现了合规性与高效性的统一。这种模式尤其适用于拥有大规模数据资源、需要实现精细化管理的地区。

（2）上海市：场景驱动与精细化治理的标杆

上海市结合经济与科技发展优势，通过完善的政策体系、数据平台建设和场景应用，推动数字经济与城市治理的深度融合。

①主要做法

第一，制度建设：奠定公共数据开发利用的法律框架。上海市发布了《上海市公共数据开放暂行办法》，明确了数据开放的范围、流程及管理机制，重点规范了目录编制和审核发布。

第二，实施细则：细化数据开放的操作规范。为落实《上海市数据条例》和《上海市公共数据开放暂行办法》，市经济和信息化委员会发布了《上海市公共数据开放实施细则》，细化了申请、审核、授权的操作流程。

第三，年度重点工作安排：引导数据开发的聚焦方向。上海市通过年度重点工作安排，明确开放领域与应用场景。例如，2024年重点聚焦医疗健康、智慧交通和绿色低碳三大领域，提出了新建数据场景和提升服务质量的目标。

第四，平台建设：提供高效的公共数据访问渠道。上海市依托市大数据中心，建设了统一的公共数据开放平台，为公众和企业提供实时数据查询、接口调用和分析工具。

第五，安全管理：数据开放与安全并重。上海市建立了分级分类数据管理机制，对高敏感数据进行脱敏处理、边界监控和动态加密。

②借鉴意义

第一，制度规范确保操作性。通过《上海市公共数据开放暂行办法》和《上海市公共数据开放实施细则》，上海为公共数据的开发利用提供了完整的操作框架，保障了开放的合规性与效率。

第二，场景应用驱动数据价值。在交通、医疗、绿色发展等领域实现精准开放与场景化应用，展现了公共数据资源对社会治理和经济发展的直接推动作用。

第三，安全与开放的平衡实践。数据分级分类与隐私计算技术的应用，为高敏感数据的安全共享提供了范例。

（3）广东省：推动数据要素市场化改革的先行实践

广东省结合制造业与外贸经济基础，在公共数据开发利用中，通过政策引导、技术支撑和市场化机制，构建了全流程的数据治理体系。

①主要做法

第一，制度建设：规范数据开发利用的法律框架。广东省于 2021 年发布《广东省公共数据管理办法》，这是该省首部省级层面的数据治理规章，明确了数据共享、开放和安全管理的原则和流程。例如，规定各部门需按年度提交数据开放目录，并对数据的更新频率进行监督。

第二，数据要素市场化改革：促进数据价值流通。广东省建设了省级公共数据平台，通过明确数据交易规则，推动创新数据产品和服务。例如，某制造企业通过购买去标识化的行业数据，优化了生产链设计，提高了生产效率。

第三，数据范围明确：扩展公共数据的定义与使用。《广东省公共数据管理办法》首次明确，将教育、医疗、交通等公共服务供给方的数据纳入公共数据范畴，统一归集到省级平台，推动部门间的高效协作。例如，交通运输数据与气象数据共享后，提升了应急物流调度能力。

第四，落实"一数一源"原则：提升数据质量和效率。广东省在法规中规定每条数据由唯一法定机关负责采集和维护。例如，税务部门统一负责全省税收数据采集，确保数据的真实性和一致性。

第五，数据交易规范：明确数据交易的合法边界。《广东省公共数据管理办法》明确了数据交易产品的范围，包括通过科学研究、数据分析等活动产生的产品和服务，规范了交易流程与监管机制。例如，政府通过交易平台向企业开放脱敏后的交通拥堵数据，用于智慧交通优化。

②借鉴意义

第一，制度引领数据开发利用的规范化。广东省通过《广东省公共数据管理办法》明确了数据归集、开放、交易的全流程规则，为其他地区制定公共数据治理法规提供了范例。

第二，市场化机制激活数据要素价值。广东省通过数据交易平台建设与授权机制探索，推动了数据资源的高效流通，为数据要素市场化改革提供了重要实践经验。

第三，技术赋能数据安全与合规。数据分级分类管理和"一数一源"机制，保障了数据在开放和交易过程中的安全性和可靠性。

（4）浙江省：一体化平台与场景化应用的探索

浙江省作为数字化改革的先行省份，通过制度建设、平台打造和安全管理，构建了高效、协同的公共数据治理体系，为政府治理现代化和数字经济发展提供了坚实支撑。

①主要做法

第一，制度建设：规范授权运营管理。浙江省发布了《浙江省公共数据授权运营管理办法（试行）》，为第三方授权使用公共数据建立规范化流程。例如，明确了公共数据授权主体、授权方式和退出机制，确保数据在授权后的使用合法合规。

第二，平台建设：打造一体化智能化平台。浙江省建设了一体化智能化公共数据平台（"数据仓"），实现了跨部门、跨层级的数据共享和业务协同。例如，教育、医疗、交通等行业数据通过该平台实现了互联互通。

第三，数据开放：促进数据价值释放。浙江省发布了《浙江省公共数据开放与安全管理暂行办法》，将公共数据分为无条件开放、受限开放和禁止开放三类，推动数据开放的同时保障数据安全。例如，政务服务数据开放后，实现了高频事项的"一证通办"。

第四，安全管理：强化全流程数据保护。浙江省发布了《公共数据安全体系建设指南》，明确了数据分类分级保护标准和技术手段。例如，高敏感数据需采用脱敏处理和边界监控技术，在共享时自动屏蔽隐私信息。

②借鉴意义

第一，一体化平台推动区域协同。浙江通过一体化平台实现了跨层级、跨部门的数据共享，为其他地区提升政务协同效率提供了参考模板。

第二，授权机制释放数据价值。数据授权运营的规范化为商业创新提供了合法合规的资源支持，同时确保了数据安全。

第三，安全与开放并行的实践。数据分级分类与动态保护技术的结合，为敏感数据的开放和使用提供了平衡解决方案。

（5）江苏省：以精细化管理推进数据开发利用

江苏省通过健全法规、强化监管和平台建设，在公共数据资源开发利用中实现了规范化与高效化，为数字政府建设和产业发展提供了有力支撑。

①主要做法

第一，制度建设：规范公共数据管理职责与流程。江苏省于2021年12月发布了《江苏省公共数据管理办法》，明确了公共数据归集、共享、开放和安全管理的制度框架。办法自2022年2月1日起施行，进一步细化了各级公共管理和服务机构在数据管理中的职责，要求政府部门定期编制数据开放目录，推动政务信息资源整合。

第二，数据交易规范：弥补监管空白，激活数据要素市场。《江苏省公共数据管理办法》明确，数据交易的标的包括通过科学研究、数据分析和技术开发等创新活动产生的数据产品和数据服务。江苏通过建设数据交易平台，加强对数据交易行为的监管，要求交易数据在公开目录中备案并接受安全审查，避免敏感数据泄露。

第三，精准应用：推动数据服务产业发展。江苏省结合地方产业优势，将数据开放与工业智能化深度融合。例如，通过开放用能数据和设备运行数据，帮助制造企业实现预测性维护和智能排程。

②借鉴意义

第一，法规保障推动数据规范化管理。江苏通过《江苏省公共数据管理办法》明确了数据管理的权责边界，为数字政府建设提供了制度支持。

第二，交易平台激活数据要素价值。数据交易平台的设立和监管补充了市场化交易规则的空白，为数据要素流通奠定了合规基础。

第三，精准服务助力产业升级。通过推动数据服务向工业、环保等领域的应用，江苏实现了数据价值的直接转化，为产业转型提供了实践经验。

附录 1 全国公共数据开发利用重点政策规范监管文件目录(截至 2025 年 5 月 18 日)

序号	行政级别	地区	法律法规及规范性文件	效力级别	发布时间
1-1		全国	中华人民共和国网络安全法	法律	2016 年 11 月
1-2		全国	中华人民共和国民法典	法律	2020 年 5 月
1-3		全国	中华人民共和国数据安全法	法律	2021 年 6 月
1-4		全国	中华人民共和国个人信息保护法	法律	2021 年 8 月
1-5		全国	中华人民共和国公司法(2023 修订)	法律	2023 年 12 月
1-6		全国	中共中央 国务院关于构建更加完善的要素市场化配置体制机制的意见	中央文件	2020 年 3 月
1-7		全国	建设高标准市场体系行动方案	中央文件	2021 年 1 月
1-8	中央	全国	中共中央 国务院关于构建数据基础制度更好发挥数据要素作用的意见	中央文件	2022 年 12 月
1-9		全国	中共中央关于进一步全面深化改革 推进中国式现代化的决定	中央文件	2024 年 7 月
1-10		全国	中共中央办公厅 国务院办公厅关于加快公共数据资源开发利用的意见	中央文件	2024 年 9 月
1-11		全国	国务院关于印发促进大数据发展行动纲要的通知	国务院规范性文件	2015 年 8 月
1-12		全国	政务信息资源共享管理暂行办法	国务院规范性文件	2016 年 9 月
1-13		全国	中华人民共和国国民经济和社会发展第十四个五年规划和 2035 年远景目标纲要	国务院规范性文件	2021 年 3 月

续表

序号	行政级别	地区	法律法规及规范性文件	效力级别	发布时间
1-14	中央	全国	要素市场化配置综合改革试点总体方案	国务院规范性文件	2021 年 12 月
1-15		全国	国务院关于印发"十四五"数字经济发展规划的通知	国务院规范性文件	2022 年 1 月
1-16		全国	国务院关于加强数字政府建设的指导意见	国务院规范性文件	2022 年 6 月
1-17		全国	全国一体化政务大数据体系建设指南	国务院规范性文件	2022 年 9 月
1-18		全国	促进和规范数据跨境流动规定	部门规章	2024 年 3 月
1-19		全国	"十四五"大数据产业发展规划	部门规范性文件	2021 年 11 月
1-20		全国	企业数据资源相关会计处理暂行规定	部门规范性文件	2023 年 8 月
1-21		全国	"数据要素 ×"三年行动计划（2024—2026 年）	部门规范性文件	2023 年 12 月
1-22		全国	财政部关于加强数据资产管理的指导意见	部门规范性文件	2023 年 12 月
1-23		全国	国务院国有资产监督管理委员会关于优化中央企业资产评估管理有关事项的通知	部门规范性文件	2024 年 1 月
1-24		全国	财政部关于加强行政事业单位数据资产管理的通知	部门规范性文件	2024 年 2 月
1-25		全国	工业领域数据安全能力提升实施方案（2024—2026 年）	部门规范性文件	2024 年 2 月
1-26		全国	自然资源领域数据安全管理办法	部门规范性文件	2024 年 3 月
1-27		全国	数字商务三年行动计划（2024—2026 年）	部门规范性文件	2024 年 4 月
1-28		全国	会计师事务所数据安全管理暂行办法	部门规范性文件	2024 年 4 月

续表

序号	行政级别	地区	法律法规及规范性文件	效力级别	发布时间
1-29	中央	全国	工业和信息化领域数据安全风险评估实施细则（试行）	部门规范性文件	2024 年 5 月
1-30		全国	国家发展改革委、国家数据局、财政部、自然资源部关于深化智慧城市发展　推进城市全域数字化转型的指导意见	部门规范性文件	2024 年 5 月
1-31		全国	互联网政务应用安全管理规定	部门规范性文件	2024 年 5 月
1-32		全国	数据中心绿色低碳发展专项行动计划	部门规范性文件	2024 年 7 月
1-33		全国	国家数据标准体系建设指南	部门规范性文件	2024 年 9 月
1-34		全国	工业和信息化领域数据安全事件应急预案（试行）	部门规范性文件	2024 年 10 月
1-35		全国	推动数字金融高质量发展行动方案	部门规范性文件	2024 年 11 月
1-36		全国	可信数据空间发展行动计划（2024—2028 年）	部门规范性文件	2024 年 11 月
1-37		全国	国家数据基础设施建设指引	部门规范性文件	2024 年 12 月
1-38		全国	国家数据局等部门关于促进企业数据资源开发利用的意见	部门规范性文件	2024 年 12 月
1-39		全国	银行保险机构数据安全管理办法	部门规范性文件	2024 年 12 月
1-40		全国	国家发展改革委等部门关于促进数据产业高质量发展的指导意见	部门规范性文件	2024 年 12 月
1-41		全国	数据资产全过程管理试点方案	部门规范性文件	2024 年 12 月
1-42		全国	数据领域常用名词解释（第一批）	部门规范性文件	2024 年 12 月

续表

序号	行政级别	地区	法律法规及规范性文件	效力级别	发布时间
1-43	中央	全国	关于促进数据标注产业高质量发展实施意见	部门规范性文件	2024 年 12 月
1-44		全国	公共数据资源授权运营实施规范（试行）	部门规范性文件	2025 年 1 月
1-45		全国	公共数据资源登记管理暂行办法	部门规范性文件	2025 年 1 月
1-46		全国	关于完善数据流通安全治理 更好促进数据要素市场化价值化的实施方案	部门规范性文件	2025 年 1 月
1-47		全国	关于建立公共数据资源授权运营价格形成机制的通知	部门规范性文件	2025 年 1 月
1-48		全国	数据领域常用名词解释（第二批）	部门规范性文件	2025 年 3 月
1-49		全国	资产评估专家指引第 9 号——数据资产评估	行业／团体规范	2019 年 12 月
1-50		全国	工业和信息化领域数据安全合规指引	行业／团体规范	2024 年 11 月
2-1-1	省级	北京市	北京市数字经济促进条例	地方性法规	2022 年 11 月
2-2-1		福建省	福建省大数据发展条例	地方性法规	2021 年 12 月
2-2-2		福建省	福建省政务数据管理办法	地方政府规章	2016 年 10 月
2-3-1		上海市	上海市数据条例	地方性法规	2021 年 11 月
2-3-2		上海市	上海市公共数据和一网通办管理办法	地方政府规章	2018 年 9 月
2-3-3		上海市	上海市公共数据开放暂行办法	地方政府规章	2019 年 8 月
2-4-1		广东省	广东省公共数据管理办法	地方政府规章	2021 年 10 月
2-5-1		浙江省	浙江省公共数据条例	地方性法规	2022 年 1 月

续表

序号	行政级别	地区	法律法规及规范性文件	效力级别	发布时间
2-5-2	省级	浙江省	浙江省公共数据开放与安全管理暂行办法	地方政府规章	2020 年 6 月
2-6-1		贵州省	贵州省政府数据共享开放条例	地方性法规	2020 年 9 月
2-6-2		贵州省	贵州省数据流通交易促进条例	地方性法规	2024 年 7 月
2-7-1		山东省	山东省大数据发展促进条例	地方性法规	2021 年 9 月
2-7-2		山东省	山东省电子政务和政务数据管理办法	地方政府规章	2019 年 12 月
2-7-3		山东省	山东省公共数据开放办法	地方政府规章	2022 年 1 月
2-8-1		海南省	海南省大数据开发应用条例	地方性法规	2019 年 9 月
2-8-2		海南省	海南自由贸易港数字经济促进条例	地方性法规	2024 年 11 月
2-9-1		河北省	河北省数字经济促进条例	地方性法规	2022 年 5 月
2-9-2		河北省	河北省政务数据共享应用管理办法	地方政府规章	2022 年 11 月
2-10-1		黑龙江省	黑龙江省促进大数据发展应用条例	地方性法规	2022 年 5 月
2-11-1		湖北省	湖北省政务数据资源应用与管理办法	地方政府规章	2021 年 2 月
2-12-1		吉林省	吉林省大数据条例	地方性法规	2023 年 12 月
2-13-1		江苏省	江苏省数字经济促进条例	地方性法规	2025 年 1 月
2-13-2		江苏省	江苏省数据条例	地方性法规	2025 年 1 月
2-13-3		江苏省	江苏省公共数据管理办法	地方政府规章	2021 年 12 月
2-14-1		江西省	江西省数据应用条例	地方性法规	2023 年 11 月
2-14-2		江西省	江西省公共数据管理办法	地方政府规章	2022 年 1 月
2-15-1		四川省	四川省数据条例	地方性法规	2022 年 12 月

续表

序号	行政级别	地区	法律法规及规范性文件	效力级别	发布时间
2-16-1		云南省	云南省公共数据管理办法（试行）	地方规范性文件	2023 年 12 月
2-17-1		重庆市	重庆市数据条例	地方性法规	2022 年 3 月
2-17-2		重庆市	重庆市政务数据资源管理暂行办法	地方政府规章	2019 年 8 月
2-18-1		天津市	天津市促进大数据发展应用条例	地方性规范	2018 年 12 月
2-19-1		安徽省	安徽省政务数据资源管理办法	地方政府规章	2020 年 12 月
2-20-1		辽宁省	辽宁省政务数据资源共享管理办法	地方政府规章	2019 年 11 月
2-21-1		西藏自治区	西藏自治区公共数据管理办法（试行）	地方规范性文件	2024 年 11 月
2-22-1	省级	广西壮族自治区	广西壮族自治区大数据发展条例	地方性法规	2022 年 11 月
2-23-1		湖南省	湖南省数字经济促进条例	地方性法规	2024 年 5 月
2-23-2		湖南省	湖南省政务信息资源共享管理办法	地方政府规章	2020 年 11 月
2-24-1		山西省	山西省政务数据管理与应用办法	地方性法规	2020 年 11 月
2-24-2		山西省	山西省政务数据资产管理试行办法	地方政府规章	2019 年 11 月
2-25-1		陕西省	陕西省大数据条例	地方性法规	2022 年 9 月
2-26-1		内蒙古自治区	内蒙古自治区数字经济促进条例	地方性法规	2024 年 5 月
2-27-1		宁夏回族自治区	宁夏回族自治区政务数据资源共享管理办法	地方政府规章	2018 年 9 月
2-28-1		新疆维吾尔自治区	新疆维吾尔自治区数据条例	地方性法规	2025 年 3 月

附录 2　公共数据开发利用与数据交易重点标准文件目录（截至 2025 年 5 月 18 日）

序号	分类	标准类型	区域	标准号	名称	发布时间
1-1	公共数据开发利用	国家标准	全国	GB/T 19488.2-2008	电子政务数据元　第2部分：公共数据元目录	2008 年 4 月
1-2			全国	GB/T 38864.1-2020	信息技术　大数据　政务数据开放共享　第1部分：总则	2020 年 4 月
1-3			全国	GB/T 38864.2-2020	信息技术　大数据　政务数据开放共享　第2部分：基本要求	2020 年 4 月
1-4			全国	GB/T 38864.3-2020	信息技术　大数据　政务数据开放共享　第3部分：开放程度评价	2020 年 4 月
1-5			全国	GB/T 38864.4-2022	信息技术　大数据　政务数据开放共享　第4部分：共享评价	2022 年 10 月
1-6		地方标准	福建省	DB35/T 1777-2018	政务数据汇聚　数据集的规范化描述	2018 年 5 月
1-7			福建省	DB35/T 1952-2020	公共信息资源开放　数据质量评价规范	2020 年 12 月
1-8			福建省	DB35/T 2055-2022	政务服务　公共资源交易电子保函数据规范	2022 年 4 月
1-9			上海市	DB31/T 1241-2020	公共数据"三清单"管理规范	2020 年 9 月
1-10			上海市	DB31/T 1240.1-2020	公共数据共享交换工作规范　第1部分：平台建设和运行管理要求	2020 年 9 月

序号	分类	标准类型	区域	标准号	名称	发布时间
1-11			上海市	DB31/T 1240.2-2020	公共数据共享交换工作规范 第2部分：平台接入技术要求	2020年9月
1-12			上海市	DB31/T 1446-2023	公共数据安全分级指南	2023年11月
1-13			上海市	DB31/T 1523-2024	公共数据质量评价要求	2024年11月
1-14			上海市	DB31/T 1524-2024	基于隐私计算技术的公共数据开发利用管理规范	2024年11月
1-15			江苏省	DB32/T 4608.1-2023	公共数据管理规范 第1部分：数据分类分级	2023年12月
1-16			江苏省	DB32/T 4608.2-2023	公共数据管理规范 第2部分：数据共享交换	2023年12月
1-17	公共数据开发利用	地方标准	浙江省	DB33/T 2351-2021	数字化改革 公共数据分类分级指南	2021年7月
1-18			浙江省	DB33/T 2349-2021	数字化改革 公共数据目录编制规范	2021年7月
1-19			浙江省	DB33/T 2488-2022	公共数据安全体系评估规范	2022年4月
1-20			浙江省	DB33/T 2487-2022	公共数据安全体系建设指南	2022年4月
1-21			浙江省	DB33/T 1329-2023	数据资产确认工作指南	2023年11月
1-22			江西省	DB36/T 1713-2022	公共数据分类分级指南	2022年12月
1-23			山东省	DB37/T 3523.1-2019	公共数据开放 第1部分：基本要求	2019年3月
1-24			山东省	DB37/T 3523.2-2019	公共数据开放 第2部分：数据脱敏指南	2019年3月

续表

序号	分类	标准类型	区域	标准号	名称	发布时间
1-25			山东省	DB37/T 3523.3-2019	公共数据开放 第3部分：开放评价指标体系	2019年3月
1-26			山东省	DB37/T 4646.1-2023	公共数据 数据治理规范 第1部分：数据归集	2023年8月
1-27			山东省	DB37/T 4646.2-2023	公共数据 数据治理规范 第2部分：数据清洗比对	2023年12月
1-28			山东省	DB37/T 4646.3-2023	公共数据 数据治理规范 第3部分：数据返还	2023年8月
1-29			山东省	DB37/T 4646.4-2023	公共数据 数据治理规范 第4部分：资源服务目录	2023年8月
1-30	公共数据开发利用	地方标准	山东省	DB37/T 4755.1-2024	公共数据共享 第1部分：基本要求	2024年9月
1-31			山东省	DB37/T 4755.2-2024	公共数据共享 第2部分：服务规范	2024年9月
1-32			山东省	DB37/T 3523.4-2024	公共数据开放 第4部分：核心元数据	2024年9月
1-33			山东省	DB37/T 3523.5-2024	公共数据开放 第5部分：数据使用规范	2024年9月
1-34			四川省	DB51/T 2848-2021	四川省公共数据开放技术规范	2021年10月
1-35			黑龙江省	DB23/T 3849-2024	公共数据分类分级规范	2024年8月
1-36			黑龙江省	DB23/T 3847-2024	数字政府一体化安全防护体系建设规范 第一部分：安全运营管理中心建设要求	2024年8月

续表

序号	分类	标准类型	区域	标准号	名称	发布时间
1-37	公共数据开发利用	地方标准	辽宁省	DB21/T 4046-2024	公共数据开放平台接入技术规范	2024 年 10 月
1-38			重庆市	DB50/T 1700-2024	公共数据分类分级指南	2024 年 10 月
1-39			西藏自治区	DB54/T 0421-2024	公共数据 标准体系参考框架	2024 年 11 月
1-40			西藏自治区	DB54/T 0422-2024	公共数据 数据安全管理规范	2024 年 11 月
1-41			西藏自治区	DB54/T 0423-2024	公共数据 数据分类分级规范	2024 年 11 月
1-42			西藏自治区	DB54/T 0424-2024	公共数据 数据开放共享管理规范	2024 年 11 月
1-43			西藏自治区	DB54/T 0425.1-2024	公共数据 数据元规范 第一部分：总则	2024 年 11 月
1-44			西藏自治区	DB54/T 0425.2-2024	公共数据 数据元规范 第二部分：人口	2024 年 11 月
1-45			西藏自治区	DB54/T 0425.3-2024	公共数据 数据元规范 第三部分：法人	2024 年 11 月
1-46			西藏自治区	DB54/T 0426-2024	公共数据 数据质量管理规范	2024 年 11 月
1-47			西藏自治区	DB54/T 0427-2024	公共数据 数据资产管理指南	2024 年 11 月
1-48			海南省	DB 46/T 658-2024	政务服务事项标准化总则	2024 年 10 月
1-49		团体标准	全国	T/CECC 024-2023	公共数据授权运营平台技术要求	2023 年 11 月
1-50			全国	T/ZGCSC 015-2024	公共数据授权运营实施指南	2024 年 11 月
1-51			全国	T/CSSC 003-2024	12345 政务服务便民热线数据质量评价规范	2024 年 12 月

续表

序号	分类	标准类型	区域	标准号	名称	发布时间
1-52	公共数据开发利用	团体标准	全国	T/CECC 37-2025	公共数据资源授权运营合规要求	2025 年 3 月
1-53			福建省	T/FBD 001--2023	一体化公共数据平台 部门数据专区建设要求	2023 年 11 月
1-54			福建省	T/FBD 002--2023	一体化公共数据平台 数据汇聚技术要求	2023 年 11 月
1-55		行业标准	全国	YD/T 4949-2024	电子政务数据安全流通中的贡献度评估技术指南	2024 年 7 月
1-56			全国	YD/T 4988-2024	多方数据共享服务数据安全技术框架	2024 年 10 月
2-1	数据交易	国家标准	全国	GB/T 36343-2018	信息技术 数据交易服务平台 交易数据描述	2018 年 6 月
2-2				GB/T 37728-2019	信息技术 数据交易服务平台 通用功能要求	2019 年 8 月
2-3				GB/T 37932-2019	信息安全技术 数据交易服务安全要求	2019 年 8 月
2-4				GB/T 40094.3-2021	电子商务数据交易 第3部分：数据接口规范	2021 年 5 月
2-5				GB/T 40094.4-2021	电子商务数据交易 第4部分：隐私保护规范	2021 年 5 月
2-6				GB/T 40685-2021	信息技术服务 数据资产 管理要求	2021 年 10 月
2-7				GB/T 43709-2024	资产管理信息化 数据质量管理要求	2024 年 3 月
2-8		地方标准	辽宁省	DB21/T 3894-2023	工业数据流通 数据交易实施规范	2023 年 12 月
2-9			内蒙古自治区	DB15/T 2199-2021	数据交易安全技术要求	2021 年 5 月

续表

序号	分类	标准类型	区域	标准号	名称	发布时间
2-10	数据交易	地方标准	贵州省	DB52/T 1468 2019	基于区块链的数据资产交易实施指南	2019 年 12 月
2-11			浙江省	DB33/T 1329-2023	数据资产确认工作指南	2023 年 11 月
2-12			江西省	DB36/T 2085-2024	数据资产质押公证登记规范	2024 年 12 月
2-13			江西省	DB36/T 2084-2024	数据资源公证登记规范	2024 年 12 月
2-14		团体标准	全国	T/SDME 03-2023	数据交易流通活动术语	2023 年 7 月
2-15			全国	T/NSSQ 061-2023	数据经纪人服务质量管理体系实施指南	2023 年 11 月
2-16			全国	T/SDME 04-2023	数据交易流通活动过程	2023 年 12 月
2-17			全国	T/CSSC 004-2024	12345 政务服务便民热线数据资产评估指南	2024 年 12 月

责任编辑：张　燕
装帧设计：胡欣欣

图书在版编目（CIP）数据

公共数据知识百问 ／ 王铼等著 . -- 北京 ：人民出版社，2025. 6.
ISBN 978 - 7 - 01 - 027315 - 0

Ⅰ . G250. 73 - 44

中国国家版本馆 CIP 数据核字第 2025TW5008 号

公共数据知识百问
GONGGONG SHUJU ZHISHI BAIWEN

王 铼 等 著

人 民 出 版 社 出版发行
（ 100706　北京市东城区隆福寺街 99 号）

北京中科印刷有限公司印刷　新华书店经销

2025 年 6 月第 1 版　2025 年 6 月北京第 1 次印刷
开本：710 毫米 ×1000 毫米 1/16　印张：24.25
字数：350 千字

ISBN 978 - 7 - 01 - 027315 - 0　定价：88.00 元

邮购地址 100706　北京市东城区隆福寺街 99 号
人民东方图书销售中心　电话（010）65250042　65289539